1981年名古屋　Photo by Kenji Matsubara



# じゃがたらは偉大な馬鹿だった

――江戸アケミ

1982年

1982年渋谷

1982年横浜

1983年パルコ

# 前口上

１６２５年、江戸時代は寛永2年、三代目将軍徳川家光の時代である。長崎の貿易商の子女とポルトガル商船の航海士であったイタリア人との間にひとりの娘が生まれる。名前はお春といった。鎖国令によって、混血児お春は日本から追放され、インドネシアのジャカルタに漂着すると、彼女は日本への思いを手紙にしたためた。ディアスポラとなったお春は「じゃがたらお春」として日本史に名を残したばかりか、１９７９年に誕生した、やがて日本のロック／ポップ史に激烈な爪痕を残すことになるバンド名にもなった。じゃがたらは、すなわち最初からコンセプチュアルであり、ポリティカルだったと言える。

数年間におよぶアンダーグラウンドでの試行錯誤（ライヴでの流血やストリーキングなど含む）を経て、バンドは音楽に集中することを決意すると、メンバーそれぞれ10万円ずつ持ち寄って資金を作り、１９８１年に最初のアルバムにして金字塔、永遠のベストセラー『南蛮渡来』を発表する。

じゃがたらは、日本人らしからぬそのリズミックな響きと言葉の力によって、さまざまな人たちを惹きつけていった。ファンク好き、レゲエ好き、ザッパ好き、パンクス、アングラ好き、さまざまな分野で活動するアウトサイダーたち。大人も子供も混じった。評論家もみんな絶賛した。多くのひとの目には、じゃがたらの前途は明るいように見えた。

ヴォーカリストが重度の精神疾患を患ったことで、バンドはしばしば活動は休止せざるえない事態となった。それでもメンバーは再活動のための準備を怠らなかった。１９８５年には、ヴォーカリストが入院前のすさまじいテンションで演奏されたライヴを収録した『君と踊りあかそう日の出を見るまで』がリリースされている。

じゃがたらがパワーアップした姿を見せたのは、１９８６年のことだった。ヴォーカリストは療養生活から復帰し、リズムはさらに研磨された。あらたに女性コーラスも加わり、１９８７年には2枚の素晴らしいアルバム『裸の王様』と『ニセ予言者ども』を発表した。

バブル経済がピークに達したころだった。日本は浮かれ、未来を心配する人間など絶滅人種に近かった。「経済成長ありがとう」と、ヴォーカリストが渋谷のパルコ劇場のステージで皮肉たっぷりに叫んでみても、１９８７年の時点では、耳を傾ける人間が多かったとは言えない。そもそも、その「経済成長」とやらもすぐさま崩壊することがわかっている人間が当時の日本にどれだけいたことか。

メジャー・デビュー作の『それから』以降、方向性をめぐってバンド内には亀裂が生じた。１９９０年1月、ヴォーカリストはバンドから脱退すると言った。その数日後、彼は自宅の風呂場で死んだ。日本中のいたるところでとめどなく涙が流れた。バンドは、じゃがたらは解散ではなく永久保存すると言った。

それから30年の月日が流れた。その間何もなかったわけではない。残されたじゃがたらのメンバーたちは、それぞれがそれぞれの〝じゃがたら〟を生きた。そして９11があり、３11があり、格差社会が定着し、気候変動が起きている。

ヴォーカリスト＝江戸アケミ没後30年、じゃがたらは復活する。新曲のタイトルは「みんなたちのファンファーレ」。この特集は、じゃがたらおよびリスナーを含むそれに関わった人たちすべてに最大限の敬意を表するとともに、これからじゃがたらを聴いていくであろう君たちに捧げられている。

HELLO

1986年インクスティック芝浦

1987年

1987年大阪

1989年芝浦

――じゃがたらの出会いについて教えて下さい。

**松原**　下北のマザーという店でナベちゃんと知り合ったのがきっかけです。バンドをやっているから写真撮りに来てよってことでライヴに行って、とんでもない連中だなと（笑）。決定的だったのはレコード（「Last Tango In Juku」）です。アケミが「ワン、ツー、スリー、フォー」って言った途端に世界が変わりましたね。あれは山本の映画、『聖テロリズム』のために一晩で作ってきたそうですよ。

　ライヴで最初に行ったのは吉祥寺のマイナーで、そのあと新宿ACB。12月の寒い頃で、来年関西ツアーがあるからケンちゃんも一緒に行こうよって誘われたんです。そこからですね、離れられなくなっちゃったのは。僕はカメラマン兼ドライバー。ワゴンを調達して、みんなで乗って、めちゃめちゃ楽しかったですね、みんな仲間みたいな感じでした。僕は、写真は撮ってくれるは車の運転はしてくれるはで、便利だったんでしょうね（笑）。

　アケミがおかしくなった関西ツアーのその場にもいました。僕が車を運転していて、後ろでアケミとOTOとナベちゃんがいて。なんかヘンな話しているなあと思っていましたけど……。

――その頃はどんな生活をされていたのですか？

**松原**　初期の頃はラボの会社員でした。夜ライヴに行って、次の日仕事でということをずっと続けていました。ツアーのときは休ませてもらって。でもツアーってGWとか休みのときだったので、それほど仕事には影響なかった。山本（政志）と知り合ったのは『闇のカーニバル』で、あれもラボの会社員時代。ケンちゃん夜だけでいいからきてよと言われて撮っていたら、もう夜明けてるよって（笑）。朝まで撮影して、そのあとラボに行って暗室に入って寝ちゃうような（笑）。でも面白くて仕方なかったですね。あんな連中他にいなかったですから。

――『南蛮渡来』の写真も松原さんなんですね？

**松原**　「レコードを出すからケンちゃん写真撮って」って言われてね。あれ、アケミのライヴの写真と猿の合成じゃないですか。上野動物園に猿を撮りに行くぞって、アケミと山本と3人で行ったんです。猿を挑発して、怒ったところを撮った（笑）。こいつら何を考えてるんだろう、バカじゃないのって思いましたよ（笑）。

――松原さんのなかでじゃがたら作品でとくに好きな作品はどれですか？

**松原**　「タンゴ」（Last Tango In Juku）です。

松原研二（まつばら・けんじ）
１９５６年静岡県生まれ。日本大学芸術学部卒業。卒業後じゃがたらと出会い、写真を撮影するようになる。１９８１年には山本政志監督『闇のカーニバル』のスチール撮影担当。以後も『デトロイトメタルシティー』『マイバックページ』『苦役列車』など、多数の映画でスチール撮影担当。また、現在は修正可能なデジタル写真に疑問を感じてモノクロフィルムによる作品を制作中で、いずれ発表する予定。

SASUGA MINAMI / INTERVIEW

# 南流石
# 私のなかでじゃがたらが止まったことはいちどもない

Photo by Kenji Matsubara

かつてＥＣＤがじゃがたらのライヴを見て、まるでウェイラーズにおけるアイ・スリーズのようだという最大の讃辞で説明したのが、大西ユカリとそして南流石である。そして江戸アケミの死とともにじゃがたらが長い沈黙期に入ってからも、ひとり「じゃがたら」を言い続けていたのは南流石だった。振付師として芸能界で活躍している彼女は、テレビや新聞に出れば相手がなにも知らなくても、必ず「じゃがたら」という言葉を交ぜてくる。江戸アケミ亡き後のライヴにおいては、堂々とリード・ヴォーカルを取ってもいる。そしてリズミカルに動く彼女は、じゃがたらのなかの温かい陽光めいている。取材は、新曲「虹色のフィナーレ」録音前の真夏の休日におこなった。

――江戸アケミさんの30回忌に何かやろうということは当初から計画されていたんですか？

**南**　たぶん3年ほど前とかにＯＴＯが言い出したと思う。というのも、アケミが亡くなったことで、あまりにも衝撃的に人生が変わってしまったから、みんな最初はやりたがらなかった。じゃがたらを聴かないくらいの勢いのメンバーもいたんです。もうＤＶＤも見ないし、ＣＤも聴かないみたいな。でも、私はずっと絶対にこれを絶やしてはいけないと思っていた。だからと言って、私がアケミみたいに歌えるわけではないし、メンバーはＯＴＯも含めやりたくないと言うし。だから渋さしらズの不破さんに頼んで一緒にやってもらったり。ＯＴＯもずっと客観的だったんです。「南がやればいいじゃん」って。でもあるときＯＴＯが「南、30回忌は何かやろうと思うんだよね」って言い出して。たぶん3年くらい前。私は「やっときたっ！」と思った。

――それは？

**南**　もしかしたら私が初めて熊本に行ったことが関係しているかも。私が熊本に行ったことが、ＯＴＯ的にはすごく嬉しかったみたい。誕生日にそこに行ったんです。で、いなかったから茶畑で待っていたの。そうしたらＯＴＯがそこに来た。そういうことがあって、しばらくしたら30回忌をやろうかなという話になったんです。たぶん私が一番最初に聞いたんだと思う。

――ＯＴＯさんとは連絡を取りあっていたんですか？

**南**　そんなに取っていなかった。ただ、これは行く必然があると思い立って、レンタカー借りて行ったの。私のなかではじゃがたらは、全然止まってなかったから。

――じゃがたらを絶やしてはいけない、昔テレビで南さんがそんなようなことを言っていたのを覚えています。

**南**　私の密着番組のドキュメンタリーで言ってたね！　私が「毎日じゃがたらを聴いているよ」と話すと、周りの人は「いまだに？　えーまじっすか！」みたいな反応なんです。それもそうだし、バンドのメンバーそれぞれの人生にとっても、じゃがたらはあまりにも大きくて深すぎる出来事だったから、みんなは一回「じゃがたらから離れる」という感じで距離を取っていたんだと思う。

――アケミさんが亡くなったあとじゃがたらの旗を振り続けていたのは、南さんだけですよね。

**南**　私だけなのよ。みんなの心のなかは知らないけどね。しかも最初にやるときは、けっこうやばいかなと思ったんですよ。なんでお前が歌うんだよって、批判は来ると思った。だけど、これは私がじゃがたらに居続けたのと一緒で、「お前が歌え」ってアケミに言われているような気がして。

「南やっていいよ」と言われていると勝手に解釈して。大丈夫、他の人がなんと言っても、アケミはいいと言っているからいいと思っている。だから、ソイソースとかでまたみんな集まったり、CO-JAGATARAをやりだしたりとか、みんな離れていたのに、やろうとか言われるとちょっと嬉しいんだよね。旗を振り続けてよかったと思う。

　昨日もミーティングがあったんだけど、OTOも電話で参加しています。興奮して、高揚してるって感じがする。いろいろ大変だけどね。「30年ぶりにじゃがたらの音楽が生まれるということを楽しもうよ」ってOTOは言っている。「30年ぶりに作るんだぜ、この奇跡と事実に感謝して楽しもうよ」みたいな。

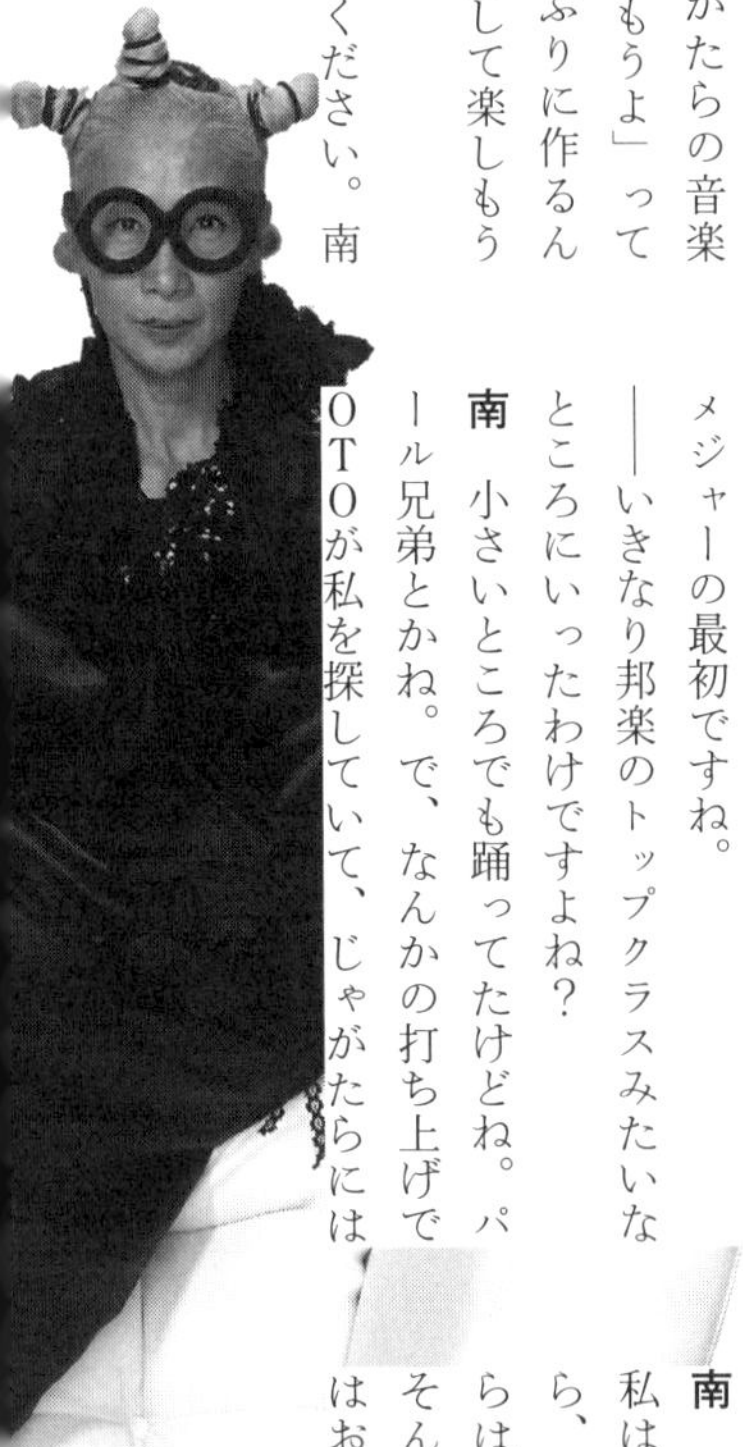

――ちょっと昔の話をさせてください。南さんは、OTOさんにスカウトされて、じゃがたらに加入したわけですが、それ以前の南さんはサザンオールスターズのライヴで踊って、さらにその前はストリートで踊っていましたよね。

**南**　ダンサーではあるんだけど、既成のダンサーになりたくないという自負があって、でもだからといって何か世のなかに引っかかるものがあったわけではないし、どこにもいけないというなかで、あるダンサーたちと路上（渋谷のパルコ前）でパフォーマンス、オリジナルの踊りを作ってやっていたんです。たまたまアミューズの人がそれを見ていて、ラッキィ池田と私が呼ばれたんです。そこからトントンと桑田さんのところで踊れるようになった。桑田バンドのツアーがメジャーの最初ですね。

――いきなり邦楽のトップクラスみたいなところにいったわけですよね？

**南**　小さいところでも踊ってたけどね。パール兄弟とかね。で、なんかの打ち上げでOTOが私を探していて、じゃがたらにはそれでスカウトされたの。でも当時の私はじゃがたらを知らなかったんだよね。でも、OTOに「じゃがたらやらない？」って言われ、私は誘われたものは全部やるという主義だったから、「じゃがたらのことはわからないけどやる」と言っちゃって。言っちゃってから、どういうバンドだったかだんだんわかってきて（笑）。「オイオイオイどこはいっちゃったんだ自分……」って思ったの（笑）。はじめてリハに行ったときはアケミもナベちゃんも全員私にノーリアクションだった。私はポップな世界にいる人間で、あのひとたちがもっとも興味のないところだから。「無視されてる！」くらいの感じ。

――どの程度ご存じだったんですか？

**南**　ゼロ。まったく知らなかった。しかも私はコーラスのプロでもないし、踊りだから、歌も歌えるわけじゃないし。アケミからは「南、いいね」もなかったし、「南、そんなこと止めろよ」もなかった。「お前はお前で決めろよ」って感じ。私の行動に批判もしないし、肯定もしない。でもそのなかで私は学んでいって、いまに至るの。だけど最初はけっこう入り込めなかった。

　いま思えば何年か前までの自分は何ひとつわからないでやっていた。「なんか違う」っていうのはよく言われた。アケミからは「お前の踊りはおもしろくない」とか、「お前の踊りは営業踊りだ」とか、でも何が違うのか当時の自分にはわからなかった。私はポップな世界で生きてきたわけだし、変な話「私サザンにも呼ばれていますけど」、「振付師のトップレベルです」みたいな気持ちがあったから。だから自分なりのアプローチをするわけじゃないですか。それが一個も当たらないわけですよね。やっていることが全てはずれなわけ。とにかく違うしか言われない。最初の頃は楽しんでいたかどうかもわからないけれど、でも自分の勘でここにいた方がいいと思った。これはいまだに正しい判断だったと自分を褒めるよ。

――芸能界で成功した人がアンダーグラウンドのなかでもよりによってじゃがたらみたいなバンドに入るという（笑）。

**南**　でも私のなかでは誇りに思えるのはじゃがたらなの。

――何がそんなに？

**南**　なんで（笑）？　どうしたらいいの（笑）？

――いや、話してください（笑）。

**南**　いまＯＴＯは、森に帰ってアケミの言葉や詩を分析し、あの頃、なんでこんなに理解できなかったんだろっていっぱい言っている。私は逆で、アケミの言葉を一切分析する気がないんです。アケミはただ、私のなかに存在していた事実なんです。アケミが書いた言葉、吐いた言葉、歌った言葉……人生のいろんなことにぶちあたるわけですよね。「いじけるな」とか、「お前はお前のでいいんだ」とか。そこに出てくるのが、私の場合はじゃがたらのフレーズなの。「心の持ちよう」だと本当に一回唱えるの。そうすると大丈夫になる自分がいる。じゃがたらは、ストレートに私の人生に入ってくるから。だから、逆に聞きたいんだよ。なんで？

――ぼくらは南さんとユカリさんが加入してからのライヴしか見てないから、いてくれてよかったです。間口を広げてくれたと思います。

**南**　辛い気持ちもあったけど、ライヴをやっていると楽しいんだよ。たとえば、私がちょっとステップを踏んだら、それにすぐにナベちゃんが入って来て、ＥＢＢＹがやって来て、ＯＴＯがやって来て……ってやっていくとひとつのグルーヴができていく。ナベちゃんがわけのわからない踊りをはじめたら、真似したくなっちゃう。プライドも何もなくね。「俺の踊りを踊れよ！」、「ナ

人生のいろんなことにぶちあたるわけですよね。そこに出てくるのが、私の場合はじゃがたら。じゃがたらは、ストレートに私の人生に入ってくる。

べちゃんの踊り超おもしろいやりたいな」って。こんな現象芸能界にはないんですよ。だからもちろん楽しいの。でも、いつもアケミに認められたいというか。子供だよね、褒めてもらいたいと思うのは。そういう思いがあったんだよね。喧嘩もしたけど。「じじいうるせーよ!」くらいは言ったけどね(笑)。

――ハハハハ。

**南**　でも、最後のライヴで「南がいると楽しいよ」と言ってもらったの。「おいちゃん最近、南のとなりで歌っていると楽しいよ」って言われて、「やったー」となっていたときに死んだから、「おいおい待てよ!」と。やっとメンバーになれたのに、みたいな。私がここまで引きずっているのは、そういう理由もあるかも。遺体の前で「ふざけんなよ、じじい死ぬんじゃねえよ」くらい言ったと思う。それぐらいの喪失感はありましたね。

　引きずっている理由はアケミの影響プラス、志半ばで、スコーンといろんなバランスを崩したから。そこから立ち直るには自分もしばらくは大変でした。芸能界でやっていても、じゃがたらがあったからバランスを取れていた。芸能界ではお金も貰えるし有名にもなれるんだけど、じゃがたらを知っちゃったらもの足りないよね。横浜アリーナですごく良い扱いを受けたあとに、そのまま私はじゃがたらに行く。そうするとみんなで「やきとりひとり何本1000円とおしね」みたいな。これが大事だったの。芸能界では桁が違うお金が動く。でもじゃがたらに行くと、「南、1000円出してって」という。お弁当買えない人がいたりとかね。でも必ずこっちに行っていたね。絶対に行っていた。寿町ライヴにも行っていた。何の疑問も何の違和感も持たずに。

――よく覚えている最高の瞬間はいつですか?

**南**　後悔から言っていい? アケミはよく「うちに遊びに来い」って言っていたのね。でも私は行かなかった。「家に遊びに来い」って言われたら「喜んで行くね」という会話で終わるじゃん。でもアケミは本当に家に来て欲しかったらしい。お世辞じゃなくて。でも私たちはお世辞で「行く行く、今度行くよ」って。全員そうだった。死んだとき奥さんから、「あんたなんで来なかったの。本当にアケちゃんは来て欲しかったんだよ」と言われて。私はアケミという人を本当に知らずにはしゃいでいたなと思う。

　良い思い出もあるよ。ツアーに行って、アケミは躁状態になるから、ずっとしゃべっていてうるさいわけ。電車のなかで隣の席だと2時間とか3時間ずっとしゃべられるから、それがちょっと嫌で、仙台からか何かの移動のとき車両を移動して寝ていたの。寝ていたら、口にあったかいものが……。うわって思ったらアケミがキスしてたの(笑)。それも女と男のキスじゃないわけよ。それなら「何やってんだよじじい!」ってなるじゃん。でもアケミは「ミーナ起きたか」とかいう感じなの。それで「何?」って言ったら、「おいちゃんさ、寝て起きるときね、好きな人にキスしてもらって目覚めると嬉しいんだよね。だからミーナにした」って言うんだけど。いや私とあんたは付き合ってないしと思うんだけどね。そういうことが何回もあるわけ。それで「ふざけんなよ!」と私が言うんだけど、笑ってるわけよ。彼は純粋な子どもみたいなんだよね。「ミーナはかわいいからキスして起こしてあげよう」だけなんだよ。そんなことが何回もあったね。

あとは電車を降りるときひとりだけ走っていくとか。私がホームから階段を登っていくと、上で膝ついて、三度笠被って「姐さんお待ちしてました」みたいな（笑）。ずっとなんかよくわからないことをやっているんだけど、それがその当時は本当にうざいわけ。ツアー中のホテルで寝ていると明け方ドンドンドンドンドンって部屋にくるとかさ。ローディと一緒に入ってきて、「何？」って言うと、「ミーナはじゃがたらやっていて楽しいかい？」って朝の5時とかに聞きにくるわけ。「え、なんで？」と言うと「それが気になって眠れない」って言うんだよ。「楽しいに決まってるじゃん」って。でもそういうことが何回かある。うちに遊びに来いって言ったのもそれなんだよね。こだま和文が私に言うんですよ、私は気づいてないけど、「アケちゃんは南のこと好きだったよ、南のこと本当に愛情を持っていたんだよ」って会うたびに言うの。知らないよそんなのっていまも思うんだけど、こだまにはそう見えてたって言うの。

――アケミさんはどういう人だったんですか？

**南**　私は生きているときのアケミを見てないんだよね。見てないというか、内面まで探ろうとしない失礼なやつだった。見てないから、どういう人かって言えないけど、私は無意識に理由なくアケミの歌が好きとか詩が好きとか存在が好きとか性格が好きとか顔が好きとか一切ない。それがないのに好きな人だったね。そういうことなんだよね。

「お前の踊りはつまらない」とアケミに言われ、芸能界からはおもしろいと言われているんだけど、芸能界を信じなくなったもんね。いくら有名な人に最高ですねと言われても、いやいや大したことないでしょって思っちゃう。じゃがたら的にはどうせダメと言われるし、基準がこっちになっちゃったから。私の踊りを作るうえでも、「いやいやこれは音楽とまったく寄り添ってない」って自分で思ったりとか。いま私が若い振付師とかダンサーに指導するときは「カウントで作るなよ」って言っています。踊りをみんなカウントで作るんですよ。曲を聴きながら、1、2、3、4って。音に寄り添うとは、音の高揚感とかグルーヴとか、音程とかを考えて作るから1、2、3、4じゃなくて抑揚がつくわけですよ。そういうことを学んだのもじゃがたらなんです。だから音楽に身体を委ねるとか、委ねて聴こえてくる音というのはちゃんと音が呼んでくれるんです。

――音に委ねるって簡単そうに見えて難しいですよ。

**南**　私が「お前の踊りは営業踊りだ」と言われた理由がそれ。委ねてなかった。それって音楽を聴いてないということ。この委ねるって、いま私が若い子たちに講義して

アケミという人は何だったんだろうって思うの。アケミはただ言って、ただ作って、ただ歌って、いなくなった。ただそれだけという感じ。でもそれがとんでもないことになっちゃったんだよね。

いても誰もわかんない。「自由に委ねて踊ってみな」と言うとみんな止まる。じゃがたらの音で踊れる人いないもん。ナベちゃんのほうがよっぽどうまいもん。

――２０２０年に大きなじゃがたらのイベントをやる意味について何かお考えですか？

**南**　みんなにとっては２０２０年だけど、わたしにとってはあれからのそれからでずっとつながっている。私にとってはじゃがたらは止まってないから、２０２０にやる意義とかではなく、やっと30年近くかかって、世の中の人はもちろんだけど、メンバーにとってもじゃがたらの音楽のなかにいることが必要だとか、ここにいる自分に戻りたいとか、そういうところに集結したということ、それがよかったなと思うこと。60代が多いけど、メンバーのそれぞれの人生にとって、ここでもう一回あそこに戻りたいと思ったことが事実として嬉しい。それを経てのライヴだし、レコーディングだったりこういう本であったり、再発だったり。長い時間かかったけど、ほらやっぱり終わらないじゃん、メンバー集まったじゃんって偉そうに自分だけ思っている。

　昔のＯＴＯは南が全部やればいいじゃんってノリだったのに、毎日のようにＬＩＮＥ通話で会議に参加しているからね。ＯＴＯは昼間畑仕事をやっているから、夕方から夜中にかけて音作りの作業をするんだけど、立ち上がれないくらい疲れているって、もう腕もあがらないって。それで気づくと寝ている。年取ったなって思うよね。もう体力的に24時間フルに身体を使えないわけ。そのなかで30年ぶりの忙しさだからね。でもすごくいい顔しているわけよ。だから、「南やりゃいいじゃん」って言っていたＯＴＯが、リーダーシップをとって制作に参加して、ちゃんと自分がいまやるべきこともやって、そして音楽もやってというのを私はいまうれしい気持ちで俯瞰でみている。「はいはい、ＯＴＯオッケー、はい、ティユウオッケー。みんなイキイキしていますね」みたいな。やっとみんな集まって来たんだって。ちょっと偉そうに。これを言うときっと「俺だってずっとやってたよ」って誰かしらに言われそうだけど。

――じゃがたらの作品、楽曲をいまやることの意味みたいなものはどういうふうに考えていますか？

**南**　作品をやることの意味の前に、「南がアケミの歌を歌ってるんじゃねぇよ」みたいな批判も近しい人たちから受けたんですよ。そういうことももちろんあると思っていました。もっとこう歌えとかああ歌えとかいろんなことを言われたときに、うるせえよってなって。もうゴメン、アケミじゃないんだから誰が歌っても一緒だからって。アケミじゃない以上、誰が歌ってもいいよって言ったの。私が旗を振ってきたけど、私はアケミに成り代わってこの曲をやろうとしていたわけじゃない。そのときは誰もやろうとしないし、やってくれなかったし、メインヴォーカルを歌えないけど、やるというかたちをとったけど、私はアケミになりたいという意味でやっていたわけではないから。アケミの歌はアケミが歌えない以上誰が歌ってもいいと思った。だから私が歌っちゃだめだとか、私が歌ったらいいとかもいらない。ヴォーカルなしで、お客さんが歌ってもいいくらいだと思っている。

――ソイソースを観たんですけど、素晴ら

しかったです。同窓会的に懐かしいねというイベントではなかった。それがすごいよかったです。

**南**　次はワンマンだから20曲ぐらいを2時間くらいやらなきゃいけない。やばくない？

――昔は4時間やっていたじゃないですか（笑）。

**南**　みんなじじいだよ。できるのかな。でもヴォーカルは持ち回りだから、大丈夫だと思うけど。

――南さんのヴォーカルもすごくいいと思いましたよ。新世界で見たときにやっぱりいいじゃんってすごく思ったんです。やっぱ楽曲が良いんですよ。アケミさんがいなくも楽曲は生きている。

**南**　だから私、アケミという人は何だったんだろうって思うの。アケミはただ言って、ただ作って、ただ歌って、いなくなった。ただそれだけという感じ。でもそれがとんでもないことになっちゃったんだよね。あの人のなかでは世界を変えようとかそういうことじゃない。

――でもアケミさんは世界を変えようとは思っていたんじゃないですか？

**南**　そう！　そうなんだけど、政治を使ってとか、そういう計算がない。彼なりの訴え方を歌のなかでしているんだけど、でもそういう活動家ではない。ただ言って、ただ歌って、ただ詩を書いて。それだけのなかでこれだけ世界を変えるような衝撃を人びとに与えたというただそれだけが。とんでもなくただそれだけだな、ただそれだけの人だなっていつも思う。表立った活動家じゃないし、見落としてもいいぜって。いま見落としても10年後気づけばいいとか。

　私はすごくアケミの寛容さが好きなの。詩もそうだし、生き方もそうだし、死に方もそうなんだけど。決してうえから言わない感じ。おちゃらけたように聞こえがちなことにすごく深い意味がきっとある。包容力と寛容な感じがすごくする。私はアケミの指示しないところが好きなの。上から指示しない。だから、若者たちにはこれに来て勉強してくださいとも思わないし、じゃがたら素晴らしいと思ってくださいとも思わない。

――勉強してくださいというのが一番じゃがたら的じゃないですよね。

**南**　誰もそんな感じじゃない。だけど噂で聞いて、ちょっと行ってみるかって怖いものみたさできて、そのあとその人がどうするのかが楽しみだよね。どうするのかどうしないのか、途中で帰るのか、はまっちゃうのか、人生の何かになるのか。だから今回若者に見せたいという特別心もない。誰でも来い。年寄でも前から好きな人でも関係ない人でも若者でも。ただ多くの人が、私がじゃがたらによって幸せになったようになってくれたらいいなと思う。

――最後に今後の抱負みたいなことを。僕はファンとして定期的に1年に1、2回くらいはライヴをやって欲しいなと思います。

**南**　やりたいね。もちろん２０２０年にライヴやって終わろうという気はＯＴＯも含めてない。

――はじまりですよね。

**南**　そういうことです。それからのこれからです。

（取材：こだまたけひろ＋野田努）

# 江戸アケミからの電話

高橋慎一

「もしもし、高橋さんですか。JAGATARAの江戸アケミです」

受話器から聞こえる男の声に驚き、僕は言葉を失った。安アパートの小さな台所に置かれた黒電話を抱えて黙り込む僕の耳に、男の朴訥とした語りが響いてきた。その声の感触は、通いつめたステージで何度も聴いたそれと全く同じトーンだった。１９８９年の冬、当時20歳だった僕は人生でもっとも影響を受けた男からの突然の電話に、しどろもどろになりながら応対した。

「アケミさん、なんで僕に電話してくれたんですか？　だいたい、なんで僕の電話番号知ってるんですか？」

僕からの問いかけにアケミは声のボリュームを上げ、一言一言はっきりとした輪郭を持つ言葉で語りかけてきた。

「新宿ロフトのアンケート用紙に電話番号を書いただろ。あのアンケートを読んで、お前が何を考えてるのか知りたくなったから電話したんだ」

言われてみれば、JAGATARAのライヴ時に配られたアンケート用紙に、彼らへの思いを熱烈に書き綴ったことがあった。読み飛ばして当然の、いちファンからのアンケートの回答に反応して、バンドのヴォーカリストがわざわざ電話をしてくる。そんな器用さとは無縁のむきだしの誠実さが、僕の中の江戸アケミ像とばっちりシンクロした。受話器の向こうにアケミがいる、しかもアケミは僕と真摯な対話をしようとしている。静かに興奮した僕はアケミの次の言葉を待った。それから2時間に渡る、僕と江戸アケミとの濃密な無駄話が始まった。

JAGATARAの存在を知ったのは１９８５年、高校一年生の時だ。当時の僕は若くして人生最悪の時を過ごしていた。父親が営んでいた八百屋が売れ行き不振から倒産し、自宅には借金返済を迫る闇金業者が押しかけ、父のノミ競馬仲間の地回りが出入りするのが日常だった。自宅が競売に掛けられ、行政が用意した低所得者用の賃貸住宅へ一家で夜逃げ同然に移り住んだときには、ごろ寝だけが趣味の無気力少年が出来上がっていた。埼玉の片隅にある底辺校に通う僕は、その中でさらにクラスでビリから3番目という見事な成績を誇る劣等生だった。

　勉強もダメ、スポーツもダメ、何をやらせても人並み以下の僕だったが、パンク・ロックとの出会いがすべてを変えた。2歳年上の姉から「あんたもこれを聴いてみろ」と渡されたセックス・ピストルズのアルバム『勝手にしやがれ』。そのサウンドはまるで天啓のごとく、人生の暗闇に一筋の光明が差すように僕の心を射抜き、虜にした。髪を逆立てた奇抜なファッション、権威に楯突く不遜な態度にも心底痺れ、当時の自らの境遇とも相まって激しく共鳴した。

　ピストルズを入り口にパンク・ロックの世界にダイブした僕は、ライヴハウス通いとレコード収集にのめり込んだ。インターネットなんて全く無い時代、パンクの情報を載せている二大雑誌『Ｄｏｌｌ』と『宝島』は毎月発売日に手に入れ、舐めるように隅々まで読み尽くした。

　ある時、『宝島』の新譜紹介コーナーに奇妙なアルバムが紹介されていた。JAGATARAのアルバム『君と踊りあかそう日の出を見るまで』だ。バンド名もアルバムタイトルも、従来のパンクやロックの様式から逸脱した美意識を感じたが、何より引き付けられたのはレビュー欄に書かれていた「心の病を患ったヴォーカリストが、ステージで訳のわからない言葉を喋り続ける」の一文だ。パンクに暴力性や非日常を求めていた僕は、まだ見ぬJAGATARAなるバンドへの興味を掻き立てられた。「これはひょっとするとスターリンやGAUZEよりも過激な、この腐りきった日常を破壊するようなバンドなんじゃないか」JAGATARAへの妄想は膨らむだけ膨らんだ。

　パンクのレコード入手が困難だった当時、僕はオープンしたばかりの音楽施設「ＣＳＶ渋谷」まで足を運びこのアルバムを入手した。まだ渋谷系なんて言葉が無かった時代、タワーレコードがビルのワンフロアで営業していた輸入盤屋だった頃だ。家まで帰る時間がもどかしく、渋谷から埼玉まで戻る電車の中でアルバムを開封し、ライナーノーツを読み始めた。アルバムのアートディレクターであるヤギヤスオの筆によるライナーは、ヴォーカリストの江戸アケミが発狂、精神病院に入院してから故郷の四国に帰るまでの壮絶なルポルタージュとなっていた。アルバムに収録されているのは、精神病院へ入院する直前と直後に行われたライヴ音源だった。営団地下鉄から私鉄に乗り入れる車内で、僕はむさぼるように何度も何度も、このライナーを読んだ。車窓から見える新興住宅地の殺風景な様子、マッチ箱のような建売住宅が無機質に並ぶ静かに死んだような街並み、34年経ったいまでも、あの時の車内の空気をしっかりと記憶している。このアルバムには一体どんな演奏が収録されているのか。このアルバムに針を落とした瞬間、人生が大きく変わってしまうのではないか。自宅に戻った僕は、はやる気持ちを抑えてターンテーブルにレコードをのせた。

　1曲目は「TANGO」という曲だった。僕にパンクを教えてくれた姉が、バイト代を貯めて手に入れたオーディオテクニカの粗末なミニコンポ、その小さなスピーカーからギタリストのOTOが奏でるカッティングが響いてくる。そこに、もう一人のギター、Ebbyの哀切なメロディーが重なり、その緊張を突き破るように江戸アケミの「ステージで訳のわからない言葉を喋り続ける」実況がはじまった。

アルバムを聴き終えた時、僕は脳味噌の全てをJAGATARAと江戸アケミに乗っ取られた状態になってしまった。そこには暴力性も異常性もなく、人間が生きることの熱量、悲しみ、そしてかすかな希望が極度に純化され記録されていた。音楽が音楽であることから逸脱し、高温で燃焼移動しながら何か巨大な心理に接近していくような、そんな音と言葉の連なりだった。その時以来、江戸アケミは僕にとって特別な存在となり、JAGATARAのライヴは参加しなければならない事件となった。

JAGATARAと出会って4年、20歳になっていた僕はビルの高所清掃員、解体作業員、飯場の手元（軽作業）といったブルーカラーの職を転々としながらその日暮らしの日々を過ごしていた。アケミから電話をもらったのは飯場の仕事にあぶれて平日の昼間から部屋でごろごろしていた時だ。つけっぱなしにしているテレビのチャンネルをカチャカチャやって、奥様番組も時代劇の再放送も見飽きてふて寝しかけた僕を叩き起こすように、黒電話の呼び出し音が鳴りはじめたのだ。

「高橋、お前の部屋の本棚にはどんな本が並んでるんだ」

アケミはいきなりこう切り出してきた。

「ええと、手塚治虫の『火の鳥』が並んでます。一番手に取りやすいスペースには、手塚漫画を並べるようにしてるんです」

自室の本棚を眺めながら僕が答えると

「そうか『火の鳥』か。俺もずいぶん昔に読んだな。高橋にとって手塚治虫は重要な存在なのか？　『火の鳥』は何編が好きなんだ？」

アケミからの矢継ぎ早の質問に僕は一つ一つ回答していった。

「手塚は僕にとって重要な存在ですよ。小説家も含め、僕に一番影響を与えた物書きです。手塚を好きな理由は嘘を付かないからです。作家はたいてい、読者におもねるために程度の低いヒューマニズムを作品に入れ込んだりする。手塚作品にはそういった部分がないから。『火の鳥』で一番好きなのは「鳳凰編」、あとは「未来編」「黎明編」も大好きです」

長々と自説を語る僕の話をじっくり聞いてくれたアケミは、僕が喋り疲れて黙ってから言葉を紡いでいった。

「手塚か……俺も好きだったな。好きだったけど、俺にとっては過去読んで好きだった作品で、今じゃない。高橋は小説は読まないのか？　本棚にはどんな本が並んでる？」

この返答を聞いて、アケミは本当のことしか言えない人間なんだなとしみじみ感じた。僕の意見に対して、細かいことでもきちんと自分がどう感じたか本音を言わなくては気が済まないのだ。ならばこちらも本音で対応しなければならない。

「小説も読みますよ。棚の一番重要なところに置いてあるのは武田泰淳の『富士』で、これは僕の一番好きな小説です。本編の中頃、様々な精神病の症例が無機質にダーっと列記される場面に堪らなく惹かれて」

ここまで語った時点で僕は言葉を切った。アケミが抱えた心の病のことも忘れ、『富士』を話題にしたのは安易だったなと。しかしアケミ本人は特段気にするでもなく

「武田泰淳って、お前何歳だよ? 学生か? そうか、20歳で肉体労働してるのか。じゃあ仕事にあぶれて生活に困ったら、俺の知り合いのヤザワさんに連絡しろ。気のいい現場監督で、俺も日雇いのバイトでお世話になってるんだ」

と僕の懐事情や仕事の心配までしてくれた。二人しばし日雇い労働話で盛り上がると、アケミはふと思い出したように、映画は観るか、好きな映画監督はだれだ? と聞いてきた。

僕が好きな監督はルイス・ブニュエルと答えるとアケミは大げさに驚いて

「ブニュエルだ~? また難しい監督の名前出しやがって。まあ、意外に思うだろうけど、俺だってけっこうブニュエル観てんだぜ。『ブルジョワジーの密かな愉しみ』とか。でもさ、映画がゴダールやブニュエルみたいにあんな難解に進化したら終わりだろ。未来は無いぜ」

と語ってきたので、僕も本気で反論した。

「ゴダールとブニュエルはまったく違う作家です。映画界にゴダールのエピゴーネンが蔓延したらそれこそ未来はない。でもブニュエルの作品は全く難解じゃない。彼のように自らの欲望や生理、記憶に忠実な創作を皆が行えば、映画の未来は明るいはずだ」

と熱弁を振るうとアケミは笑って、お前飯場で浮いてるだろ、と一言。その言葉のトーンはとても優しかった。電話を切る直前、アケミはもう一度、仕事に困ったらヤザワさんに電話しろ、アケミからの紹介だって言えよと念押しした。

アケミが亡くなったのはそれから数ヶ月後のことだった。僕は結局、ヤザワさんに連絡しなかった。あれから30年間、アケミに笑われない人生を歩むことが、僕の人生の決まりごととなっている。その思いは、年月を経るほどに強くなってゆく。

現在僕はロック・バンド『THE FOOLS』のドキュメンタリー映画の制作に乗り出し、仕上げ作業の真っ最中だ。この映画は、僕がアケミに宣言した『自らの欲望や生理、記憶に忠実な創作』になっているだろうか。映画が公開されたら、この本を読んだ皆さんにその判定をしてもらいたい。

高橋慎一(たかはし・しんいち)
映画作家/写真家/ライター。雑誌・書籍・CDジャケット等でフォトグラファーとして活動中。２０１５年にキューバ音楽をテーマとした映画『Cu-Bup』を初監督。２０２０年にはロックバンド『THE FOOLS』のドキュメンタリー映画が公開予定。

EBBY / INTERVIEW

# EBBY

## 俺は個人的に「本当のじゃがたら」は86年以降だと思ってるから

じゃがたらの前身バンド「ファミリープラン」から江戸アケミと活動をともにし、初期エログロ路線のじゃがたらを知る唯一のメンバー、それがEBBYだ。また、80年代のじゃがたらのライヴにおいて、もっともクールに決めていたのがこのギタリストである。当時、EBBYのファンは多かった。

そして、江戸アケミが3年の療養を終えた86年、それ以前の暗いイメージを払拭し新生じゃがたらを華々しく印象づけたのは、EBBYが作曲した「裸の王様」だった。89年、バンド内で不協和音が鳴りはじめるなか制作された『それから』を、それでも傑作たらしめるのは、やはりEBBYの「つながった世界」があるからだろう。今年、活動拠点を京都から再び東京へと移したEBBYに、3時間じっくり話してもらった。

――じゃがたらに入ったきっかけをお聞かせください。

**EBBY**　俺が入ったきっかけはヤマハのバンドメンバー募集の広告。電話したら「私アケミちゃんよ！」とやたらと声のデカいオネェ言葉を使うおっさんが出て……という例の話なんだけど。じゃがたらを名乗る前だよね。一回だけガソリンアレイでライヴしてる。ファミリープランというバンド名で。ほとんどザ・バンドのカバーで、俺も1曲か2曲ヴォーカルをとった。その後に「もう少しファンクっぽいのをやりたい」ってアケミが言って。そのときのベースが8ビート系の人だったからファンクっぽいのが弾けなくて。それで、ドラムのカワベの紹介でナベちゃんが入ることになった。それから黒っぽいビートの曲を少しずつやりだしたんだよね。ナベちゃんの奥さんの出身地が長崎だったから、ナベちゃんが「じゃがたらお春」というバンド名を提案したんだけど、俺はその名前がすごく嫌だった。あぶらだことか非常階段とかもそうだけど、そういうバンド名をつけることのカッコよさが当時の俺には全然わからなかったもん。もちろんパンクも聴いてたけど、日本のパンクにほとんど興味なかったし。フリクションとグンジョーガクレヨンぐらいかな、かっこいいと思ったのは。だって他はぐしゃぐしゃなバンドばかりだったから。

――EBBYさんの言う当時の「ぐしゃぐしゃなバンド」の筆頭がじゃがたらでしたよね。

**EBBY**　そうだね。ほんと汚らしいと思いながら見てたよ。全裸で血を流して、生きたシマヘビ食いちぎって。吉祥寺マイナーではウンコ事件もあったし（笑）。かっこよさみたいなものは感じなかった。当時はアマチュアのロック・コンテストにもよく出てたんだけど、ヤマハの渋谷店でやったポプコンの予選のときは、演奏中に道玄

坂をストリーキングしはじめて。「ストップ・ザ・国鉄」とかダサい歌をうたいながら。「ダメだこりゃ」って。OTOが入る前のことだし、アケミもナベちゃんもいないから、これを覚えているのはもう俺ぐらいしかいないけど。だからね、そういうところでアケミとよくぶつかってたよね。けど、アケミからは「EBBYはC調だ」って言われて。俺も「もうやってらんね」って、一度じゃがたらを抜けた。客と喧嘩もするし、何が起こるかわからないから、ステージで演奏どころじゃなかったよ。

　だから記憶が曖昧なんだけど、「LAST TANGO IN JUKU」のレコーディング、俺は弾いてないかもしれないんだよね。「HEY SAY」のあのカッティングは俺が考えたやつだから、たしかに俺が弾いていると思うけど。「LAST TANGO IN JUKU」はもともと山本政志の映画『聖テロリズム』用に作った曲で、録り終えた音を聴かせてもらった記憶があるんだけど、レコーディングで俺が弾いたかどうか、記憶がないんだよね。

――音楽で正当に評価されるきっかけになった『南蛮渡来』の頃はどうでしたか。いまなおジャパニーズ・ファンクの傑作として評価が高い作品ですが。

**EBBY**　俺はもともとT・REXとかアメリカン・ロックとかに夢中だったんだけど、パンクやレゲエと出会って衝撃を受けた。Pファンクを知ったのは、当時つき合っていたアメリカ人の女の子に教えてもらったんだよね。それでナベちゃんに聞かせたら「いいね」みたいなことになって、2人で盛り上がった。「Pファンクみたいなことをやろう」って言い出したのは俺とナベちゃんだったんだ。OTOはその頃まだPファンクとか知らなくて、どちらかと言えばレゲエとかダブに夢中だったから。アケミはピンときてなくてすぐには食いつかなかったよ。

　『南蛮渡来』のレコーディングのときは、ちょっとしたアレンジ、例えばハイハットの開き方ひとつでもアケミはすごいこだわりを持って指示を出してたね。印象に残ってるのは「BABY」。あの曲はハイハットがシャンシャンいってるじゃない。で、途中からドカドカドカって乱れ打ちになって。あのドラムをアケミはすごくこだわってたよね。アケミはエモーショナルなものだったりカオスな感じが好きで、おかずひとつとってもすごく細かい指示を出してた。83年まではそうだったね。あのこだわりはフランク・ザッパの影響だったと思う。歌詞もそうで、あの頃はフランク・ザッパからの引用が結構あるからね。「BIG DOOR」の「イエロー・スノー」は「Don't Eat The Yellow Snow」からだし。

――「BIG DOOR」といえば『君と踊りあかそう日の出を見るまで』の演奏が印象的ですが、あの当時のことをどう振り返りますか？

**EBBY**　いまあれを聴くと重いよね。やっぱりすごく大変な時期だったから。アケミは本気度が強過ぎて、人一倍感受性も強くて、情報を取捨できない人だった。すべてをマジで受け止めてしまう。統合失調症になってしまった本当の原因なんて誰にもわからないけどね、俺が思うのは、当時のアケミの交友関係のなかで、取り巻きみたいな人たちからいろいろなことを言われていたのはたしかだし、ステージに立てば客から強烈なフィードバックがあったわけで、そのひとつひとつすべてをマジで受け止めてしまったからだと思うんだよ。本来はガチガチのあがり症で、自分の素を他人に悟らせまいとしてオネエ言葉を使ったり、額を割って血を流したりしてごまかしてたんだろうけど、いっぱいいっぱいになってしまったんだろうね。

法政でやった「TANGO」は、アケミに「しばらく音出すな」とか言われた。「午前7時ちょうどにはじめる」って。金縛りにあったような気持ちだった。人生であんな経験は二度とないだろうね。けど、いちばん大変だったのが内田裕也さんのニューロックフェスのときだよね。アケミは病院から一時外出でステージに立ったけど、顔はポパイみたいになってて、目はどろ〜んと落ちくぼんでいて。クスリで呂律も回ってなくて。だから、当時を色で例えるなら暗い灰色。83年というあの年自体が暗くて重い感じ。そのせいか、83年はたくさんライヴやってるはずなんだけどほとんど覚えてない。記憶がすっぽり抜け落ちている感じ。

——アケミさんの療養で活動休止を経て、86年に復活するわけですが、当時ラフィンノーズや有頂天に夢中だった高校生の私は、『裸の王様』でじゃがたらを知ることになりました。

**EBBY**　いいところから入ってるね（笑）。俺は個人的に「本当のじゃがたら」は86年以降だと思ってるから。もちろん人それぞれ思いは違うだろうけど。

——その一方で、86年以降、メンバー全員でお揃いの真っ赤な衣装を着たりすることに対して、初期のファンから批判もされたりしたわけですよね。

**EBBY**　あっただろうね。でも、俺らはそんなこと気にしてなかった。あれはＯＴＯとミナミが戦略的に考えたことだと思うけど、バンドとしての統一感も出るし、新たなイメージをつける意味でもよかったと思ってる。確かにそれ以前と１８０度違うわけだから、思い切った戦略だったと思うけど。でも、86年以降もスキャンダラスなイメージはつきまとったからね。俺はそれがすごい嫌だった。実際は『南蛮渡来』以降、過激なパフォーマンスなんていっさいやってないのに。歌詞も86年以降すごく変化した。攻撃性がなくなって驚いたよ。俺は「ストップ・ザ・国鉄」の頃から見てるわけだから（笑）。

——3年間の療養期間でリセットされたということなんでしょうか。

**EBBY**　東京にもどってからアケミが面白いことを言ったんだよ。「ＥＢＢＹ、俺は三葉虫を見たんだ」って。人間のＤＮＡには太古の記憶まで刻まれているって言うじゃない。魚が陸に上がり二足歩行の人間になるまでの記憶みたいな。だから、アケミの言っていることはそんなに不思議なことでもないと思って。最近ＯＴＯがよく言うんだけど、「宇宙的レベル（「都市生活者の夜」）」のことが、療養期間中のアケミに起きたのかもしれないよね。

電話したら「私アケミちゃんよ！」とやたらと声のデカいオネェ言葉を使うおっさんが出て……という例の話なんだけど。じゃがたらを名乗る前だよね。

アケミがいまのネット時代を生きていたらどういうことをやったかなって興味がある。アケミだったらインターネットというツールを、ネット社会を、どのように捉えたかなって最近よく妄想するんだ。

——療養中の思いを歌ったであろう「夢の海」はすごく優しい歌ですよね。

EBBY　そうだね。亡くなってから気がついたんだけど、アケミって時代時代で人格が違っていた。最初はすごく人見知りで人の目を見て話せなかったぐらい。「私はアケミちゃんよ」って自分を茶化すことで何とかステージで振舞えてたのに。そこから流血パフォーマンスとかやり出して急にマッチョな感じになって、伊藤耕やノブ、町田町蔵なんかとも一瞬にして友だちになっちゃうような兄貴的なキャラになった。それで、83年にバーストして86年にもどってくるんだけど、それからの人格もまた違ったイメージなんだよね。クスリの影響で喋り方がたどたどしかったんだけど、普通の会話の中でもすごく言葉が優しかった。それに、以前のような音へのこだわりもなくなった。『裸の王様』『ニセ予言者ども』のアレンジはOTOがリーダーシップをとっていたからね。『南蛮渡来』のときはハイハットひとつの音色にこだわっていたアケミがほとんど口をはさまなくなったんだよ。この頃はメンバー間での軋轢はなかったと思う。衝突したって記憶がないもんな。みんなリラックスしてやれてた。だから、バンドとしての絶頂期は87年だったよね。ライヴをやれば南もユカリも楽しそうに踊って、演奏するのがすごく楽しかった。

——そして、89年に『それから』でメジャーデビューするわけですが。

EBBY　この頃にOTOがね、自分のなかのやりたいことのレベルがひとつ上がったんだよ。それはサリフ・ケイタと一緒に演ったことも影響したと思うけど。それまでは自分たちの身の丈にあったテクニックで演奏してた。けれど、そこからは大変になったね。「ハチロクっぽい曲をやりたい」という話になってもなかなか実現できなかったの。それでOTOとリズム隊の2人ていゆう、ナベちゃんとの間に温度差みたいなものができてしまって。

『それから』のレコーディングのとき、スタジオにちょっとしたバルコニーみたいなところがあって、そこでアケミと2人になったことがあったんだけど、アケミが「みんな無理して演ってんじゃないのか」って言ってきた。アケミは元々ロックが好きだったし、もっとシンプルなことをやりたいと思っていたのかもしれない。実際下北沢で呑んでると、外からいろいろな情報が漏れ伝わってきたりもしたから。「EBBYさん、最近のじゃがたらは随分細かいことをやってるみたいだね。アケミ、本当はロックをやりたいみたいだよ」みたいな。アケミと親しい人がどこかでアケミと会って、そういう話になったのを俺に伝えてきたりしたんだよ。どうも「じゃがたらをやめて別のバンドをつくりたい」みたいなことも言ってたみたいなんだよね。

——それは『ごくつぶし』の頃ですか。

EBBY　そうだね、89年『それから』の後だったと思う。だから、その頃のツアー

はただスケジュールをこなしている感じだった。もちろんお客さんはすごく盛り上がってくれてはいたんだけど、バンドとしては最悪の状態でバラバラな感じだった。でも逆に、その頃になって俺とアケミの距離は少し縮まった。腹を割って話せるようになったんだよ。知り合って10年以上経ってから、やっと腹を割って話せるようになっただなんて、おかしいんだけどさ。

――きっかけは何だったんですか。

**EBBY**　三鷹のアケミの家に遊びに行ったんだよね。何で遊びに行ったか何を話したかもう覚えてないんだけど。初めてと言ってもいいぐらい腹を割って話した覚えがある。そしたら、あいつそこから急に俺に対する態度が変わったんだよ。最後の「おあそび」のときに、俺とOTOがレコーディングでフランス行って、帰国してから恵比寿の事務所に行ったらアケミがいたんだけど、いきなり俺にハグしてきた。「おぉ、EBBYお帰り！」みたいな感じで（笑）。そんなことこれまでに一度もなかったから、俺も照れてしまってどうしていいかわからなくなったのを覚えてる。家に遊びに行くってことは、そんなに大きなことなのかなって思った。亡くなるちょっと前のことだよね。だからアケミが亡くなったとき、そういう意味で悔しかった。せっかく距離が縮まったのに。

――じゃがたら永久保存後の活動について教えてください。

**EBBY**　90年代の俺はじゃがたらを捨てようと思ってた。あの頃はじゃがたらの名前に引きずられてしまうことがすごく嫌だった。業界の人から言われることは決まっていたし。初期のスキャンダラスなイメージのままの人からは「あのじゃがたらね……」と否定的に言われて、86年以降のじゃがたらを好きな人には「すごいですね！」と絶賛される感じ。両極端なふたつしかなくて、それが嫌だった。だからEBBYというブランドでやってくしかないと思ったんだけど、やっぱり自分のバンドがなくなった精神的ショックって大きいんだよね。しばらくはいろいろな人のレコーディングに参加したり、ライヴのサポートメンバーでツアーを回ったり、そういう音楽活動で気持ちを紛らわしていたんだけど。91年ぐらいになると「もうバンドはやりたくない」という気持ちになって。人に曲を提供したりプロデュースもやったり。90年代の後半には高田エージとバンドを組んだり、佐野史郎くんとバンドを組んだりしたけれど、長く続かなかった。

——２０１５年に西麻布の新世界でじゃがたら名義のライヴがありました。２００４年クラブチッタ川崎でやった「じゃがたら祭クニナマシェ」以来のライヴでしたね。

**ＥＢＢＹ**　あれはエマーソンの仕切り。その時にＯＴＯがヴィデオレターをよこして、５年後の２０２０年に江戸アケミ30回忌のイベントをやるとぶち上げて。

——それで、「東京ソイソース２０１９」があって、小編成のCO-JAGATARAの活動に続き、新曲のレコーディングまであって、メンバーの皆さんは活動再開についてどのようにお考えでしょうか。

**ＥＢＢＹ**　みんな楽しんではいるけれど個々に温度差はあるよ。やっぱり南がいちばん嬉しかったんじゃないのかな。もちろんじゃがたらは俺にとって大事なバンドではあるんだけど、いまも昔もメンバーのなかでは俺がいちばんクールな目で見てると思う。だって、俺は俺で自分のバンドElectric-Noise-Novel（電気ノイズ小説）をはじめたばかりだし。自分で作ったバンドだから責任もあるしね。いまいちばんやりたいことでもあるしね。アホなヴィジョンも立てたから、それがもう少し形になるまではやりたいなと思ってる。

——どんなヴィジョンですか。

**ＥＢＢＹ**　アケミがいまのネット時代を生きていたらどういうことをやったかなって興味がある。アケミだったらインターネットというツールを、ネット社会を、どのように捉えたかなって最近よく妄想するんだ。

——アケミさんはネット社会についていけず、それこそ気が狂ってしまうだろうと思います。

**ＥＢＢＹ**　そうだね。でも、あいつは何かの瞬間に閃いて、あの独特な感性でインターネットをうまく利用して、俺らとは全然違った独創的なことをやったかもしれないと思ったりもするんだ。そういう可能性はあったと思う。だから、ＯＴＯが持っているアケミ像とはまた違ったアケミ像を俺は持っている。

　俺が作りはじめた電気ノイズ小説の主人公は、いまの時代を生きる江戸アケミでもあるんだよ。メンバーでは俺がいちばん年寄りだから、俺がいつ死んでもいいような、そういうストーリー仕立てにしてあって、キャラクターも作ってあって、俺にとっての終活じゃないけどさ（笑）。ヴォーカルはまだ23だし、ベースは40代で、ドラムもまだ50代だからもう少しいけるだろうし、いちばん年上の俺が後どれくらい生きられるかみたいな。俺が死んだ後も新しいギターを入れてバンドが続いてくれたらいいなと思ってる。もちろんじゃがたらだって、俺もＯＴＯも南もていゆうもやがて死んでしまうわけだから、ナベちゃんの代わりに黒猫チェルシーの宮田（岳）くんが入ったみたいに、スピリットを継承してくれる若いメンバーと入れ替わることで続いていったら嬉しいよね。

（取材：こだまたけひろ／写真：小原泰広）

# 西暦２０２０年の大掃除

志田歩

80年代後半にじゃがたらの名前を広く浸透させたシリーズ・イヴェント〝東京ソイソース〟は、１９８６年9月から88年12月まで5回にわたって行われた。発案者のＳ－ＫＥＮは70年代後半のムーヴメント〝東京ロッカーズ〟の仕掛け人の一人でもあり、〝東京ロッカーズ〟に端を発するインディーズ・ブームで賑わう当時のシーンの中で、じゃがたら、MUTE BEAT、TOMATOS、S-KEN & HOT BOMBOMSの４バンドを中心に、成熟した音楽性で一線を画すイヴェントとして人気を博した。

初回の会場は渋谷LIVE-INN、２回目以降はウォーターフロントのインクスティック芝浦ファクトリー。バブル景気の真っ只中に、流行の先端とされる場所で行われるイヴェントだった。

だが江戸アケミはそうしたファッショナブルな設定にあえて水を差すかのように、そうした建物を作っているのは日雇い労働者なんだと言及している。

単に言及しただけでなく、じゃがたらは実際に日雇い労働者の街である横浜寿町で毎年夏に開催されているフリーコンサートにも１９８３年以降、度々出演していた。とくに80年代後半は、寿町フリーコンサートにとってじゃがたらは、なくてはならない存在だったと言ってもよい。

僕がこのフリーコンサートに初めて行ったのは１９８６年。じゃがたら見たさにひとりで繰り出してみたものの、それまで足を踏み入れたことのない異臭の漂う街の雰囲気に緊張したのを覚えている。

〝深刻な状況を抱える場所に、のこのこライヴではしゃぎにきた脳天気なよそ者〟として疎んじられるのではないかと身構えてしまったのだ。

だが実際にライヴが始まってみると、寿町フリーコンサートは、メディアでの知名度などとは全く関係なく、その時その場の実感だけを手がかりにして、そこにいる全ての人が触れ合うオープンな場で、スター幻想など入り込む余地のない空気にじゃがたらの音楽はしっかりと馴染んでいた。缶ビール片手にほろ酔い気分で彼らの演奏に心地好さそうに体を揺らす現地のおっちゃんから「あんちゃん、どこから来たんだい?」と満面の笑みで話しかけられた僕は、「音楽にはこんなふうに見知らぬ者同士をつなぐきっかけを作るパワーがあるんだ!」と感激した。

その体験が強烈に染み込んでいたがゆえに、２０１０年に僕自身がここのステージに立った際、現場のスタッフがじゃがたらのＴシャツを着ていたことにも、しみじみと感じいった覚えがある。

このようにじゃがたらは、まさにバブル景気真っ最中の80年代を象徴するような側面と、それを執拗に拒む江戸アケミの資質を併せ持っていた。リアルタイムのオーディエンスであった僕は、好調な時はそうした相反する要素が相乗効果を生んでいたが、不調な時はバンド内だけでなくステージや作品にもギクシャクした気配を正直にさらけ出していたように感じていた。

▲

１９８３年にアケミが精神のバランスを崩す以前のじゃがたらは、80年代的な洗練を拒むアケミの資質が前面に出ていた。初期には洗練と対極にあるようなアケミのパフォーマンスが、メディアによってエロ・グロ・ナンセンスの文脈で消費され、それに嫌気がさしたメンバーが離脱し、ＥＢＢＹも一時期バンドから離れるなど、アケミがバンドの中で孤立してしまったような印象すらある。

だがアケミの不調により非常事態を迎えてからのじゃがたらは、むしろ求心力を増した。そうでなければアケミが療養に入ってから１９８５年の〝アースビート伝説85〟での復活に至るまでの間、チームワークの綻びを感じさせることなく、バンドの危機をあそこまで整然と乗り切ることは困難だったように思う。

また１９８７年にリリースされたセカンド・アルバム『裸の王様』のタイトル曲は、アケミ復活後のじゃがたらを代表する名曲で、歌詞もアケミの作風によく馴染んでいる。だがクレジットを確認してみると、この曲は作詞も作曲もＥＢＢＹとＯＴＯの共作。アケミの復活を想定して二人のギタリストが書いた楽曲が、ここまで見事にフィットしているのは、まさにバンドの危機を乗り越えようとする求心力の賜物だろう。

とはいえ『裸の王様』の頃からじゃがたらは80年代風の洗練された意匠もまといはじめる。ヴィジュアル面で赤に統一したコスチュームを用いるのもこの時期からだし、サウンド面ではアケミ療養以前には無骨なイメージがあった「岬でまつわ」が、『裸の王様』に収録されたスタジオ・ヴァージョンではＥＢＢＹがプリンスのフレーズを引用することで80年代らしい華やかさを醸し出すようになっている。

記録映像を見ると、ＥＢＢＹは１９８９年の寿町のステージでは、この頃に流行したブランドであるHYSTERIC GLAMOURのロゴが入った長袖のシャツを着ていることがわかる。このいでたちは真夏の寿町というラフな服装の人が多い会場の中で一際異彩を放っており、演奏とヴィジュアルの両面における彼の一貫した美学を感じさせるものでもある。

好調な時のじゃがたらのステージでは、こうした要素が混在することで、多様な個性が生き生きとした輝きを放つ包容力に満ちた磁場を形成していた。

アケミ復活以降のじゃがたらのライヴにおける包容力ということで、もうひとつ鮮烈に覚えているのは、法政大学の野外ステージでのコンサートだ。演奏途中でアケミが天を指差し「星が見えてるぞ！」と放った言葉に、その瞬間その場を共にできていることへの強烈な幸福感が込み上げ、アケミもまたそうした想いを噛み締めていると確信した。じゃがたらの持つ包容力とは、すなわち共生感だった。

▲

しかしアケミとバンドの関係がギクシャクしてくるとそうしたバランスは崩れてしまう。とくにメジャー・デビュー以降のアケミは、スタイリッシュな曲調でアルバムをまとめることを執拗に避けたがる傾向が強く、しばしばＯＴＯと衝突したことを、ＯＴＯ自身が著書『つながった世界』の中で明かしている。

学生時代にちらっとだけ聴いていたフェラ・クティに改めて親しむようになったのもじゃがたらがきっかけだった。そんな文脈では、80年代後半のワールド・ミュージック・ブームのトップランナーであったマリ出身のサリフ・ケイタが１９８９年6月、渋谷公会堂で行なった初来日公演で、じゃがたらがオープニング・アクトを務めた時も、バンド仲間と連れ立っていそいそとじゃがたらを応援するような心境で足を運んだものだ。じゃがたらは当時のインディーズ・シーンに残っていた最後の大物といったイメージで、4月に『それから』で、メジャー・デビューした直後ということもあって、客席にも彼らへの関心を持つ人はけっこういたように思うが、ステージはいまひとつ歯がゆい印象だった。

だがそれ以上に決定的だったのは、その雪辱となることを願って見にいったインクスティックのライヴだった。寿町や法政大学の野外で感じたどこまでも広がっていくようなスケールの大きさに陶然とした感覚が忘れ難かっただけに、あまりにも覇気のないこじんまりとしたステージに愕然とした。いったいどんな事情でこんなことになってしまうのか？　当時の自分には知るすべもなかったが、メジャーでの活動はそれほどまでに大きなプレッシャーを伴うのだろうかと想像したりもした。

かつてドアーズのジム・モリソンが、１９７０年12月、ニューオリンズのステージ上で覇気を失っていった様子を、キーボードのレイ・マンザレクは、「ジムの頭の天辺から魂が抜けていくのを見た」と振り返っているが、ジムがその翌年にバスルームで亡くなっているのは、まるで不吉な符合のようですらある。

▲

いずれにしてもアケミは、バブルに浮かれ洗練へと向かう時代との闘いの中で疲弊していったのだと思う。それは外部を攻撃するだけでなく、自分自身の価値観が取り込まれないようにするため、自分の意識を浄化しようとする営みでもあった。「もうがまんできない」は、１９７９年のエド&じゃがたらお春名義のライヴで演奏してた代表曲のひとつだが、そこでもすでに〝心の持ちようさ〟と歌っていた。またＯＴＯがじゃがたらの衛星プロジェクトとして、サリフ・ケイタのバンドのリズム・セクションなどの協力を得て制作したアルバム『おあそび』に収録されている「そらそれ」は、１９９０年1月13日にアケミが生前最後にレコーディングした曲となってしまったが、そこでは〝虚飾の街を　けさもはよから大掃除〟と軽やかに歌っている。

〝せこく生きてちょうだい　見飽きた奴等にゃおさらばするのさ〟と歌う「でも・デモ・ＤＥＭＯ」、〝ふりかかる灰をかきわけ　投身自殺だ〟の一節が強烈な「アジテーション」など、初期のじゃがたらの歌詞は、苛烈なまでのアケミの潔癖さのゆえに、一度口にしてしまったら自分自身をも引き裂き、それまでの自分ではいられなくなるような言葉で、自らの変化を強いる迫力に圧倒されるものだった。それらの作品に心を動かされるという実感は、今でもなんら変わることがない。ただしこの原稿を書くために当時を思い返す中で頭をよぎった様々な気持ちをこの場で正直に吐露してしまうなら、そこにはじゃがたらの作品をそのように〝鑑賞〟してしまうことによって、僕自身も無自覚のうちにアケミを疲弊させる側に加担していたのではないか、という疑念もあった。

死の直前もおそらく浄化を求める潔癖さが、アケミを突き動かし、じゃがたらからの脱退という言葉となっていたのだろう。その先にどんな光景が待ち受けているのか知ることは、悲しいことにあの時はかなわなかった。だが今は彼の遺志を受け継いで２０２０年に動き出すじゃがたらが、〝それから〟の地平を切り拓いていく場面に立ち会える幸運に感謝したいと思う。

志田歩（しだ・あゆみ）
１９６１年、東京生まれ。大学時代にバンド活動で法政大学学生会議などにも出演。１９８４年から１９９０年まで、情報誌ぴあで音楽部門の社員となり、インディーズも担当。１９９０年にフリーとなり、１９９１年、バンドでCDデビュー。翌年にバンドが解散してからは、ライターとしての活動が中心となる。現在フールズのドキュメント本を制作中。主な著書『玉置浩二☆幸せになるために生まれてきたんだから』（イーストプレス）

# OTO
# いまの「ナンのこっちゃいな世界」において、さまざまなフィールドでジャガタラーが必要だと思っている

オトラビ・スタジオ

森のゲリラ

茶摘み仲間と

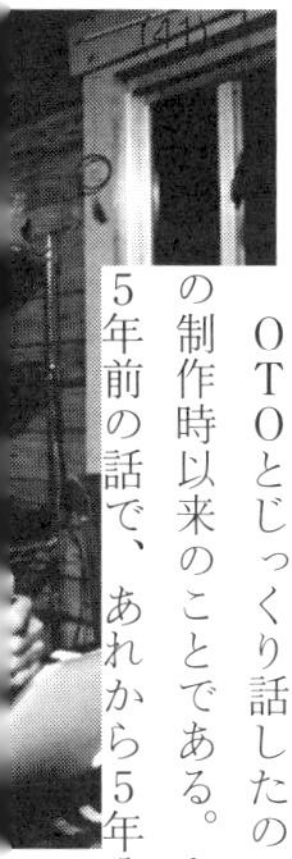

じゃがたらというバンドはメンバーの個性の集合体だったことは言うまでもないが、音楽面においてスポークスマン的な役目を負っていたOTOは、ときに江戸アケミと対峙する個性としても認知されている。ただギターを弾くばかりではなく、リズム／文化の狩人でもあるこのアーティストは、じゃがたら以降、なんとも冒険的な人生を歩んでいる。サヨコオトナラなどで音楽活動は続けながら、2009年に長きに渡って暮らした東京を離れ、その数年後に熊本の農園に暮らすことにしたOTOは、江戸アケミが残した言葉の数々をあらためてひとつひとつ丁寧に自己解釈をはじめた。その成果の断片は、自伝『つながった世界　僕のじゃがたら物語』において語られている。

　OTOとじっくり話したのは、件の自伝の制作時以来のことである。もうかれこれ5年前の話で、あれから5年分の「じゃがたら物語」は進展している。話をするたびに思うことは、OTOは江戸アケミの「日本人がヤバい！　地球人がヤバい！」というメッセージをより切実に受け止めながらも、持ち前の明るさをバネに、いまここにある危機を希望へと変換し、それを乗り越えようとしていることだ。いま、OTOが新曲について語る。

――じゃがたらを永久保存した30年後に、まさか新曲を聴けるとは思ってもいませんでした。しかも「みんなたちのファンファーレ」「ナンのこっちゃい音頭」の2曲をレコーディングしたとのこと。「みんなたちのファンファーレ」のリリックはミナミさんですか？

**OTO**　基本はミナミです。最初に音楽の方向性とメッセージの方向性を相談しましたが。歌い出しの「みんなみんなたちの」っていう独特な言い回しは、ミナミが日々踊りを追求するなかで生まれたミナミの普段の言葉使いなんです。僕はミナミに「みんなたちのファンファーレ」の元ネタはインドのバジャンだと伝えました。僕は日本の歌にはバジャンがないんだなぁと感じていたので、日本人が作る日本人のためのバジャンを作りたいとミナミに言いました。バジャンはインドで生まれた神に捧げる歌です。アーリア人によってインドを追われた土着の人たちが、ヨーロッパへと逃れた際にバジャンを持ち込むのですが、それはやがてロマの音楽になり、サハラ砂漠を経由してマリへと至ってトゥアレグ族の音楽にもなりました。つまりインドで生まれた音楽がアフリカに伝わったわけですが、僕はそのエッセンスを熊本の奥山で受け取って、ひとつの形として表現したいと伝えました。普通の年忌法要って、お寺に行ってお坊さんにお経を詠んでもらうみたいなことじゃないですか。それをじゃがたら流で

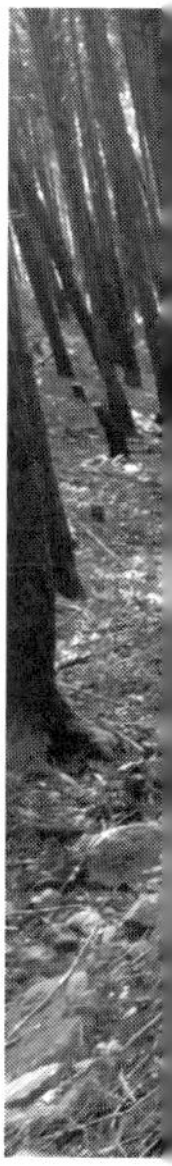

どうやろうかって考えたんです。イベントのタイトルは「虹色のファンファーレ」にするって決めていたから、ファンファーレは演奏したいと思ってたんです。それともう1曲「令和ナンのこっちゃい音頭」はアケミが最後にうたった歌だし。この2曲を法要として演奏できればいいなと思ったんです。演奏だけできればいいと思っていたので、まさかレコーディングできるとは思っていませんでした。

——「みんなたちのファンファーレ」には、かつてのじゃがたらの楽曲の言葉がオマージュ的に散りばめられていますよね。「おあそび」とか「へっちゃらさ」とか「それから」とか。

OTO　そうそう。最初にミナミが書いてきたものには、今の社会に対する批判的な言葉もいくつかあったんです。でも、献身歌であるバジャンをテーマにした曲だったから、そういう批判的なベクトルじゃない方がいいって書き直しをお願いしました。で、ミナミの家にはアケミ、ナベちゃん、シノちゃんの遺影が飾ってあるスペースがあって、ミナミの1日は遺影との対話からはじまるんだけど、例えばその対話のときに出てくるような言葉にしてもらいたいって。そしたらミナミは、僕が修正をお願いした箇所に、ミナミが受け取ったアケミの言葉をオマージュとして散りばめるような、そういう言葉のはめ方をしてきたんですよ。それを読んで僕は、「これはもうすでに30回忌のいい法要になっているね」とミナミに話しました。

——たしかに「みんなたちのファンファーレ」は、グルービーだけど静かで、音楽とメッセージが調和した多幸感溢れる素晴らしい作品だと思いました。その一方で、「ナンのこっちゃい音頭」はいまの社会を鋭く斬る作品ですね。

**OTO**　「令和ナンのこっちゃい音頭」の詞と歌はタートルアイランドの永山愛樹くんにお願いしたんです。僕は彼がやってることに賛同しているし、素晴らしい活動だなぁと思うから信頼もしています。それで「令和ナンのこっちゃい」というキーワードはあるから、愛樹には僕の仮歌を入れたトラックだけを渡して、あとは完全にお任せしました。あえて何もアドヴァイスをしなかったんです。でもレコーディングの直前まで歌詞が上がってこなくて、さすがに僕も心配になって電話したけど、「いろいろ沸き起こってきてるんで大丈夫です」みたいな返答で。レコーディングの2日前にタートルアイランドは中国の雲南省でライヴをしたんだけど、愛樹はそこで感じたこと考えさせられたことがたくさんあったようで、それらを盛り込んで一気に書き上げてきました。

僕はじゃがたらを永久保存したときに、じゃがたらを経験できなかった若い世代から独特の周波数を持った人が現れて、やがてじゃがたらの周波数に合わせてくる人も出てくるんじゃないかと思っていたんです。じゃがたらの音楽とか江戸アケミのメッセージの核の部分につながっている人、あるいはそれを乗り越えてさらに先へと進んでいけるような人、そういう人ってどんな形で登場してくるのかなって。それはアケミが亡くなった後の世界を見る、僕の楽しみのひとつだったんです。愛樹もそのひとりだなと思って。だから「令和ナンのこっちゃい音頭」を歌ってもらうのは愛樹しかいないと思ったんです。89年の9月に原宿のクロコダイルでフールズのライヴがあったんですけど、そのときにアケミが飛び入りで「ナンのこっちゃい音頭」を歌ってるんです。用意周到に三度笠姿で歌っていることからも、確信犯的にステージに立ったんだろうけど。音楽的には音頭に民謡が混じったようなアケミ独特な音頭でした。

――『西暦二〇〇〇年分の反省』に収録されていますよね。

**OTO**　一部ちょこっとだけ入れてあります。アケミが僕のところに来て正式にじゃがたらを辞めるって言ったのは90年1月、亡くなる1週間前のことでした。これを歌った89年の9月には、アケミのなかではすでにじゃがたらを辞めるって決めていたと思うんですよ。ちょうどこだま和文さんの家に遊びに行ってたりしてた時期だよね。その頃からアケミはじゃがたら離れというか、OTO離れというのか、そういう雰囲気が漂っていましたね。僕と違ってアケミはスタイリッシュにやることが好きじゃなかったし、そのことはいつも僕とアケミの間でぶつかるところだったんだけど、アケミは日本人らしいというか、もっと素直なことをやりたいと思っていて、そういう思いで「ナンのこっちゃい音頭」を歌ったんだと思うんです。一応は曲として構成されているんだけど、完全には作曲し切れてない状態で歌ってるんですが、今回のレコーディングではあえてアケミのオリジナルのフレーズを使わないことにしました。アケミの「ナンのこっちゃい音頭」は一切いじらずに、未完成のままの状態であったほうがいいと思って。曲として完成する前に歌わざるを得なかった当時のアケミの切実な思いが伝わると思うので。ただ、30年経って、アケミの「ナンのこっちゃい」に対して僕なりに返答をしなきゃと思ってるんです。アケミが亡くなってからの30年間、「僕はこうやって生きてきたよ」ってことをアケミに伝えたくて。だっていま、僕自身も世界に「ナンのこっちゃい」って思ってるんだからね（笑）。アケミの「ナンのこっちゃい」を引き受けて、自分はナンのこっちゃいな世界をどう乗り越えていくかってことを日々考えながら生きているわけで。

　亡くなった遠藤ミチロウさんが羊歯明神という音頭のバンドをやりましたよね。福島出身のミチロウさんは、放射線量がもっとも高いと言われている羊歯町で、そこから避難せずに暮らし続けている村のおじいちゃんおばあちゃんのために、あるいは福島のあちこちで起きている住民間の分断、それは福島を出ていくのかそれとも留まるのかということや、脱原発の是非をめぐってのことですが、それらを乗り越えていくためにはどうすればいいかと考えたんです。それで「音頭しかないだろう」と思って村祭をつくるわけです。遠藤ミチロウという

亡くなった遠藤ミチロウさんが羊歯明神という音頭のバンドをやりましたよね。福島出身のミチロウさんは、放射線量がもっとも高いと言われている羊歯町で避難せずに暮らし続けているおじいちゃんおばあちゃんのために、「音頭しかないだろう」と思って村祭をつくるわけです。

2019年稲刈り

僕はじゃがたらを音楽だけやる集団として捉えていないんです。色々な活動があっていいと思うし、むしろそういう方が僕は面白いと思っています。バンド名というよりもプロジェクト名という方が近いのかもしれない。

ミュージシャンのキャリアにおいて、必ずしも音頭は必要ではなかったのかもしれないのに、故郷が引き裂かれていくことにいたたまれなくなって、福島に自らを捧げて音頭に取り組んだんだと思います。

福島の原発事故の後に、愛知県の豊田でも脱原発派と原発推進派との間で分断が起きるんですよね。トヨタ自動車の町で脱原発なんていうと、豊田ではもう暮らしてはいけないほどに冷ややかな目を向けられてしまう状況があったそうなんです。愛樹はその状況にいたたまれなくなって、そういう状況をどう乗り越えていけばいいのかと考えた結果、彼が選んだのも「音頭＝祭」だったんです。それで「橋の下音楽祭」を選んだ遠藤ミチロウと豊田で「音頭」をはじめた永山愛樹。そして、日本がバブル経済で浮かれていた真っただなかに、いち早く日本人の危機を憂いていた江戸アケミが「音頭」に突破口を見出していた。僕のなかではこの三つが重なるんですよ。だから僕は、新しい「ナンのこっちゃい音頭」を歌ってもらう人は愛樹しかいないと思ったんです。

――なるほど。ミチロウさんにも愛樹さんにもバジャンを感じますね。ところで、30回忌のイベント名は「虹色のファンファーレ」ということですが、83年発表の『家族百景』に収録されている「日本株式会社」のなかに出てくる言葉ですよね。

**OTO** そうです。当時のアケミには、日本という国があたかも株式会社のように思えて、それを憂いていたんです。日本株式会社からおさらばして次のヴィジョンへ進もうとアケミは考えていたんだと思う。だから「虹色のファンファーレが聞こえるかい　これがゴキゲンの合図だ」ってアケミが歌ったことの意味は、「新しいヴィジョンに向かって俺たちは進むぞ」っていう呼びかけだったと僕は理解しているんです。僕は９１１の後、サヨコオトナラで日本中あちこちを旅して回って、パーマカルチャーとか地域通貨とか、自分が見聞きした新しいヴィジョンの興味深いアイデアを演奏した先々で喋っていたんです。新しいヴィジョンに関する情報をいろいろな人たちとシェアしなくてはと思っていたから。けれど、喋ってばかりで行動は伴っていなかったんです。それで、そういう口先だけのことでは話にならないと思って。喋ってばかりいても何も変わらないからね。それで、音楽活動を一旦ストップしてでも森に入って、自給的な暮らしをはじめたわけです。ただ、自分は決して農業家になりたいわけではなかったし、社会変革家みたいなものになりたいわけでもないんです。僕は僕にとってのリアルな音楽をやれるようになりたいと思っただけで。それで、リアルな音楽は自分が暮らしを営む場所から自然と生まれてくるものだと思っているので、まずは自分の暮らしのベースをしっかり作らなければと思ったんです。そして、この森の暮らしをしているからこそ生まれてくる音楽に、僕自身が出会いたいと強く思っているんです。

――「みんなたちのファンファーレ」「令和ナンのこっちゃい音頭」の2曲は、アケミさんが亡くなってからの30年間の、OTOさんにとっての総決算的な意味合いもあるんですね。

**OTO**　そうだね。僕自身がこの2曲に出会って、ようやく自分にとってのリアルな音楽に一歩だけ近づけたような気がしています。

――最後にじゃがたら２０２０の今後の活動について教えてください。

**OTO**　音楽バンドとしてのじゃがたらは江戸アケミが亡くなった時点で終わっていると僕は思っているんです。その上で、かつてのメンバーたちがじゃがたらという名前をつけて活動をするとしたら、「虹色のファンファーレ」以降の新しいヴィジョンを具体的に表現していく集団でなければいけないと思っています。そうであるなら、まだまだやれることはあるなと思っています。でも、そうでないとすれば、やる意味はないと思っています。じゃがたらは単なる肩書きではないし、そういうのアケミがいちばん嫌うことだしね。僕はじゃがたらを音楽だけやる集団として捉えていないんです。いろいろな活動があっていいと思うし、むしろそういう方が僕は面白いと思っています。バンド名というよりもプロジェクト名という方が近いのかもしれない。例えばいまミナミがやっている活動は、芸能界のフィールドのものもあるし、その一方で、認知症高齢者のために脳科学者と一緒に考案した体操を広めることだったりもする。僕は後者の活動こそ「虹色のファンファーレ」以降の新しいヴィジョンに向かう活動だと思っていて、すごくいいなと思ってるんです。それが僕の場合、森の暮らしのなかで水源トラストに取り組んでいくことになると思っています。もっと森や泉の声を聴くことですね。そして、そこから生まれる創造とつながり育むことです。ミナミはミナミの暮らしのなかでやれることをやり、僕は僕の暮らしのなかでやれることをやって、その暮らしのなかから生まれてくる音楽があったなら、その音楽を奏でればいいと思っています。

　それはじゃがたらのメンバー以外でも言えることです。日々の暮らしのなかで、アケミが残したメッセージを我が事として引き受けながら暮らしている人たちがいれば、僕はそんな人たちのことを「ジャガタラー」と呼んでるんですが、例えばこだまくんは介護のフィールドのジャガタラーだし、農業や漁業のフィールドのジャガタラーもいると思うんです。子育てや教育の現場のジャガタラーもいる。僕は森のジャガタラーになれるかな。いまの「ナンのこっちゃいな世界」において、様々なフィールドで新しいヴィジョンへと向かっていくときに、ジャガタラーが必要だと僕は思っていて、フィールドの違いを超えてジャガタラーがつながっていけたら面白いなぁと思っています。そしたらアケミもきっとゴキゲンな笑顔を返してくれると思う。

（取材：こだまたけひろ）

# 「ハルマゲドンをぶっとばせ〜GOGGLE REMIX〜」から考える〝ラップ時代〟のはじまり

二木信

　１９９０年、ＯＴＯが主導し〝JAGATARAの衛星プロジェクト〟として発表した『おあそび』というアルバムのブックレットにＯＴＯは次のように書いている。「江戸アケミを信奉して、JAGATARAのライヴに来る人達とＤＪが次から次にいろんなレコードをつないでかけていく場所に『踊り』に来る人達が、何だかえらく違って見えるのが、僕はイヤでしょうがなかった。また、自分がＤＪをする時にかけたくなるようなJAGATARAのオリジナル曲があまりにも少ないのが、イヤでしょうがなかった。JAGATARAなんて全然ダンス・バンドじゃない。自らクソミソな批判をして、JAGATARAいじめをしていたものだ。このジレンマは僕自身が解決するしかなかったものだが、このアルバムを作って、少しはどうにかなった」。

この発言の背景に１９８６年からはじまった、バンドのライヴとＤＪカルチャー、あるいはヒップホップ・カルチャーが合流したイベント「東京ソイソース」での経験があると推測できる。そのことばどおり、当時流行していたニュー・ジャック・スウィングと南アフリカのムバカンガをかけあわせた「Ziyaduma」、「つながった世界」のダンスホール・リミックスともいえる「RESPECT JAH」などがおさめられた『おあそび』でＯＴＯは、みずから提唱した〝リズム・セックス〟すなわち世界各国、各地域のリズムのオリジナルな交配を追求している。

　それから3年後、１９９３年に『ロビンソンの庭』のサントラがＣＤ化され、山本政志監督の同名映画が公開した１９８７年にリリースされたレコードには未収録の、８分半をこえる「ハルマゲドンをぶっとばせ〜GOGGLE REMIX〜」（以下「ハルマゲドンをぶっとばせ」）という曲がおさめられる。ＯＴＯが江戸アケミの死後、１９９２年に「ゴーグル、それをしろ」（『ニセ予言者ども』収録１９８７年）をリミックスしたものだ。コールドカットの、卓越した編集技術により生み出された強靭なブレイクビーツ、あるいは主にジェームズ・ブラウンのファンキーなブレイクなどをサンプリングする90年前後の一連のミドルスクールと呼ばれるヒップホップ（実際にこの曲でもJBの定番ブレイクが使用されている）からの影響を直接的に感じさせる。しかしなによりここで重要なのは、ＯＴＯによる編集、再構築が、江戸アケミのＭＣ／ラッパーとしての資質に焦点を当て、その魅力を引き出し、浮き彫りにしているように聴ける点だ。そもそも「ゴーグル、それをしろ」が江戸アケミのＭＣ／ラッパーとしての資質が如実にあらわれた曲であるからリミックスされたとも推測できる。ＯＴＯによるこのリミックスが、江戸アケミのそういう資質に具体的に気づかせる絶好の機会をリスナーに与えた可能性は十分に考えられるが、それについて当時どのような批評や議論があったのかはわからない。

　ミキシングの効果もあるだろうか、原曲よりもクリアに聴こえることばと声の輪郭から江戸アケミの〝メッセージ〟を直接的に伝えようとするリミキサーの意思が感じられはしないか。「そうさ、みんな何かに取りつかれているのさ／幻想というおかしな怪物に／そうさ、もうすでに始まっているのさ／だから、お前らの目に水が入らないように　今のうちに」という、明瞭な発声の強弱とことばを性急に小節にぶち込みいびつなリズムを作り出す、江戸アケミが生前くり返し強く訴えていた〝幻想の否定〟が反映されたこのラインを、ＢＰＭ１０８で進行する騒々しいトラックに乗せることで原曲とは異なる切迫感を演出している。また、「なんぼのもんじゃい！」や「この〜！」という江戸アケミお馴染みのシャウトは当時から頻繁におこなわれるようになったジェームズ・ブラウンのヴォイス・サンプリングを意識してリズムのアクセントとして使われていると考えられるが、そのことで「原子力発電所がなんぼのもんじゃい！」ということばの意味をさらに強烈に印象づける効果を生んでいる。そして７分過ぎから原曲にはなかった扇動的なＭＣが挿入される。それは、江戸アケミが音楽評論家やロック・メディアを痛烈に批判するライヴ録音だ。その内容は、表面的には、音楽ジャーナリズムへの不信からくる真っ当な批判、あるいはミュージシャンの現場主義や経験主義への偏向と捉えることができるだろう。しかしこのライヴ録音のＭＣの本質は、〝幻想の否定〟である。そうでなければ、「ハルマゲドンをぶっとばせ」と予言者を否定するタイトルをもつ８分半にもおよぶ曲の最後に配置される筋が通らないのではないか。

　たしかにこの曲以前にＯＴＯのリズム・セックスと江戸アケミが生前最後に録音した歌を融合することでヴォーカリストとしての江戸アケミのこれまでにない清々しい魅力を引き出した「SORASORE」という曲が複数ヴァージョンある。だが「ハルマゲドンをぶっとばせ」ほどＭＣ／ラッパーとしての資質を感じさせはしない。いや、この書き方だけでは言葉が足りないだろう。「SORASORE」はそういう江戸アケミの資質に焦点を当てることよりもリズム・セックスの方に主眼がある。では、江戸アケミのＭＣ／ラッパーとしての資質とは何なのか。まず、無骨であり繊細、大らかであり頑固、たとえば、そういった、さまざまに語り継がれるエピソードから伝え聞く人物像に直結した声を持つ、つまり〝リアルな声〟を持つというのは重要だ。さらに別の角度からも考えてみよう。「ハルマゲドンをぶっとばせ」の源流のひとつであろう、カットアップ／コラージュを駆使した記念碑的作品であるエリック・Ｂ&ラキム「ペイド・イン・フル（セヴン・ミニッツ・オブ・マッドネス・ザ・コールドカット・リミックス）」は、１９８７年にリリースされている。だが、江戸アケミのＭＣとしての資質は、ジョン・コルトレーンからの影響を複雑なライミングへ落とし込んだうえで巧みな比喩を流麗に駆使したラキムとは異なる。むしろ野太い声とレゲエのリズム、ラガの発声を活かし直接的なライムでアジテーターとしてのパワフルな求心力をひとつの強力な武器としたＫＲＳ・ワンに圧倒的に近い。

▲

冒頭に引用したＯＴＯの発言からは、元々はことばと楽器が有機的に絡み合っていたJAGATARAの音楽がある時期からは必ずしもそうはならない局面に立たされたことへの、当時抱いていた不満や困惑のようなものが感じ取れる。「ハルマゲドンをぶっとばせ」は、元々ことばと楽器が有機的に絡み合い、その後ことばと楽器の乖離を経験したJAGATARAがヒップホップやブレイクビーツをつうじて、すでにこの世を去っていた江戸アケミのことばと声と、サウンドをふたたび有機的に結び付けようとした試みだったのではないだろうか。その過程で江戸アケミのＭＣ／ラッパーとしての資質が発見されたと考えることはできないだろうか。『ロビンソンの庭』のサントラのＣＤ化と同年に「JAGATARAなきJAGATARA」（１９９3年2月7日）というライヴが渋谷ON AIRでおこなわれている。『それから　江戸アケミ詩集』（思潮社）の発売を記念してひさびさにメンバーが集結したそのライヴを放映するスペースシャワーＴＶの番組内のトークで『BEST OF JAGATARA　西暦２０００年分の反省』を紹介する際、ＯＴＯは次のように、江戸アケミのことば（メッセージ）と声の重要性、特異性を強調している。

「マルコム・Ｘのスピーチではございませんが、かなり痛烈なメッセージを残していっているのがありますので、それぞれ曲のあいだに江戸さんの生の声を入れて編集してみました。音楽もいいですけど、江戸さんの声というのは、またしゃべり声というのは、独特なパワーをやっぱり感じさせると言いますか、この話し声にしてこの音楽ありと言わんばかりのものになっていると思います」

ここで、ひじょうに興味深いのは、ことばと声の両者の重要性に言及した上で、「（江戸アケミの）この話し声にしてこの（JAGATARAの）音楽あり」とまで言い切っている点だ。リズム・セックスなどの独自の音楽的追求を試みてきた〝音楽至上主義〟のミュージシャンであるOTOが「音楽もいいですけど」と前置きして、ことばと声のパワーについて強調したことは象徴的に思える。ここに、90年代の〝ラップの時代〟のはじまりをみるのはあまりにも深読みが過ぎるだろうか。さらにOTOはその番組でこうも語っている。

「マルコム・Xが話題になっていますけど、かれからいまの若い人が何かを学ぶのも大事だと思いますけど、意見の違うものにたいして、その状況を乗り越えなきゃいけないってことにかんして、日本人でもそういう気持ちでやっている人がいたわけなんですからそれを知ってもらえればいいなといいますか。逆にそういうことを知った上で闘っている人があまりに少ないんじゃないかなっていうふうに思いまして。せいぜいですね、ヒップホップとかが、ファッションやそういうステレオタイプな感じじゃなくて、本当に大事なものを見る力を、事実を見てそれをどうやっていくか、意見が違う人がたくさんいた上でどうやって乗り越えていくかっていうパワーをやっぱり持たないとダメなんじゃないかなって思ったりしています」

江戸アケミの死による永久保存から30年の時を経て、JAGATARAがJagatara2020として再始動するという。もちろん、ナベこと渡邊正己、篠田昌已、そして江戸アケミは不在である。しかし、いまやこの国も〝リアルな声〟の百花繚乱の時代に突入している。再始動するかれらと現代のヒップホップのラッパーたちとの幸福な邂逅を期待してしまうのはおそらく僕だけではないはずだ。

二木信（ふたつぎ・しん）
１９８１年生。音楽ライター。『素人の乱』（松本哉との共編著／河出書房新社／２００８年）。単著にゼロ年代の日本のヒップホップ／ラップを記録した『しくじるなよ、ルーディ』（ele-king books／２０１３年）。漢 a.k.a. GAMI著『ヒップホップ・ドリーム』（河出書房新社／２０１９年夏文庫化）の企画・構成を担当。

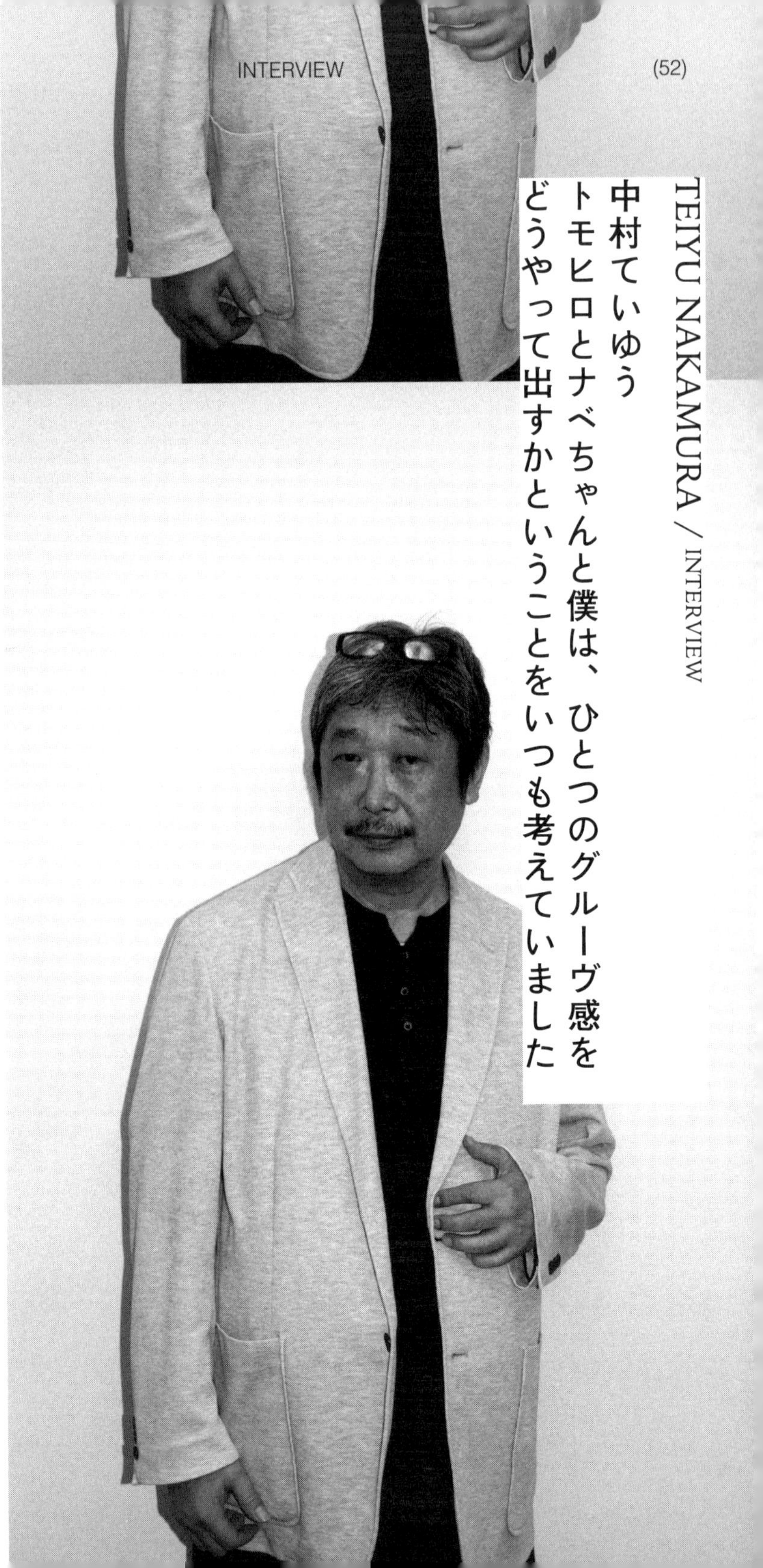

TEIYU NAKAMURA / INTERVIEW

# 中村ていゆう

## トモヒロとナベちゃんと僕は、ひとつのグルーヴ感をどうやって出すかということをいつも考えていました

じゃがたらの功績のひとつに、日本のパンク・シーンにいたバンドのなかで、とりわけリズムを重視したということが挙げられる。とくに『裸の王様』以降ではその傾向が顕著で、そのリズムの骨格にはドラマーの中村貞祐がいる。

通称ていゆうは、じゃがたら以外でも、80年代初頭の日本のパンク／ポストパンクのバンドのいくつかで叩いている。名前を言えば、オート・モッド、ゼルダ、リザード、そしてスターリンというかなり濃いリストができあがる。また、ていゆうは80年代末にはズークなどカリブのリズムを吸収したバンド、KUSU KUSUをプロデュースしている。そして彼はこのバンドで大成功を果たし、また失敗もしている。苦難を伴うこの30年を生き延びて、いまふたたびスティックを握ったていゆうからは、しかしながら穏やかな空気が漂っていた。

――ていゆうさんは『南蛮渡来』のあとにじゃがたらに加入されたんですよね。

**中村貞祐（以下、ていゆう）**　そうですね。僕はたぶん3代目。加入前は別のバンドをやっていました。オートモッド初期メンとか、リザードの後半もやらせて頂きました。あっ、女性バンド、ゼルダでも（笑）。僕はサポート・メンバーだったんですけど、女性に囲まれて楽しかったですね。あと宝島キャプテン・レコードのディレクターもしてました。ニューロティカとかGDフリッカーズとかとにかくいろいろやってましたね。

――ていゆうさんの場合、スターリンまでやっていたのがすごいですよ。

**ていゆう**　スターリンではレコーディングだけですけどね。

――東京のパンク／ニューウェイヴのシーンに関わるようになったきっかけは？

**ていゆう**　高校出て埼玉の大学に入ったんですけど、親しいバンド仲間はみんな下北沢に集まってたので、よく飲みに通っていたんです。イート・ア・ピーチとか、ミュージシャンのたまり場的な。そこでじゃがたらの連中とかいろんな人と知り合いました。まだ青森弁まるだしの青臭い18歳の頃です。

――出身は青森なんですね？

**ていゆう**　生まれは岩手なんですが青春時代は八戸で、小さい頃からお祭りの和太鼓を習ってました。GSブームにもシビレてしまい、ドラムってかっこいいなと（笑）。中学入ったらブラスバンドに入って、絶対に打楽器をやろうと決めて、先生に直訴してパーカッションを担当しましたね。高校でもブラスバンドは続けてたんですが、この頃からロックにはまり出して、バンドもやったり、勉強そっちのけでね（笑）。ロック・コンテストに出たら優勝しちゃったり（笑）。ブラバンでもコンテスト常勝校になったり。それまで僕は英語の教師になる夢を持ってたのですが、太鼓ばかり叩いているうちに、いつのまにかどこかへ消えてしまいました（笑）。周囲の友人からも東京に行ってバンドをやれやれって言われて。有頂天になってしまっていた自分がいて、背中を押されて上京を決めたんです。

――それで下北でメンバーと出会ったんですね？

**ていゆう**　じゃがたらまわりの人たちとは飲み仲間というか、バンドに入る前からけっこう知り合ってはいたんです。僕もバンド活動をはじめるようになって、上馬にガソリンアレイというライヴハウスがあったんですけど、そこで対バンしたのがたしかファミリープランというじゃがたらお春の前身バンドでしたね。あのバンドはナベとアケミが中心でやっていたのかな？　南部ロックだったような記憶ですが、なんせ古い話ですよね（笑）。

——当時のじゃがたらにはどんな印象をもっていましたか？

**ていゆう**　当時は流血パフォーマンスとかそういう話題性のほうが先にありましたね。もちろん興味ありましたよ。存在自体がパンク・スピリットというか、カテゴリーに当てはまらない異常に強力なものを感じていて、それまでに見たことがなかった類のバンドでしたね。もっとも強面アケミとも（笑）、ナベちゃんともよく飲んだり、EBBYもよく知っていたし、OTOも以前一緒にバンド（MARIA303）やってたし。じゃがたらに誘われたときには断る理由がまったくなかった。一緒にやってみたいという気持ち、それしかなかったです。逆に嬉しかったと記憶してますね。

40年も前の記憶ですからね、曖昧なところがあるんですけど、僕が入ったときのじゃがたらは「日本人って暗いね」とか、延々とリフを繰り返すような……。ライヴでは、譜面通りではない、反復でだんだんと高揚してくる感覚を初めて体験したわけです。まだフェラ・クティとかいわゆるアフロビートに自分のアンテナを張る前です。

じゃがたらの曲って、極端な話、1曲で1時間でも2時間でも演奏できちゃう構成なんです。曲調が変わるときはドラムの合図で変わったりする。32小節叩いたから展開という構成ではない。誰かのソロパートのとき「さあ展開」と思っても「もっと弾くぞ」って音で煽られる、そういうプレイテンションを重視した即興的な構成が多かったんです。そのうちリズムのカオスに発展して……。だからメンバー間のステージ・テンションの共有がものすごく求められるんです。

——理想が高かったから、リハーサルが厳しかったという言い伝えもありますが。

**ていゆう**　厳しいというか、ただ音を出せばいいというものではなかったですし、ビートの必然性とかアンサンブルを重視してましたね。もちろん歌詞の解釈も含めて、同じ景色を共有しながら、リズムの面では多種多様さを求められる。うまくできないとナベちゃんと居残り特訓とか、高校生時代を思い出したりして（笑）。

当時じゃがたらが志すモチーフビートは、そう簡単に乗れるものではなかった。リズムにはそれぞれ歴史があり、人種や文化も自分たちとは違いますから。でも知識から得た想像力と自分たちなりの解釈はできる！　そう信じてやってました。ナベちゃんと二人で煮詰まると「結局俺らなりのビートでいいんだよ！」ってナベちゃんに慰められながら？　練習していましたね（笑）。ブツブツ言い合いながら結局は飲みに行くんですが、いま思えば懐かしい居残り補習&飲み会でした（笑）。

——加入後の最初のライヴはどうでしたか？

**ていゆう**　いやー、初ライヴはたしか渋谷のライヴインのイベントだったと記憶しているんですが、正直楽屋が怖かったですね（笑）。パンク系のイベントには頻繁に出演してたので、黒ずくめの無口集団の異様さには慣れてはいたんですけど、じゃがたらの楽屋はちょっと人種が違うぞ！　っていうか、また別の独特の空気がありました。なんか、みんなキャラが立ち過ぎていて、自分を持っているというか。誰もが馴れ馴れしく気さくに話しかけてくる。しかも会話が高尚すぎて（笑）、ついていけない。声が大きいし、速攻肩を組まれたり（笑）。とくにフールズの耕とか（笑）。そのおかげですぐ打ち解け合えた、加入したての借りて来たネコみたいな自分でも（笑）。

――アケミさんとはどんな関係だったんですか？

**ていゆう**　僕はアケミを自宅に食事によく誘ったりしてたんですが、最近当時のローディから「俺を自分の家に誘ったのはていゆうだけだ、そういう温情をていゆうはもっている」とアケミが言っていたと聞きました（笑）。単純に外だと金も掛かるし家飲みに誘っただけだったんですが（笑）。

リハ後の方がコンセプチャルなものが確立されていった感がありますね。社会情勢とか、政治の話とか詞の解釈とか、そういう話題が圧倒的に多かったんです。リズムのルーツとか……。

あと、アケミはよくダジャレを普段からガンガン言ってきましたね。たしか京王プラザビルだったと思いますが、あれができたとき、階段上って踊り場ごとにダジャレを言い合うゲームを二人でしたんです（笑）。50階ぐらいかな？　階段を上るだけでも大変なのに、ギャグ競争したり（笑）。アケミは肉体労働で鍛えていたので相当タフで、しかも思い立った言葉を即座にダジャレにする。「ていゆう！　単なる言葉の遊びなんだよ！」って。いま思えばアケミが自分を試していたのかも。結局僕は20階くらいで負けてしまいました（笑）。

　あとアケミとはツアーとかで、二人きりになるチャンスがよくありましたね。京都だったんですけど、てんぱっちゃう前日の夜、「ていゆう、バンドってこれでいいのかな」と、僕の耳元でぼそっとつぶやいてたんですけど、返答に困った記憶があります。もうそのときにはそうとう弱っていたと思います。

――ていゆうさんが加入したときはまだ元気だったんですよね？

**ていゆう**　元気でしたね。自分の記憶では不調になったのはいきなりじゃなく、じょじょにという感があります。アケミなりのさまざまな苦悩があって……。自分の詞のこととかバンド運営とか、責任を持たなきゃならない立場だってことを強く認識していましたね。何かもっと自分がしてあげられることってなかったのかなぁといまは思います……。

　その頃は、下北沢にあった屋根裏というライヴハウスだったり、スタジオを借りて練習してたんですけど、でもスタジオよりもリハ後の方がコンセプチャルなものが確立されていった感がありますね。社会情勢とか、政治の話とか詞の解釈とか、そういう話題が圧倒的に多かったんです。リズムのルーツとか。アーティストの評価だったり……。それまで経験してきた他のバンドだったら、あの曲は何小節目からどうのこうのというような話が中心になりがちだけど、でもじゃがたらはスタジオで出す音がすべてなんです。共通のグルーヴ感を見いだすために。あるときアケミが、「ていゆうはいろんなバンドをやってたけど、それはビジネスとしてやっているのか？」とびしっと言われたことがありました。どういうふうに今後じゃがたらに関わるのか？みたいなことを訊きたかったんだと思います。そのときはけっこうな時間をかけて彼と話しましたね。俺はこういうふうに考えているし、ドラマーとしていろんなリズムを吸収したいし、いろんなアーティストと音を出したいんだと答えた記憶があるんですが、当時の自分にとってかなり考えさせられる質問でした。うまく自分の考えが伝わったかどうかわかりません。いま考えるともっと違う返答があったかもですね。

——スターリンの『虫』でドラムを叩かれたのは83年ですよね。じゃがたらと比べてどうでしたか？

**ていゆう**　じゃがたらの場合、1曲1ビートではあまりなく、曲中でも景色がどんどん変わっていくんです。だから1枚のアルバムをひとつのビートで通せるバンドではないし、曲によってリズムアンサンブルが複雑になりがちなんですが、その点、スターリンはある程度すでに形ができ上がっていたので基本1ビートなんですよ。レコーディングに入る前リハーサルでミチロウに「どういうふうに叩けばいい？」と訊いたら、「ていゆうの好きなようにやっていいよ」って。「じゃあこんな感じ？」「ああいいねいいねそれでいいよ」「なんか（こうして欲しいとか）もっとない？」って言うと「でも基本パンクビートだからね」って（笑）。「もっと前ノリにしたほうがいい？　フラット系にする？」と訊いても、「それもいいね」って。どっちやねんって（笑）。「とにかく感じたままにやってよ」って言ってくれて。逆に責任重大だなって（笑）。

「虫」という曲があるんですけど、他の曲はみんな前ノリだから思いっきりタメてみたんです。「ドーンカーン　ドーンカーン」って。マーチング・バンドで使うような深胴のスネアで。スティックも練習用のぶっといものを使って、わざとビートをギリギリまで後に引っ張って。スターリン初の後ノリだったんじゃないですかね。というのも、じゃがたらの曲に「アジテーション」という曲があるんですが、そのイメージで叩いたんです。以前アケミに返した言葉を想い出しながら。自分がスターリンで叩く意味を自分なりにつけようって。他のバンドでのリズムミックスを狙って。発売後の後日、ある評論家に「これは斬新だ」って言われましたね（笑）。

——ていゆうさんが加入してからの演奏で残っている古いものには、あの『君と踊りあかそう日の出を見るまで』があります。アケミさんが入院する前後ですよね。

**ていゆう**　すごいライヴですよね。テンションが高く、かつカオスで、とても印象に残るステージでした。

——ライヴの冒頭の、アケミさんがしゃべり出すところ、「ミスターX、ミスターY」とか。

**ていゆう**　やばかった。あの部分はリハじゃなかったんですよ、本番で急にああなったんです。でもそれもじゃがたらなんです。予定調和じゃないものがはじまってもメンバーはそれに反応するんです。

——あそこから「タンゴ」のイントロに入るのも即興なんですね？

**ていゆう**　もともとあの曲はドラムのフィルでスタートするんですが、想定外の前イントロでした。アケミの行動を受けてOTOはハイトーンシャウトで応えるんです。

思わずジーンときて泣きそうになりました。そんななか、じつは一か所だけ自分が思いっきり意識を失ってるんです。バスドラがハシるとかモタるとかそんなことじゃなく。たぶん別な景色を一人で見てたんでしょうね。

――アケミさんが復活されてからの、『裸の王様』以降のじゃがたらはどうでしたか?

**ていゆう**　ライヴでは南の案で衣装を統一してみたり、より音楽性を意識して楽しかったです。みんな音楽性も生き方もバラバラだから、せめて衣装で統一感を出そうって（笑）。

――南さんはじゃがたらをまとめるのは大変だとおっしゃってました。

**ていゆう**　その通り、かなり大変だったと

京王プラザビルができたとき、階段上って踊り場ごとにダジャレを言い合うゲームをアケミと二人でしたんです（笑）。

思いますよ（笑）。

――ものすごくみんな個性があるから。

**ていゆう**　そうですね。強力な個性の集合体ですから（笑）。

――しかし、だからあのステージが生まれたんだということがすごくわかります。

**ていゆう**　ツーって言ったらカーが返ってこない。キーだったり、クーだったりが返ってくるんです。それがじゃがたら。会話であっても音楽であってもステージ上であっても、予定調和にならない、混沌として面白いといえば面白いし、ぐちゃぐちゃと言えばぐちゃぐちゃだし。スリルがあって独特でしたね。

――音楽面で言うとリズムを重要視していたバンドだと思うんですけど、あの当時のリズム隊のコンセプトはどういうものでしたか?

**ていゆう**　トモヒロとナベちゃんと僕は、ひとつのグルーヴ感をどうやって出すかということをいつも考えていました。トモヒロは当時からワールドワイドなプレイヤーだったので、僕にはないスピリットをたくさん持っていたし、その逆で俺はトモヒロにはないいわゆるロックの面もあったと思うし、面白いコンビネーションだったと思います。ナベちゃんも半端ない独自のグルーヴ感を持ってたし。

――ヤヒロさんの加入はやはり大きかったですか?

**ていゆう**　パーカッショニストという存在がどれだけリズムに深みを与えてくれたか計り知れないですね。細かい刻みや、ここ一番の抑揚フレーズとかドラム一人では決してできないグルーヴ感が生まれたと思ってます。ステージではお互い触発し合ったりして。とにかく僕にとってトモヒロの加入は大きかったですね。

――ヤヒロさんの感性、センスがよく出ている曲はなんでしょうか?

**ていゆう**　うーん、たくさんあるけど、トモヒロはよく未知の楽器を操るんです。当時見たことがないような壷とか弓とか（笑）。土着的な匂いの世界観を一気に埋めてしまう。たとえば「中産階級ハーレム」のエンディングとかは驚きました。壷を擦ったり叩いたりして独特の空気を醸し出してしまう。それがまたすごく味が出ている。これ

も楽器なんだって。

以前ブラジルに渡航したときに、トモヒロから「ここに電話してみて」と、リオに住んでいるブラジル人の友人の電話番号を教えてもらったんです。現地で実際会ってセッションをすることになったんですが、おもむろにマッチケースを渡されて、これはシュッて火をつける音を使うのかなと思ったら違うんです。これが楽器なんです。(振れば)シャカシャカにもなるし、(叩けば)パンデイロにもなる。つまり考え方が違うんです。彼らにとって楽器とは既製品となった楽器のことだけではない。叩けて、音が出ればみんな楽器になる。そういう考え方を僕はトモヒロを通して教わったんです。技術的なこともそうだけど、リズムに対するアプローチの仕方とか、トモヒロセンスはじゃがたらの曲の随所に反映されてると思います。

――ていゆうさんはKUSU KUSUをプロデュースされますよね。

**ていゆう**　リンガラとかズークとか見よう見まねでやりましたね。

――じゃがたらで学んだワールド・ミュージック的なアプローチをさらに追求したかったから？

**ていゆう**　そうですね、追求なんておこがましいですけど、たまたまあるバンドの北海道ツアー中の打ち上げの席で、地元のヴォーカル、川上次郎から「東京に行きたい」って言われて、当時15～16才ですよ、本当に来れるわけないじゃないですか。「いいよ世話してやるから」って冗談のつもりで答えたらホントに来ちゃって(笑)。当時自分はじゃがたらに対して歯痒さを感じていた部分があって。ひとつのことがなかなか前に進まないし(笑)。ショーバンドにはなりたくなかったし、どうしてもビジネス的なものに背を向けがちになる。日本一まとまらないバンドなんで(笑)。正直そこにちょっとイラついてたというか。だったらと、じゃがたらでの経験値をKUSU KUSUにつぎ込んで見ようかなって。何か面白いものができるかもしれないって。よりポップでわかりやすいワールド・ミュージックにチャレンジしたんです。儲けようという気持ちはまったくなかった、ただ自分の構想を試してみたかったんです。メンバーも僕のスパルタ特訓によくついてきてくれました(笑)。

――じゃがたらには売れるポテンシャルがむちゃくちゃありましたけど、それを拒んでましたよね。

**ていゆう**　売上げ的なテーマはあまり話題にはならない、だから「ここでブレーキ踏む？」という感がいっぱいあったように思います。ビジネスよりもっと大切なことがあったんでしょう。絶対的プロデューサーがいたらまた違ったんでしょうけどね。

――ていゆうさんがとくに好きなアルバムは何ですか？

**ていゆう**　(即座に)『裸の王様』。大好きです。音も良いですし。

――あの曲は、それこそイントロが聴こえるだけで上がりますね。

**ていゆう**　名曲だと思ってます。詞も好きです。でもね、どんどんデジタル化が進むとドラムの粗も見えてしまうんで、もっとこうすればよかったって、反省ばかり出てきちゃう。だから今回の新曲のような録り方は、斬新でもあり自然の空気感もミックスして……けっこう良いですよ。僕はすごく気に入ってます。

――新曲「みんなたちのファンファーレ」ですね。

**ていゆう**　千葉の山中でのレコーディング。台風の弊害で録音環境は決して褒められたものではなかったけど、何十年ぶりかの合宿レコーディングだから。モチベーションだけは落とさないようにしようって臨みました。でも停電や雨漏り、断水などなど、携帯電波さえも来ないからエンジニアのパソコンのバッテリーが切れたら今日のレコーディング終わりって（笑）。なにしろ夜になると真っ暗で何も見えなかったからね。タム回しのフィルも感で叩いてた（笑）。でもいま思えば大事な何かを教えられたような気がしてるんです。文明に慣れ過ぎた自分たちに、誰かが警鐘を鳴らしてるかのごとく（笑）。ヘヴィーだったけど稀少な空気感を録音させて頂きましたね。一生の思い出になる伝説のレコーディング……、EBBYや南やスタッフと満天の星空を見つめたりして……。

――すごい話ですよね（笑）。ていゆうさんが好きなアケミさんの歌詞はなんですか？

**ていゆう**　「もうがまんできない」ですね。他にもいっぱいありますが、この30年この曲に支えられてた感があるんです。

――というのは？

**ていゆう**　KUSU KUSUが絶頂期の頃、調子に乗って武道館公演までやったんですが、それが元で大コケしてしまって、結局多額の借金を作ってしまったんです。路頭に迷った僕は友人の伝を頼って映像業界に入りました。映像は以前から興味はあったのですが、主にAV制作に携わってました。当時はAVバブルで比較的収入が良かったからです。とにかく僕は返済のために必死に働きました……。

――AVですか？

**ていゆう**　AVといっても昔のロマンポルノのように、ドラマをしっかりと作り込み、どこかメッセージ的な解釈を与える映像作品を制作しました。自分なりのポリシーをもって。だから本名＋じゃがたらで「貞邪我」の監督名。なんとか返済も終わり、振り返るともう30年も経ってました（笑）。楽しいこともうんざりすることもたくさんあったし、経済的にも人間関係的にももうダメだと何回思ったか。そんなとき「もうがまんできない」に救われていましたね。いまでもそうですが。じゃがたらメンバーにも、それぞれの30年があるのでしょうね。

――ていゆうさんにとってのじゃがたらとは何でしょう？

**ていゆう**　じゃがたらにはいろんな想いが詰まっていてひと言では表現できないのですが、音楽的にもメンタル的にも「じゃがたら細胞」が良い意味で自分を蝕んでるんです。先に旅立ったメンバーもまだ自分のなかでは生きているし、そのうちみんなあっちに逝くから（笑）、「じゃがたら本家」がまた再稼働するかもしれないですしね（笑）。それまではメールで天国と下界が繋がって「ベーシック・トラックを作ったから、アケミの仮歌をのっけてくれねぇか」ってメールしたら1週間後に返事がくるようなね（笑）。そんなことになればいいなって……。そんなことを考えながら千葉の山中で満天の星空を見上げていました……。

（取材：野田努／写真：小原泰広）

AKEMI EDO / INTERVIEW

# 江戸アケミ
# 俺は俺の踊りをおどる

江戸アケミ本人のインタヴューを掲載するにあたって、彼の思想／人柄をもっとも表現している記事はどれかと探した際に、地引雄一さんが編集・発行している雑誌『イーター』8号に載った記事を見つけた。地引さんに連絡をしたところ、「アケミのインタヴューはじゃがたらに関わる人たちの共有財産」で、「喜んで提供させていただきます」というお返事をいただいた。また、1989年に『ミュージック・マガジン』の記事を書くためにおこなった未発表のインタヴューもあるというので、現在地引さんが住んでいる千葉県の五井にあるご自宅までお邪魔し、その貴重なテープを聞かせていただいた。この場を借りて、感謝と敬意を表したく思います。

地引さんといえば、日本のインディー・シーンの草分け的レーベル、テレグラフ・レコードの主宰者であり、また、東京ロッカーズという、ライヴハウスを拠点としたインディー・シーンの出発点となった日本の初期のパンク・ムーヴメントの目撃者として、数々の記事を書いてきたジャーナリスト／写真家でもある。

最初はとくに繋がりがあったわけではないが、ある日突然電話にて『南蛮渡来』の流通を頼まれたことがきっかけとなり、じゃがたらとの接点を持つようになったという地引さんは、初めて江戸アケミと会ったときのことをいまでも鮮明に覚えているようだった。

Photo by Kenji Matsubara

# １９８３年夏

取材・構成　地引雄一（『EATER』vol.8より再録・加筆修正）

## 俺は俺の踊りをおどる

――じゃがたらのステージ見ると、すごい土着的な感じするんだけどさ。

**アケミ**　土着的なんじゃない、きっと。百姓だ、百姓。だから必然性のないとこから出てくるっていう音だけは嫌だね。ＥＤＰＳ（＊1）にしてもああいう必然性あると思うんだよ、きっと。ただ俺、不思議とあのー、なんていうの、ニューウェイヴの連中で、向こうをそのまま投影した形で出てくるニューウェイヴ・バンドってあるだろ。向こうのイメージなりさ。そういうのは受け付けないね、不思議と。それはある。

――かなり、日本人ってこと意識してるの。

**アケミ**　ＥＤＰＳの音、やっぱ日本の音だよね、あれ。うん。

――じゃがたらの場合は。

**アケミ**　じやがたらの場合は、意識してるってんじやなくて、無意識のうちにそれ出でこないと嘘だろね、きっと。うん。だからハード・パンクなんかも俺、これからどうなるのか楽しみちゅうか、ワクワクしとるねぇ、そういう意味じゃ。

――日本的な感じがするの。

**アケミ**　いや、出てくるかなぁ、どうかなちゅうとこでね、ワクワクするね。いまはどうか知らんけどね。そういうのが出てくると、面白いねぇ。

　フリクションなんかもある程度そういうとこあるんじゃない。たいていのバンドってのは、あるんだけど。必ずロックっていうのは向こうから来たもんだからさ、どうしてもそういう時にさ、自分が向こうから来たものに対して、対決しながらやってくかどうかってとこが問題なんじゃねぇかな。きっと。対決してないと、ヘンに誤解しちゃったレゲエとかさ、誤解したニューウェイヴとかが出てきて、そういうのなんかが、ある時代と共に、浮いては沈み浮いては沈みするから、そういうのってさ、その場限りで儲ければいいみたいな感じになるわね。そろそろ気がついてもいいと思うんだけどねぇ。

――じゃがたらの場合、完全に対決してるわけ。

**アケミ**　そんなにかっこいいもんじゃないねぇ。

――わりと向こうの音楽やなんか、かなり意識はしてるの。

**アケミ**　意識しないってことはないけどねぇ。意識しないことはないよ。誰でも意識してんだけど、どうしてもこう日本的なモンてのが出てこないと、嘘じゃん、これ。

## 好き勝手に踊っていって、どこまでいくか

**アケミ**　ヒットばっかりあるんだけどさ、もう、ヒットがぽっと忘れ去られていくじゃん、びんびん。だから風化現象みたいなのあんじゃん。なんとか風化されないためには、やっぱり文化……文化ってことになるけど、それ話すと俺の範疇じゃないけどね。文化ちゅうのかなりあるねぇ。

――文化って、日本の文化。

**アケミ**　日本の文化っていうとクサイけどね。独自のもんだろ。日本人って独自なもんがあんじゃん。その独自なモンっていうのは、……ほんとの踊りってことしか、俺、言えないけどね。ほんとの踊りっていうものが、何かわからないよ。何かわからないけど、少なくともディスコで踊ってる、あいうパターンの踊りは、絶対日本にはあるもんじゃないんだよね。日本にある踊りってのは、もっと自分の内から出でくるもんだから、あるやつから見たらねぇ、カッコいいもんじゃないんだよ、きっと。

――ああ、そのほんとの踊りは。

**アケミ**　あるサ、踊りっていうもののパターンがあるとしたらね。向こうから見たらね、絶対きっとかっこいいもんじゃないと思うの。西洋のロック文化とか、黒人文化の人から見れば、絶対日本のもってる踊りってねえ、踊り感覚ってさ、かっこ良く踊るやつもいるけど、かっこ良く踊れないやつもいっぱいいるんだよ。かっこ良く踊れないやつの方が、俺は日本的だと思うノネ。

　で、そのかっこワリィと決めてしまう意識があるでしょ、日本に。ねぇ。そしたら、俺は俺の、俺はこういうふうにしか踊れないんだから、俺はこういう踊りでいくんだっていうとこをさ、俺は見せるし、じゃがたらは見せるし、他のバンドも見せるし、客も見せるようになった時がもう、なんて言うの、その時からしか始まらんっていうとこあるね。

　だから、ハード・パンクならハード・パンクの踊りをさ、日本で独自に作っちゃうんだよ。独自にできちゃうんだよ。ファンクならファンクで、日本のファンクの踊りをさ、奪い取っていくみたいなさ。それで、それでもって、そっから始まるしかないような気がいつもするね、俺。

　ステップが決められ過ぎてるもんね。だから、ニューウェイヴ行く時にはこういうカッコ。じゃがたら……だから、じゃがたらっていうのはさ、客がさ、はっきり言ってねぇ、適当な、わけのわからない恰好で（笑）みんな来るわけよ。うん。それがいいか悪いか知らんけどさ。そっからどういくかが問題だけど、その客がね。

　少なくてもさ、自分の踊りをやりたいと、俺は思ってるから。そいで、俺の恰好はファンクでもなんでもないしさぁ。ファンク好きだけどさぁ。ファンクでもなんでもないし、ロックンロールでもないし、なんか、ひと言で言われると困っちゃうんだよ、俺の音楽……俺たちのやってること……音楽。どんなふうなバンドですかって言われるとさ、困っちゃうから。「おぉ、バンドだよ」とか答えるしかないんだよね（笑）。

――さっき言ったいまの日本の状況は、例えば、自由なものが外に出てないっていうか、「日本株式会社」（＊2）って曲みたいに日本がひとつに固まってるってことで、ある意味ではそういうのを壊したいっていう

か……。

**アケミ**　俺が壊したいっていうより、皆が壊したいって思わんと壊れんよ。バンドが壊したいっていうのはさ、そりゃバンドは思ってるよ。バンドは思ってるけど、聞いてるやつがいまある自分に満足できないってところがないと、だめだね。芝居でも映画でもなんでもそうじゃん。自分がいまある自分を壊したいと思わない限りは、壊れないしね。バンドはバンドでやる。客は客で独自にそういう満足できないっていう自分を、前に転がすっていうことしかないねぇ、もう。

で、満足できないからって唾吐くのはさ、昔なんかよくやってたことだからね。それは本能的なことだと思うけどね、実際、その次は何するかっていうことになるじゃん。唾吐いたらその次に何するかっちゅうことだよ。たら、やっぱり、行動ってことでしょ。行動は頭でしないってことじゃん。行動は頭でしたら潰れるじゃん。政治だから、それ。行動を体でするしかないよ。行動を体でするっていうと、俺なんか、踊りだね。うん。

好き勝手に踊っていってどこまでいくかみたいな。うん。その好き勝手っていうものは、自分に返ってくるからね。好き勝手に生きてる人って、自分に返ってくるじゃん。ねぇ。だから人殺ししたヤツだってさ、全部自分に返ってくるから、結局、最終的に自分で種を蒔いたものは自分で採るしかないからね、あとは。だから、そこまで行くしかないよ、もう。そこまで行くしかねぇな、きっと。そこまで行く前の段階でみんなやめるじゃん。……なぁんで、やめるのかなと思うんだよね。うーん。

——じゃがたらはもうそこまで……

**アケミ**　行ってないよ（笑）。

——まだ行ってない（笑）。

**アケミ**　憧れだからね、俺の。俺は俺なりに憧れてんのよ、そういうのに。だから、そこまで行きたいなと思うけど。ほかのヤツだって、ライヴハウス行ってさ、聴いて、はい「よかったね」「よかったね」で満足してるヤツってのはさ、ほんとは満足してないんだよ、あれ。けど、そういうことによって、なんらかでこう、合理的に生きなきゃやっていけないっていうさぁ、そういう回路があんじゃねぇかなぁ。

**諦めたらいかんね、これ。**
**諦めちゃいかん。**

**アケミ**　最初は誰でもマイナーでやってんだけど、いつのまにか自分が大きくなるとさ、メジャー意識持つじゃん。そいで、自分が大きくなってもメジャー意識持たないで、転がれれば、独自の、要するにマイナーブランド（笑）みたいなのがさ、それこそ独自の、しかし権威にはならんぜっていうさ。権威のない権威みたいな、そういう

そしたら、俺は俺の、俺はこういうふうにしか踊れないんだから、俺はこういう踊りでいくんだっていうとこをさ、俺は見せるし、じゃがたらは見せるし、他のバンドも見せるし、客も見せるようになった時がもう、なんて言うの、その時からしか始まらんっていうとこあるね。

権威を作り上げていったらさ。むずかしいよ、それ。でも、それしかないんじゃない。マイナーなりの権威っていったらちょっと言葉に語弊があるけど、「権威のない権威」を作り上げていけばよいんだと思うけどね。

——実質がしっかりしていて、それがヘンに権威にならないという。

**アケミ**　そうそうそう。全部抱え込んじゃうぐらいできるっていうさ。新しいものどんどんでてくる時、それを潰そうとしないちゅうことだよね。それを潰そうとしないっていうことがさ、すごく、新しい、ユニークな権威だよね。

　権威はすべて悪いもんなんだけども、その権威自体を、つまらんことを知ってて、絶対その権威っていうのはないことを知ってていながら、自然に権威がでてきて、それといつも闘えるヤツ。やってる自分が。権威といつも対抗しながら、しかしいい意味での権威がでてくるような、それぐらいまでサ、なんて言うの、緊張感の連続でできれば、なんか、新しい展開ができると俺は思うけどね。言葉に語弊がでてくるけどね、俺の言ってることは。現実ではむずかしいことだからね。

▲

**アケミ**　けど、諦《あきら》めちゃいけんと俺は思ってるけどね。人間っていつ変わるかもわからんからね。こないだまで、サザンオールスターズが好きだったとか、こないだまで松本伊代が好きだったとかさ（笑）、そんなヤツがある日変わるかもわからんじゃん。だから、諦めはせんけどね。

　人はある程度のとこで切ってしまっちゃったらさ、もう全然動きは始まらんじゃん。だから、それをしないためには、しつこくしつこく縫っていかないかんって感じはあるね。しつこくロックンロールして、しつこくパンクしてさ。しつこくブギをやってさ。しつこくブルースをやってというか。そういうことになってけば、全体がもっと回ると思うけどなあ。

　諦めたらいかんね、これ。諦めちゃいかん。

▲

**アケミ**　俺、さっき権威の話してたじゃん。権威のない権威っていうのは言葉のアヤみたいなのは、もっと言えば、意識的な何かのつながりだね、きっと。権威って言葉で言ったらなんかほんとに、まずいんだけど。意識的などっかの……うーん、音楽やってるぜってとこでのさ、なんか……、ロックンロールしてるぜっていうところとかさ、そういうとこでの意識的なつながりっていう……とこでなんか、パワーできないかなっていうところを、俺はさっき「権威」って言ったんだけど。「権威のない権威」と。じゃがたらは権威なんか持ちたくないね。

　だからいちばんいいのはねぇ、ほっんとのでたらめな雑誌作ることだろうね。自主制作で。ほっんとのでたらめな雑誌だよ。ほんま！　の。

——でたらめってどういうの。

**アケミ**　だからほんとにでたらめで面白い雑誌だよ。昔『ＨＥＡＶＥＮ』とかあったじゃん。あのへんなんかはまだでたらめ度が足らんからさ。そういうほんとにでたらめのパワーを持ってる、賢いやつだよ。そういう賢い……。だからあの、なんていうの、賢さが肉体となってるヤツね。そういうヤツがさ、そういうのを集めてこう、うまくいけばそういう雑誌でも作れば、これはいまのメディアをかなり変えれるよ。

**アケミ**　まあ、おもしろくないから、いっちょやるかっていう感じやね。いっちょ、かっとばそうよ。

▲

——何を?

**アケミ**　いや、なんか知らんけど。ハハハ。「何を」ってそこ言うと、こりゃ古いんだよ、それ。

——そうか（笑）。

**アケミ**　新しいやつ、いっちょかっとばそうよって言うと、「おう、かっとばそうぜ」。「ボーリングしようか」「しようぜ」こういう感じじゃん。俺たちの世代ってみんなさ、何かやろうぜって言ったら、「何を」。本質じゃん、これ。やっぱ、本質病やな、これ。ごきげんに飛ばしまくろう！　ごきげんに！

　ジャングルズ（＊3）に「笑いとばしてやろうぜ」っていう歌詞があるけどさ、ああいうのいいね。頭の上をハエか飛ぶからね、ハエを追うのめんどくせえから、笑い飛ばそうぜってのがあんだよね。ああいう感覚好きなんだよね。

　シビアちゅうのもかっこいいけどな。シビアだけじゃこれ、いかんね。シビアとこのなんて言うか、笑い飛ばすって両方ないとさ、潰れるじゃん。両面をなんとか持ってないと潰されるんじゃない？

## あ、やばいぜ。これはやばいぜ

（ここから部屋に居たリュウイチというじゃがたらスタッフ……というか居候というか……が会話に加わっている）

**アケミ**　リュウイチ、お前何か喋れ。

**リュウイチ**　ハハハ。いつもの調子でいきゃあいいじゃん。

**アケミ**　俺はこれいつもの調子だよ。

**リュウイチ**　ワシ、いつもの調子になったらほとんどパーだから。

**アケミ**　ハハハ。じゃがたらはパーの集団だよ、はっきり言って。いやほんとに、真面目に言うけど、じゃがたらってね、賢いと思ってるでしょ、俺のこと。ある程度。

——うん（笑）。

**アケミ**　それはやっぱり誤解だよ、誤解。

**リュウイチ**　パーなんだよ、ほんとにパーなんだよね。

**アケミ**　パーッて、パーって言ってもしゃーねぇけどさ。

**リュウイチ**　ハハハハ、抜けてるんだな。

**アケミ**　抜けてるよ、どっか。賢いこと言ってるようでパーっていうとこが、じゃがたらのおもしろいとこだけど。

——やっぱり、リアルなんだ。

**アケミ**　そうかね。いや、しかし正直な話さ、「どっちに行ってもせこいゲーム」っていうのが（伊藤）耕《こう》（＊4）の歌にあんの知らない？「どっちに転んでもせこいゲームさ」っていうのがあんだよ。いや、俺、唾吐いたらその次に何するかっちゅうことだよ。たら、やっぱり、行動ってことでしょ。行動は頭でしないってことじゃん。行動は頭でしたら潰れるじゃん。政治だから、それ。行動を体でするしかないよ。行動を体でするっていうと、俺なんか、踊りだね。うん。

そういう感じすんね。なんとなく、バンドやってようが、何やってようがさ。ある程度きたら、そうやってゲームをなんとなくやらなきゃいけんちゅう感じじゃない。だからまあ、今後まあほんと、踊り続けていこうっていうのが、正直なところでさ。うん。

「じゃがたらは偉大な馬鹿だった」(笑)。偉大でもなんでもねえか。じゃがたらはただのやりたいことやってる馬鹿の集団だったということだ。それに近いだろうね。それがいちばんリアルなとこだと思うよ。ただ俺、危機感っていうのは、知ってるけどね。俺の知ってるっていうことはひとつだけだよ。危機感だけ。

——危機感って何?

**アケミ** いろんな意味での。

——個人の……

**アケミ** 個人での危機感もあるし、社会に対する危機感もあるし、それはバンドに対する危機感もあるし、音楽業界に対する危機感とか、音楽に対する危機感とか全部あるけど。その危機感だけは、直観でさぁ、「あ、やばいぜ」っていう感覚あるじゃん、だれも。「あ、やばいぜ、これはやばいぜ」「これはすごいぜ」これは何とかだぜっていう、そういう感覚で俺、動いてると思う、きっと。

——時代的にいまがやばいぜじゃなくて……

**アケミ** そうそうそう、対自分の関係。

——その時その時で、なんかこれやろうとしたら、これは俺にはやばいぜみたいな。

**アケミ** ちょっと違うね。それやるとしたらやばいぜっていうより、とっさで判断していくみたいなさ。

**リュウイチ** 野性の勘やね。

**アケミ** 野性っていうことじゃない。百姓の勘と言ってほしいね。うん。百姓の勘だよ、きっと。よく、地震があるぞとかいうとさ、ナマズが感じるじゃん。ああいう感覚は、かなり持ってんちゃう。

——ああ、メジャーでレコード出さない云々っていうのも、別にどうこうってんじゃなくて、勘で「やばいぜ」という。

**アケミ** そうそうそう。感覚。そういうその、なんていうかこう、肌のタッチのね、タッチの感覚。ああこれは、こいつ等はいいヤツだぜっていうのはさ、やっぱりいくら話してもわからんもん、俺。「こいつ等はいいヤツだ、こいつ等はつまんねぇヤツだ」つのはさ、第一印象もあるよ。第一印象はあるけど、だんだん付き合っていくうちのさ、タッチでわかっていく時あるじゃん。タッチ。あいつの言ってることはさ、さも当たり前のこと言ってるけど、どっか嘘くさいとかさ。タッチ、タッチ。で、あるやつはそれはフィーリングとか言うけどね。タッチで転がっていこうっていう感じ。そんなとこだね。

——やっとリアルな話になって(笑)。

**アケミ** リアルでしょ。

……(しばし沈黙)。

**リュウイチ** どうした。

**アケミ** うん、いや、言葉考えてまた詰まってる。ハハハハ。

**リュウイチ** ハハハ、また、頭で考えてる。

**アケミ** 頭で考えてた、いま。ハハハハハ。

▲

**アケミ** じゃがたらがおもしろいっていうのは、分裂思考っていうかさ、ある意味では分裂思考のおもしろさだな。うん。きっと。分裂思考がかろうじて正常を保ってるみたいなさ。そういうおもしろさだな。俺言ってることがいつも爆笑ってお前ら言ってるからな（笑）。分裂してるっていうのがいちばんリアルじゃん。リアルでしょ。

——うん。

**アケミ**　分裂症なんていうと、なんかくさいけどね。頭ン中がちょっと分裂してるっていうのは、地引さんにしても他のバンドのメンバーにしても、きっとさあ、分裂してると思うよ。

——それを生きてくために無理やりひとつにしようとしてるわけだね。

**アケミ**　そうそうそう、だから生きているためにひとつにすることないんだよ、きっと。だからそれは冗談だと思ってひとつにすりゃあいいという気がするね。うん。だから俺、ひとつのテーゼみたいなのが……、それがいままでの失敗だと思ってるね。いま、急にそう思ってきたよ。ハハハ。いや、ほんと。ある意味じゃ、そうだぜ。ひとつのテーゼとかさ、ひとつのやっぱり目標とか掲げてたのもあるぜ、それは。

——掲げちゃったのが失敗ってこと。

**アケミ**　うん。なんかそれがクサイっていう感じがするね。論理化するとクサイ。

　今度のシングルもさ、そういう意味でね、じゃがたらがファンキーなバンドだと、ファンキーなバンドだから、ノリを追求するから、ノリだけでこうやっていくみたいなさ。そこのなかで言葉を吐いていくみたいなさ。そういうことをやっていくのがなんとなくさ、嘘くさかったんだよね。それで、日本のファンク・バンドの集大成みたいなさ、独自のファンク・バンドだっていうふうにいま扱われつつあるじゃん。そういうことでやってんのが、なんかそういうの嘘みたいな気がしたんだよね。だからそういう意味でも、全然違う曲作ったりしたとこあるね。自分が嘘みたいな気がしたからね。

## 俺、飢餓感とかそういうのが異常にあるからね

**アケミ**　いや、だけど音楽でずっとやり続けるってのは、シビアな遊びじゃないかな。シビアな遊びっていう感じするね。ほかのバンドにしても。音楽なんか実力でもなんでもないしね。きっとシビアな遊びだよ、音楽って。

——遊びって言っても、いま、これで生活していかなくちゃいけないっていうのは……。

**アケミ**　俺はないよ。うん。これで生活していかなきゃいけないっていうのないよ。そうするとだって、遊びの精神がもうなくなるじゃん。ねぇ。

——うん。

**アケミ**　遊びの精神がある限りは、どっかさぁ、行き詰まってもゆとりがあるからね。実際行き詰まってんだよね。どこも。そっちだって金の面とか行き詰まってんでしょ。正直言って。

「じゃがたらは偉大な馬鹿だった」（笑）。偉大でもなんでもねえか。じゃがたらはただのやりたいことやってる馬鹿の集団だったということだ。それに近いだろうね。それがいちばんリアルなとこだと思うよ。

――ハハハ。明日までにね、レコーディン代を……。

**アケミ**　そうでしょ。俺っちだって行き詰まってるもん。だからそっちにさ、レコード買い取ってくれって言うわけよ。ざっくばらんな話。金が欲しいね。音楽で金になるかどうかわからんけどね。これ賭けだろね、きっと。

――あんまり金のことばっかり考えてて、ほんとに面白い部分ができなくなっちゃったらつまんないしね。

**アケミ**　（笑）すげぇ、おもしれぇ、日本のロックって、やっぱ。ロックがビジネスにもなってないのにさぁ、そこのなかで金儲けしようとしてんじゃん。だからすごい矛盾だよね、これ。だから日本人ってやっぱり矛盾してるよ。そう考えてみると。おもしろい矛盾の仕方してるね、きっと。

　俺、いまここに現物の金出されて、ロック・ミュージシャンなりが、どれだけ寝返らないでやってくかってのは、俺はもう爆笑でたまらんよ。1億円の金ここに出されてさ、ハハハ。実際そういうのっていろんなプライドとかあんじゃん。プライドがすごいんだよ、ミュージシャンって。日本人の考えるプライドって、果して俺プライドなのかって思ってね、時々。ミュージシャンってどうしてプライドあるんだろうね。不思議だと思わん？

　じゃがたらがクソだとか言われたら、俺もやっぱりクソだと思うだろうなあ。クソと思う土壌が実はないんだよな。それだけのこと俺やってないもん。それだけのことやったっていうさ、満足感があれば俺、辞めてるよ。だけど俺、飢餓感とかそういうのが異常にあるからね。

――ああ。

**アケミ**　飢餓感とか危機感とかさ。満足できないとかさ。そういうのがあるからやってんだけども。俺はいままでなんにもやってないよ。だから、これからまた、やってく可能性があるんだよ。

　俺はいままで何もやってないんだよ、俺。じゃがたら、いままでなんかやってると思ったら大間違いだよ。いままでなんにもやってないよ。やったのはだから、どういうふうに踊れるかっていうことで、試行錯誤してたことをいままでやった段階だから。

　これからじゃがたらはどうなっていくかは、まあそれこそ運命が知っとるちゅうか。まあ、時代が知っとるんちゃう。そういうのが正解だね。

（＊1）EDPS（エディプス）　恒松正敏のバンドEDPSは、同時期にテレグラフ・レコードからシングル盤をリリースし、フリーペーパーの片面は恒松のインタヴューが掲載された。そのため、ここで言及されている。

（＊2）「日本株式会社」　じゃがたらの新譜『家族百景』に収められた曲。表題曲と「プッシードクター」の3曲入り。

（＊3）ジャングルズ　ギタリストの川田良が当時結成していたバンド。ヴォーカルに桑原延享が加入。ここでふれているのは、シングル盤になった「HEY!CHILD」という曲。

（＊4）伊藤耕　パンク初期から「SEX」「SYZE（サイズ）」「フールズ」といったバンドのヴォーカリストとして、川田良らと活動。筋金入りの不良ロッカーだが、江戸アケミは彼らの生き方やその音楽をもっとも敬愛していた。ここで語られる歌とは、フールズの「いつだってそうさ」のことと思われる。

Photo by Kenji Matsubara

# 江戸アケミは語る（未発表）1989年1月　渋谷

取材・構成　地引雄一

## 財団法人じゃがたら

――あんまり昔のこと聞いたことないけど、音楽を始めるキッカケってのは……

**アケミ**　オレあれなんだよ。ポール・バターフィールドが好きだったんだよ。ベターデイズってバンドになった頃の音楽を聴いて「凄いな、こんなのがあるのかな」と思って。いま聴いても感動しますけどね。そのへんがきっかけになってると思うね、オレ、音楽やりたいなと思ったのは。

――いくつくらい？

**アケミ**　その時22～3だっけなぁ。いいですよ、いま聴いても、ベターデイズは。

――それまでバンドとかやってなかったの。

**アケミ**　それまではちょこっとビートルズのコピーとかやったけどね（笑）。

――あ、やってたんだ。ヴォーカルで？

**アケミ**　うん。ギターも持ってたけど売っちゃった。だいたい30過ぎるとそのあたりになるんですよ。ただ、ポール・バターフィールド、あれは凄い感動したね。ホワイト・ブルースでもね、正統派だったんだよ、ポール・バターフィールド・ブルースバンドっていうのは。クラプトンとかは、どっちか言うとアート・ロックとか呼ばれてたタイプじゃん。ポール・バターフィールド良かったなあ。もうそろそろしたらまたブルースが出てくるような気がするね。

――じゃがたら作った時点じゃ、パンクと

かは意識のなかになかったの。

**アケミ**　パンクが出る前だからねぇ。パンクが出る前だよ。

――でも、シーンのなかに出てきたのはけっこう遅かったでしょ。80年頃だよね。

**アケミ**　うん。

――その前からじゃがたらはやってたんだ。

**アケミ**　やってたよ。だから、シーンに出る前にストリップ劇場なんかでやってたんだよ。それはシーンに出るだいぶ前の話。2年くらい前の話で。

――じゃがたらって名前で？

**アケミ**　その時は財団法人じゃがたらっていってたけど。

――ストリップの合間かなんかに？

**アケミ**　ストリップの間っていうか（笑）、ストリップ劇場借り切ってやったり、あとやってたのがねぇ、ロックコンテスト荒し。ロックコンテスト行って、素っ裸になって帰ってくるやつ（笑）。ロックコンテスト荒しやってた。

――財団法人ってのはその時ヤマハのコンテストで……

**アケミ**　そうそう、ヤマハのイーストウェストに出た時につけたの、財団法人っていう名前を。まあ、財団法人だったら税金も免除されるし面白いんじゃねぇかと思って。財団法人って名前がね、響きがね。Aロックとかもあったじゃん、当時。グレコ系。あそこに出たりとか、あと下北沢音楽祭に出て、人を殴るとか、ハハハ。

――それは客を？

**アケミ**　審査員とかねぇ。お巡り来ちゃってねぇ、あの時。

――バンドやってていきなり審査員を。

**アケミ**　いや、何か知らんけど音楽に乗じてさ、バンバンやっちゃうみたいなさ。コントーションズってバンドがあったでしょ。じゃあそういう手法も取り入れてみようかと思ってねぇ。

――（笑）

**アケミ**　いや、当時、明るかったからね。とりあえず、いかにしてねぇ、現状を打破するかみたいなことを考えてたね。

――ロックの危機感みたいな……

**アケミ**　そういうこともあったし、オレっちがどうしたら世に出るかってこともあったし。あと、あの時、審査員って当時めちゃくちゃだったでしょ。ヤマハのあれにしてもさぁ。審査員、金で雇われてみたいな、とにかくでたらめなやり方だったんですよ。そういう状況に対してどういうふうに不満をぶつけていったらいいのかっていうことで。最初からやったら駄目だから、最初は普通の演奏してて、それでだんだん準決勝とか決勝とかあるじゃん。そういう大会の時に何かやると。そういうふうに決めてた。それで準決勝の時にやって。

――準決勝までいってそこで暴れて……

**アケミ**　そうそう。その時一緒に出たのがいまのPINKなんで。

――それがパンクとかニューウェイヴに関わりだしたっていうのは。

**アケミ**　その頃またレゲエとか聞いててね。レゲエも凄いなっていうのがあって。その時作った曲が今度レコードになるんだけどね。「もうがまんできない」って曲。オレはパンクっていうよりレゲエを聴いてたねぇ、どっちかといったら。

## 孤高の闘い

――最初にこのシーン関わってきたのは吉祥寺のマイナー（＊1）でしょ。

**アケミ**　パンクとやったのがね。初めてパンクとやったのがマイナーですよ。

――その時の噂は聞いてて。小便飲んで客に吹きかけたって。

**アケミ**　ああいうことやったんで、勘違いもかなりされたみたいね。どういう発想でやってんのかなとかね。当時はオレも健康だったし、怖いもの知らずだったからねぇ。若かったしねぇ。だからいまの若いヤツにもっと凄いのが、ちょっと発想の凄いヤツが出てくると、また変わってくるかもしれないね。なんか面白いことを発想する時点で、いま潰されちゃってるからねぇ。だからなんだろう、やっぱり地引さんたちにまだがんばってもらうしかないんじゃないの。

――いやぁ。

**アケミ**　もう頑張れない（笑）。

――何だかんだ言っても昔は自分たちでやってこうみたいなパワーってあったけど、それがどうも最近感じられないし。体力がなくなった（笑）。それにそういう仕事ってまず金になんないじゃない。何年かだったら集中できるけどさ、それをずっと続けるのはねぇ……。

**アケミ**　やっぱ、金が回してんだな。金という怪物がやっぱり覆い被さってるね。いまもう、金が商品になってる時代だからね。金そのものが商品なんだよね。商品でもって商品を買うっていうさ、すごい何て言うか、ヘンな現状だよね、これ。

――あの当時、自分たちでレコード出してたりした頃って、経済的には成り立ってたの。

**アケミ**　みんなバイトしてたしねぇ。成り立ってたと言うか……。

――仕事はしてないでしょ。

**アケミ**　オレ、仕事してたよ。

――ほんとに。

**アケミ**　うん。バイトしてたよ。

――何やってたの。

**アケミ**　料理屋で。

――いちばん派手にやってた時も？

**アケミ**　暴れてた時？　あれも仕事してましたよ。あと、スタジオの上がりで生活してるとか。

――じゃがスタ（じゃがたらスタジオ）（＊2）の？

**アケミ**　じゃがスタの。1時間1000円で貸してたからね。それで1日5000円くらいの生活を送ったよ（笑）。けっこうできるもんだね。1日500円くらいでも。細切れの安い肉を特価品で買ってきてさ。それとモヤシを炒めてさ。それで飯作ってさ。バカバカ食ってた。

――じゃがたらって東京で作ったの。

**アケミ**　うん。出身は皆田舎だけどね。

――そのころのメンバーって今と同じなの。

**アケミ**　いっしょのヤツが二人いると思う

まあ、財団法人だったら税金も免除されるし面白いんじゃねぇかと思って。財団法人って名前がね、響きがね。Aロックとかもあったじゃん、当時。グレコ系。あそこに出たりとか、あと下北沢音楽祭に出て、人を殴るとか、ハハハ。審査員とかねぇ。お巡り来ちゃってねぇ、あの時。

けど。ＯＴＯが入ってきて、サウンドがだいぶ変わったね。

――ＯＴＯは『南蛮渡来』の時はまだ入ってなかったんだっけ。

**アケミ**　入ってる、入ってる。

――ＯＴＯが入ってから、音楽で勝負って言いだしたんだ。

**アケミ**　ＯＴＯ自体があんまりそういうバカなこと好きじゃないタイプじゃん。けっこうお調子者だけどね。あんまりそういうふうに派手にやるの好きじゃないから。

――それで止めちゃったの。

**アケミ**　というより、消耗するしね。やってて消耗するでしょ。誰か応援してくれるヤツが欲しいじゃん、ああいうことやってると。応援してくれるヤツもないじゃん。だから、孤高の闘いみたいな感じがするじゃん。だから応援団がいないから、必然的に止めざるを得なかったみたいなとこあるね。

――じゃがたらのシンパでも「暴れるのは好きじゃない」とかいうのもいるものね。かなり血を流したりしてたでしょ。

**アケミ**　24針縫いましたよ、足を。ここを。痕あるでしょ。

――ああ。

**アケミ**　これ、ビール瓶。

――自分でやったの。

**アケミ**　自分でやったんじゃない（笑）。ビール瓶が刺さっちゃったの、ステージやってる最中、転んだら。そいでねぇ、いまだに脚が痛いんですよ。瓶が入ったの、グサッと。これで1ヶ月くらいの重傷負っちゃって、さすがにもうこんなバカなことしてたら、誰も……（笑）。

　その時さぁ、オレ、保険とか入ってなかったからさぁ、人の保険を黙って使っちゃってさぁ（笑）。それで2回くらい行ったきり「今度金持って来ます」とか言ってさぁ、全部で10万くらいかかったんだけど、そのままトンズラしちゃったのよ。それで自分で糸抜いたんだよ。もう、そこの医者行けないからさぁ。

――けっこう痛いでしょ、あれ。

**アケミ**　痛い。ヤバかったよ、あれは。

――そのあとから、そういうステージはあんまりやらなくなったんだ。

**アケミ**　そうだねぇ。それとほかにはね、客にビール瓶で頭殴られたことあった（笑）。その時もかなりねぇ、痛いもんがあったねぇ。ビール瓶が粉々に散って。なんか、映画の世界だったからねぇ。

――へぇ。客が興奮したのかなあ。

**アケミ**　いまそいつはねぇ、舞踏やってるけどね。それから仲良しになっちゃったけどね。何かあると仲良しになるもんだよ。ケンカしたりとかねぇ、アレしたりするとけっこう仲良しになる。お互いに何かさぁ、壁を……、人間対人間ってどっかでさぁ、いまこうやって喋っててもさぁ、どっかで自分ってものを失うまいとしながら喋ったり聞いたりしてるでしょう。だからそういう何かの衝動ってなると、その壁越えちゃうからさ。敵対するか仲良くなるか、どっちかになるでしょ。たぶん大抵の場合はねぇ、何かあると仲良くなる可能性の方があるねぇ。

　いちばん嫌なヤツっていうのは、嫌って言ったら語弊があるけどさ、こうやって話してることを、記事にしたら全然違ってるとかさ、そういうのがいちばん嫌だね。曲解されてるみたいなとこがあるとね。好意的に捉えてくれる人は一人もいなかったね。なんでスターリンとか、ああいうふうに好意的に捉えられたんだろうねぇ。

## 自由がいちばん

——じゃがたらが出てきた頃、アンチ東京ロッカーズって感じで出てこなかった？

**アケミ**　それもあったね、ちょっとね。それもちょっとあった。そういうアンチ東京ロッカーズ（*3）って雰囲気もあった、たしか。

——ステージでそういうこと言ったことはないの。S－KENがなんとかとか。

やっぱ、金が回してんだな。金という怪物がやっぱり覆い被さってるね。いまもう、金が商品になってる時代だからね。金そのものが商品なんだよね。商品でもって商品を買うっていうさ、すごい何て言うか、ヘンな現状だよね、これ。

**アケミ**　そんなことはない。

——俺はもろ東京ロッカーズでやってきたじゃない。だからじゃがたらが出てきた時は、敵対グループみたいな感じでさ（笑）。

**アケミ**　そんな感じだった？　オレとしては何て言うかさぁ……、オレ、リザード（*4）が嫌いだったんだよ、すごく。

——あ、そうなの？　インタヴューでリザードが好きだとか言ってなかった？

**アケミ**　そういう時もあったかもわからんけど、最初はリザード嫌いだったんだよ。あんなふうに格好つけてやるんじゃねぇよみたいな感じでさぁ。リザードと一緒にやった時あったんだよ、コンサート（笑）。その時もまた派手に暴れたんだけどね。いやあ、リザード嫌いだったよ、最初は。だからそう思われたんじゃない。「日曜日にはリザード見にいくんだぜ」とかそういう歌を歌ってたからね。

——（笑）ほんとに。それ知らなかったな。

**アケミ**　「日曜日にはみんなパンク・ファッションに決めて、リザード見にいくんだぜ、俺たちは」とか言ってさぁ。そういう歌を歌ってたことあった、ロックンロールで。そうか、アンチ東京ロッカーズと取られてたか。オレは単にリザードってものに対して、なんか言ってたつもりなんだけどね。

——あと、新宿ロフトで暴れて出られなくなったとか。

**アケミ**　ああ、あれはスタッフの一人が金盗ったんじゃないの。ウチの。たしかそうだよ、売り上げ盗ってったんだよ、あれ。そうだと思うよ。それで締め出しくっちゃったんだよ。困ったヤツが居たもんだよ。

——（笑）。一回ロフトで1週間くらいインディーズのレコード出してるバンドが集まってイベントやったことがあるんだよね。スターリンとか。その時、ロフトがじゃがたらだけは絶対出しちゃ駄目だと。

**アケミ**　そうそう。店長が言ったでしょ。

——あのあたりで、じゃがたらだけ別個の世界みたいな感じになったんじゃあ。

**アケミ**　なんなんだろうねぇ。よくわかんねぇ、その辺のところは。

——あんまりほかのレーベルとかバンドとかと共同でなんかやるってなかったでしょ。

**アケミ**　そうだねぇ。意外とねぇ。あれは好きだったけどね、フールズ（＊5）とかね。フールズとかBODYとか、ああいうバンドは好きだったね。硬派じゃん、彼らは。なんかパンクの中に居るんだけど、パンクなんかやってなかったじゃん、フールズなんか。だから新鮮だったよね、かえってね。パンクのコンサート聴きに行って、フールズみたいなバンドが居たってことがね。（川田）良、連れてくれれば良かったな、今日。

——最近、会ってるの。

**アケミ**　明日か、飲みに行く約束してるんだわ。良んちへ。フールズは良いバンドだったなあ。音が良いより、まずキャラクターとして凄かったよ。みんな「自由になりたい」っていう根本的なさあ、いちばん根本的なモノをさぁ、恥ずかしくて言えない部分じゃん、「自由になりたい」とか言うの。そういう部分を持ってる連中だったからさぁ。やってる曲だって「自由がいちばん、最高さ、ベイビー」とかそういうことをさ、恥ずかしげもなく言える連中だったんだよ。そういう意味でフールズっていうのは、もしかしたら、うまくいけば、昔の村八分くらいに行けるようなバンドかなと思ってたよ、オレ。ただ、それを統率しきるヤツがいなかったからね。

オレと（伊藤）耕とはそんなに行ったり来たりしないんだけど、良とかを通じて耕を間接的に知ったというか。オレっちのマネージャーが辞めたあと、フールズのマネージャーやってたじゃん。それでまあ、いろいろと交流はあったみたいな感じなんだけど。フールズなんかほんとにストリートファイターズだよ、ほんとに。そういうバンドは、フールズで最後になるんじゃないの。

## オレは誰なんだ

**アケミ**　じゃがたらってのはやっぱり、低俗なバンドだね（笑）。……いまは普通のバンドだよ。じゃがたらってのは、なんだったんだろうね、いったい。

——過去形になってるけど（笑）。バンドを再び始める気になったのはどうしてなの。

**アケミ**　始めるっていうか、仕事が入ったぜって言うから、仕方なくさぁやってたんだよ。だって、仕事取ってくるんだもん、ＯＴＯが。

——高知に帰ってる頃に？

**アケミ**　うん。大きい仕事取ってくるから、じゃあ仕方ないからやるかって感じで。いまも薬飲んでるんだけどねぇ。

——おかしくなった頃ってのは覚えてるの。

**アケミ**　覚えてる、全部。自分が何をしようとしたかも覚えてるよ。地球がどうしてできたのかなあと思ってさぁ（笑）、これはヤバいぜって感じで。地球はいったい誰が作ったんだっていう発想になっちゃってさ。地球はクソなのかと思ったりして、クソ食っちゃったりしてねぇ。地球がクソならクソを食え！　と思ってクソ食ったりして。

——その時は自分の中じゃ論理的な行動だったんだ。

**アケミ**　トンでる最中でもやっぱり、なんかそういう脈絡はあったよ。

——バンドの状況とか音楽のことに関して何かあったわけ？

**アケミ**　その時はねぇ、音楽のこととというか……、ヘリコプターがオレを襲ってくるとかねぇ、そういう感じで、音楽のこと以前のことで、本能的な問題だね、うん。オレは果たしてこんなことしてていいのかなぁ……。なんか、歩いてる人間とかさぁ、そういうヤツがみんなムジナに見えてくんだよ、のっぺらぼうに。のっぺらぼうに見えたもんがさぁ、電車というひとつの枠ん中にさぁ、定時間になったら押し込められて、定時間になったらまた出てきたりするとかいうさぁ、みんなそれがのっぺらぼうに見えちゃうんだよ。超ムジナ現象だねぇ。

オレはいったいムジナじゃねぇのかな、オレは誰なんだというふうに考えちゃってねぇ。おれが出した結論が、とりあえずオレは、オレは蟻だってことだよね。オレは地を這う蟻なんじゃねえか。えれぇちっぽけな人間だなあと思ってさぁ。蟻だったら、誰か踏みつぶすヤツがいるんだなと思ってさぁ。じゃあ踏みつぶすヤツはいったい誰なんだと思ったら、それは世界かなと思って、それは都市なのかな、世界なのかなと思ってさぁ。……そしたら急に蛇が出てきてさぁ、今度は。蛇はどうしてあんなに嫌われ者なのかなあと思ってさ。その割には東京には蛇はいないなと思ってさぁ。おかしい！ 蛇はどうして嫌われ者になったんだ！ 蛇を救うヤツはいないのかとか思っちゃってさぁ。聖書でも蛇嫌われてんじゃん。じゃあ蛇のために地面に漫画でも描いてやったらどうかなあとかさぁ、まあそういうことを考えて（笑）。だからすごく本能的なところに居たみたい。音楽というよりは。

——八木（康夫）さんがレコード（『君と踊りあかそう日の出を見るまで』）のライナーにその時のことを書いてたけど、あれはだいたい本当？

**アケミ** だいたい事実だねぇ。あの人よくそこまで調べ上げたよ。ほぼ事実だよ。関西ツアーに行ったのがいちばんのバッドな原因だね。変な女に会っちゃってさぁ。そいつがオレの未来を予言したりするんだよ。ちょうどオレもトビの時期だったからさぁ、それと重なっちゃったみたいで。「あなたには黒い雲が立ちこめてる」「結局、あなたは破滅するのよ」とかさぁ、そういうことを言ったりするんだよ、その女が。そんなことを予言されたらバッドになるじゃん、普通の人でもさぁ。そういう女がいたんだよ。それが取り憑いちゃってさ、オレに。女は怖いよねぇ。

——「Big Door」の歌詞がわりとその頃の感じ。

**アケミ** そうだねぇ。

——鳩がどうとか……

**アケミ** ライオンがどうのこうのでしょ。なんでカラスは嫌われ者なのかなと思ってね。それはきっと、カラスが何か本質を知ってるからじゃないかなと思ってね、世のことの。カラスは嫌われても、あえて覚悟をしてああいうことをやってんじゃねぇかなと思って。そのわりに生命力強いでしょ、カラスって。田舎にもいるし東京にもいるでしょ。カラスってやつは恐ろしいパワー

いまロック聴いてんのこれ、ある種のファッションだからねぇ。だからロックっていうのがブランドになっちゃったんだよね、きっと。いっときの。だから昔みたいに生き様というかそういうことはもうないんだよね。

を持ってるなと思ってね。オレ、カラスにパンをやったんだよね（笑）。そしたらね、カラスが食わないんだよ。それでオレがさ、ずうっと知らないとこ一周してまた来たら、食ってんだよ。カラスは人間にモノを与えられても、絶対人の見てるとこでは食わないんだと思って。やっぱり、あいつは闘ってんだと思って（笑）。で、カラスに対する思い入れが凄くなっちゃってね。それで、「カラスは鳩に恋い焦がれ、肉体関係をせまる」っていう歌詞ができてきたんだけどね。鳩っていうのは平和の象徴とされてんじゃん。ところがどっこい鳩なんてのはさぁ、鳩同士じゃあすごい諍いするじゃん。そのわりにカラスって、あんまりカラス同士ケンカしないんだよね。不思議と。

## 救済と幻想

――バンド再開したの一昨年だよね。

**アケミ**　いや、去年の5月位だよ。

――一昨年、野音に……

**アケミ**　出た出た。

――あれは？

**アケミ**　一回出てきて、また帰っちゃった。野音の時は気持ち良かったね。

――じゃあ、改めて東京へ出てきたのは……

**アケミ**　去年の5月くらい。

――バンドの方にまた専念していこうという……

**アケミ**　そうだったんだけどもね。ただ、なんか、このままいったらロックはもう駄目だね。

――うーん。

**アケミ**　駄目だよ。

――どうして。

**アケミ**　一時って言うか、昔ロック・ブームになった当時っていうのは、聴く方もさぁ、救済を求めてたとこあったでしょ。聴いてる方も。いまロック聴いてんのこれ、ある種のファッションだからねぇ。だからロックっていうのがブランドになっちゃったんだよね、きっと。一時の。だからロックというブランドに対してみんな……、ブランドということに対しての幻想なんだよね。だから昔みたいに生き様というかそういうことはもうないんだよね。スターになっても、例えばレベッカがどうのこうの言ったって、レベッカの生き様がどうのこうのじゃなくて、レベッカというひとつのブランドのなかに自分たちが入っちゃったというさ、それだけのことだからさぁ。日常生活はいままでと変わりなくさぁ、普通の暮らしして……。

　だからそれだけ中流家庭の人がロックを聴き出して、好きだっていうのがもう定着しちゃったねぇ。だから演じる方も、プレーヤーの方も中流家庭のヤツらに受けるような歌詞とか……、そういう中流家庭のために歌うような歌詞だし、演奏になってきて、どんどんどんどんポップになってきたんだよねぇ。だからパンクもポップになってきてんじゃん。パンクなんか、ポップになったらどうしょうもないもんなんだよ、あれは。

　だからどんどんどんどんポップ化現象が進行していってるから、そこのなかでじゃがたらは何をするかって言えば、オレがどんなに頑張ったところで、じゃがたらもその波に乗らなきゃ、ビッグにはなれないってことだよねぇ。だれもが、ビッグになりたいんだからさぁ。ひとつのピラミッドが出てきちゃうんだよね。ネズミ講みたいな。いちばん得をするのは何かって言ったら、上のヤツだよ、ピラミッドの上のヤツだよ。だから、もの凄いよね、もう。

――いま、東京ソイソースやってるじゃない。この前見に行ってたんだけども、客の盛り上がりとかかなり凄かった。じゃがたらも凄かったし。

**アケミ**　みたいだね。

――みたいだねって（笑）。

**アケミ**　ミュート・ビートがいちばん良かったよ。オレっちがトリやったんだけど、ミュート・ビートの方が良かった、オレっちより。

――客層が昔のじゃがたら見てた客と全然違うじゃない。

**アケミ**　違う違う。

――ファッショナブルというか小綺麗な連中が。

**アケミ**　けど、歌ってんのはやっぱりオレの歌だよ（笑）。

――じゃがたら自体は変わったのかどうかわかんないけど、取り囲む状況っていうのは……

**アケミ**　変わっちゃったね。ミュート・ビートがいちばん格好良かったよ。

――やっぱり、じゃがたら。

**アケミ**　いや、ミュート・ビートだよ。冗談抜きにミュート・ビートがいちばんカッコいいバンド。

（＊1）吉祥寺マイナー　78年から80年にかけて吉祥寺にあったライブスペース。東京アンダーグラウンドの拠点として、灰野敬二、山崎春美らが出演。パンク・バンドも多く出ていた。

（＊2）じゃがたらスタジオ　渋谷区松濤の4階建ての雑居ビルの屋上にあったじゃがたら自家製のスタジオ。畳12枚ほどの広さのスペースにウレタンを貼り付けたスタジオで、二段ベッドとトイレもあり、事務所兼住居として江戸アケミが住んでいた。

（＊3）東京ロッカーズ　78年から79年にかけて東京に巻き起こったパンク・ロック・ムーヴメント。その後のライヴハウスやインディーズ・シーンの原点となった。

（＊4）リザード　東京ロッカーズの中心的なバンドのひとつ。ちなみに、聞き手の地引はリザードのリーダーであるモモヨと親しく、東京ロッカーズ以前から行動を共にしてきた。

（＊5）フールズ　ヴォーカルの伊藤耕とギターの川田良を中心として、80年代から30年以上にわたって活動を続けたバンド。この対話の時は一時的に活動休止状態だった。〝自由がいちばん〟というのは「Mr. FREEDOM」という曲の一節。

地引雄一（じびき・ゆういち）1978年、日本のパンク・シーンの発火点「東京ロッカーズ」に、カメラマン、マネージャー、イベンターとして関わる。1981年にはテレグラフ・レコードを設立。ピナコテカ・レコードなどとともに全国的なインディーズ流通の基礎を作る。また、1995年には雑誌『イーター』を創刊。著書に『ストリート・キングダム：東京ロッカーズと80's』、写真集に『TOKYO STREET ROCKERS 1978→1981』がある。

拝啓　江戸アケミ様

初めて手紙を書きます。陣野俊史と申します。

じつはいまから二十年前、あなたに無断で『じゃがたら』（河出書房新社、二〇〇〇年）という本を書いたことがあります。あなたはすでに鬼籍に入られていて、許諾を得ることができませんでした。あなたを初め、サックスの篠田昌已さんもベースのナベさんもすでにこの世になく、声を聴くことはできませんでした。ただ、できるかぎり正直な（必ずしも「正しい」という意味ではありません）関係者の方々の声を集めて「じゃがたら」というバンドがどんなバンドだったのか、文字で再現してみたいと思っていました。

再現できたのかどうか、わかりません。いまに到るまで少部数の書物を細々と書き継いできた私のような売れない物書きの本の中では、例外的に人々の手元に届いたらしく、初版はすべてなくなりました。それから約十年後の二〇〇九年には「増補版」を出しました。二〇〇〇年の版との違いは、私が、江戸さん、あなたの故郷・四万十川のほとりにある、あなたの墓に詣でた記録が付いている、という点でしょうか。そのとき、あなたのお母様にも初めてお会いしました。キリスト教の墓にしばしばみられる、慎ましいお墓にあなたは眠っていました。快晴でした。小高い山の上からは、四万十川が白く光っているのが見えました。

いまになって、どうして私はあなたに手紙を書いているのでしょう。それは、私が書いた『じゃがたら』という本の中でやり残したことがあるような気がして仕方がないからです。ずっと気になっていたことがあるのです。本の中でインタビューさせてもらった人々にその点を確かめたいと思ってもいたのです。

JAGATARAのメンバーは、いまもJAGATARAのメンバーのままで、ときどき、そう、江戸さんの没後二十年とか、JAGATARA結成三十年とか、そうした記念碑的なタイミングでライヴを行っていて、そうした際に、なにげなく私は人々に尋ねてみたいとずっと思っていたことでもあります。でも、これはとても個人的なことなのですが、急に実父が亡くなったり（九州に住んでいた父親の病状の急変を告げる電話をうけて、急いで羽田空港に向かう途中、その当日予定されていたJAGATARA再結成のライヴに行けなくなった旨、マネージャーだった大平ソウリに電話をした覚えがあります……）、たまたま海外にいてライヴのストリーミングをじっとPC画面で眺めることになったり、と、何かが邪魔をしているとしか思えない出来事のせいで、『じゃがたら』を書いたあと、（数回を除き）JAGATARAのライヴを経験してもいないのです（拙著を指すときはひらがな表記を、バンドを指す場合はアルファベット表記をしています）。

何が気になっていたのか。端的には、あなたとアフリカとのかかわりについて、です。

お読みになっていないでしょうから、『じゃがたら』の第三章の話をさせてください。第一章「『じゃがたら』と呼ばれた人々がいた」で年代記ふうに、JAGATARAの歴史を述べました。第二章は「インタビューズ」と題して、こだま和文、山本政志、町田康、近田春夫、大熊亘各氏に短くないインタビューを行いました。そして、第三章は、私の「じゃがたら」論として、40頁ほど、原稿用紙にして60枚くらいだと記憶していますが、批評的散文を書きました。タイトルは「『ゆるさ』について」。何か新しいことを言いたいとか書きたいとか思っていたわけではありません。私は江戸さんの声が聞きたかった。亡くなってしまったけれど、音楽とは別にあなたの声が聞きたかった。そこへ奥さんだった古市弥生さんから、あなたの蔵書を三冊、手渡されるという出来事があった。第三章は、その三つの本へのあなたの書き込みを読解する、という趣旨でできています。

『完訳アンデルセン童話集4』（高橋健二訳、小学館、一九八六年）

岡倉登志『ブラック・アフリカの歴史』（三省堂、一九七九年）

『ルイ・アラゴン詩集』（小島輝正訳、土曜美術社、一九八四年）

この三冊。古市さんから手渡されたのは、たったの三冊でした。『じゃがたら』を読み返していて、この三冊だったことに驚愕しました。どうして？ それは少し後で書きます。ひとまずこの三冊について語れば、私はあなたの書き込みを丹念に追いかけている。『完訳アンデルセン童話集4』を読みながら、宮沢賢治を連想し、リズム論へと入り、最後は「都市生活者の夜」へと批評的散文は到達しています。もう一つ、『ルイ・アラゴン詩集』については、フランスの詩人アラゴンの「おれは奴らを好かない」という詩の読解を通じて、「みちくさ」や「ゴーグル、それをしろ」の歌詞の世界との近似性を語っています。いずれも舌足らずな若造の読解です。でも当時の私の読解力をフル活用して、なんとか、江戸さん、あなたの詩の世界を捉えようとしています。

しかし岡倉登志『ブラック・アフリカの歴史』について、私は何も書いていません。おそらくあなたはこの本に何も書き込みをしなかったのではないでしょうか。あなたが、ブラック・アフリカにどのような関心を抱いていたのか、いまとなっては知る由もないのですが、私が驚愕したのは、そこではありません。私は今度、こんな手紙を書くことになって、久しぶりに『じゃがたら』を読み返したのですが、私はずっと古市さんから手渡された本を、四冊あると思い込んでいたのです。いえいえ、私の思い過ごしであることは明らかなことなのです。あなたが読んでいた本の中から三冊が私に手渡された——そのことは、『じゃがたら』にはっきりと、ほかならぬ私が書いているのですから。でも、私はこの二十年間、ずっとそれが四冊だと思っていた。三冊ではなく。

理由ははっきりしています。『完訳アンデルセン童話集4』と『ルイ・アラゴン詩集』と『ブラック・アフリカの歴史』の隣、私の部屋の本棚に『アフリカ革命に向けて』と題されたフランツ・ファノン著作集（第四巻）がずっと隣り合ってささっているからなのです。つまり、もともとあった『アフリカ革命に向けて』という、フランツ・ファノンの政治的アジテーション（どれも短文ばかり）を集めた本を、私はあなたから贈られたと思い込んでいました。江戸さんはどうして、ファノンの主要著作『地に呪われたる者』や『黒い皮膚・白い仮面』ではなく、『アフリカ革命に向けて』を手渡したのか、などと、ぼんやりと本棚を眺めながら、私は考えをめぐらせたりしていたのでした。むろん、結論はいつも同じです。あなたにとって、音楽は革命なのだ、と。だからこそ、アフリカのために、なかでもアルジェリアの独立のために力を尽くした思想家であり活動家のフランツ・ファノンの、現場の、より生の声に近い文章集を、私に手渡したのだと思っていました。

錯覚でした。

自分の愚かさに吃驚すると同時に、なんだか大声で笑いたい気持ちにもなっています。『じゃがたら』を出版してから、私は少しずつアフリカのほうを向いて仕事をしてきたようにも思います。セネガルで「ヤナマール運動」（もううんざりだ、の意味）と呼ばれる活動を主導したラップ・グループ「クルギ」が大好きになったり、ジブチの作家アブデラマン・ワベリと対談したり、サッカーが宗教の一つとまで言われるアルジェリアの代表チームに心酔し、いまではかの地の国内リーグの動きにも目配せするようになっています。そして、とうとう一昨年は、マダガスカル島まで行ってしまいました！　こうした一連の行動の出発点には、あの日、手渡された『ブラック・アフリカの歴史』があるようにいまでも思うし、さっき書いたように、江戸さん、あなたがフランツ・ファノンを私に遺送したのだと勝手に夢想していたからでもあります。

誤解といえば、たしかにそうです。あなたが私に送ってくれた本は三冊なのに、四冊だと思い込んだところから、世界は少しだけ錯綜したわけです。でも、それが「つながった世界」ではないでしょうか。誰かが発した音、書き込んだ言葉、ダンスする身体の残像。そんなかすかな、でも明らかにそこにあって、それを経験した人に重要な何かを残したに違いない形象が、次々につながって世界はできているのだ、ということ。じゃがたら、いえ、JAGATARAの音楽はそんな経験をいまでも私たちに残してくれるのだと思います。あなたの声がした、と思える方角に私は動いた。結果的にそれは違う声だったのかもしれない。あなたの声、ではなかった。でも、私は次のようなファノンの声を『アフリカ革命に向けて』から聞き取ったのです。

ぼくは荒々しい声が欲しい。楽しい声はいらぬ、澄んだ声はいらぬ、声域の広い声もいらぬ。
ぼくは端から端まで裂けた声が欲しい。声が興ずるのは望まない。なぜならぼくは人間について語り、その拒絶について語り、日々の腐敗と恐るべき人間失格について語るのだから。
ぼくは君に語って欲しい。

（フランツ・ファノン『アフリカ革命に向けて』、北山晴一訳、みすず書房、五〇頁）

江戸さん、この言葉を読んで自分の声で何かを発しようと思わない人間がいったいどこにいるのでしょうか？　まして、ファノンの「ぼく」が江戸アケミその人とぴったりと重なって見えたとしたら？

江戸さん、そろそろあなたに宛てた最初の手紙を終えなければなりません。思えば、私は『じゃがたら』を超えたいと思って物書きを続けてきました。不思議なものです。自分の名前が表紙にでかでかと印刷してある本を、自分が超えたい、という衝動は。でも、たぶんいま私は本当のことを書きました。

先日、私が教えている大学院の学生と何気ない会話をしていました。ふと、話は私が書いてきた著作に及びました。学生は、先生（私のことです）が書いてきた本のなかでは、『じゃがたら』と桐山襲論が双璧ですね、という趣旨のことをおずおずと口にしました。生意気な学生です。でも、なんだか嬉しかった。客観的にもそうなのだ、と。『じゃがたら』はいまだ超えられない高い山として、私の前にあります。

もうしばらく物書きを続けてみようと思います。

敬具

二〇一九年十二月朔日　陣野俊史

陣野俊史（じんの・としふみ）　1961年、長崎市生まれ。作家、批評家、大学教員。日本とフランスの音楽、文学、そしてサッカーについて書いている。主な著書に、『じゃがたら』、『渋さ知らズ』、『テロルの伝説　桐山襲烈伝』、『泥海』（以上、河出書房新社）、『サッカーと人種差別』（文春新書）、『戦争へ、文学へ「その後」の戦争小説論』（集英社）、主な訳書に『フーリガンの社会学』、『ジダン』（共訳、白水社）など。

# 不在の教会と汚辱のエコロジー

荏開津広

1981年、新宿で行われた音楽雑誌のインタヴューで、江戸アケミは当時の舞台上での彼の、生きた蛇を食いちぎり、額をナイフやフォークで刺し切り刻み、血を流しながら全裸で観客と乱闘するというパフォーマンスについて質問されこのような言葉を遺していた。

——オレ達の友達なんかに漫才や、歌手や俳優、フーテン、ヌードモデルとかいろいろやらせて、四方八方から攻めていくんだよ、もう音楽だけじゃダメだね——（＊1）

音楽だけでない、アートの諸形式のつながる可能性について江戸は口にするだけでなく自ら試行しているのだが、A・ウォーホルとヴェルヴェット・アンダーグラウンドの〈E.P.I.〉や画期的で大規模な〈9 Evenings〉、日本でも現代音楽／美術の領域で構想されていた〈全体劇場〉などと比較して、音楽や演劇、舞踏といった形式から企みやテーマを借用しながら、当時の江戸のパフォーマンスは自然でなくあくどく〝人工的〟で、地に堕ちて〝低い水準〟にあり、アートとしては〝無価値〟（＊2）のように思われていた。

当時のライヴ（＊3）における「でも・デモ・DEMO」は、後の『南蛮渡来』に収められているアフロビート的なヴァージョンと異なっている。しかしながら、このヴァージョンがラスタファリによるナイヤビンギ・チャントに似てその換骨奪胎にも聞こえると気がつくなら、そこに共通している他の事どもも耳に入ってくる。長い間に渡り〝低俗〟〝偽物〟(＊4)の民間信仰だと考えられていたラスタファリズムを背景に唱えられるチャントは、消費で終わる音楽をよしとしない、或る種の文化復興運動の表れだと今では考えられている。

同時に私たちが通常敬虔な祈りとイメージするものからも遠く離れて、過剰な——つまり暴力的に——リヴァーブがかけられ演奏を追って判読するのが困難なものさえある。「おそらくダブの一番わかりやすい特徴は、リヴァーブ／ディレイの仕様と曲の断片化だろう(＊5)とマイケル・E・ヴィールは2007年に記している。断片化された音はサウンドシステムを通じて再集積され「ダブの持つ別世界的な緊張感は、理想化した植民地支配以前のアフリカを、ユートピア的に喚起していることになる」。また「リヴァーブとエコーは、西洋クラシック音楽の録音で、教会や大聖堂などの聴覚環境を擬似的に作る」。ラス・マイケル&ザ・サンズ・オブ・ニガスは掘っ立て小屋で〝エチオピアン・ピープル〟と、江戸アケミとじゃがたらは新宿2丁目のストリップ劇場で〝日本人は暗いね〟とそれぞれの〝コミュニティ〟について歌う。トランス状態や恍惚とした体験の外側にいる誰にも見えない不在の教会や大聖堂は、音像のなかに断片が乱暴に集積され喚起されたのみだ。

音楽だけでなくアートの諸形式を貫通する可能性——他の形式に比較して音楽の特徴は共感覚的だと書いたのは、映画の可能性についての古典『映画の教科書 どのように映画を読むか』のジェイムズ・モナコだ。アフロ・ビートもナイヤビンギ・チャントも、つまりアートの形式のなかで最も共感覚的な領域から開始したので、15世紀以来の大西洋奴隷貿易や植民地主義といった構造に拠る現在は仮住まいの空間を、自分たちの場として解体／再構築を志向するありようへ繋がっていく。

1971年に三里塚という高度に政治的な土地に現出したフェスティヴァル幻夜祭においてか、もしくは翌年は六本木の俳優座であるのか、ブラック・パンサー党に近い詩人工作者たちラスト・ポエッツを思い出させる編成で「世界革命戦闘宣言」や「銃をとれ」をレパートリーとしていた初期の頭脳警察を江戸アケミが経験していることはやはり見逃すべきではない——「日本人ってこんなに踊りが好きなのか!って驚いたくらい、当時の頭脳警察のコンサートでは、客がだんだん前から立ち上がっていくわけ。(中略)それがもう好き勝手な踊りで、君らはいったい何民族なんだっていう(笑)」(＊6)

〝世界革命戦闘宣言〟のパフォーマンスは音楽と政治を同じ場に併置した。しかし、現実には日本赤軍の事件がマスメディアで報じられる一方、弾劾されたブルジョワジーは審判にかけられず終わった。その後バンドを始める8年の間、いかにして革命が起こらなかったかを江戸は観察していただろう、政治的な運動ではなく、組織ではなく「個人の意志だ。あくまで個人の偶発的な欲求のあらわれとして遊びの形でやっていかなくてはいけない。組織としてやったら単なる社会運動と一緒」(＊7)になってしまうから、1968年以降の無慈悲かつやるせない射精と無縁の、それは彼が瞼に焼き付けたようロックが作動する〝おまえはおまえの踊り〟に始まる文化の復興運動の場となるだろう。同時にそれまでの日本語のロックのほとんどに対して、音楽＋政治に熱狂する光景の残響が〝第三世界〟までを視野に入れた異なったリズム、異なったずれ、異なった音と言葉の関係に彼を導くだろう。

快楽の象徴　BOY　からみつく／歪んだ指の向こうに　繰り返す裏の裏が／季節の終わりは　機械仕掛けの　機械仕掛けのファシスト、ファシスト、ファシスト／BOY　待ちわびた反乱の季節だ　BOY　くれてやれ　毒入りワインを（季節の終わり）

セックスとドラッグに塗れたロックの構造が、実はファシズムの美学と表裏一体にあること、すなわちファロセントリックなプロパガンダのシステムと美学を作り出している機械仕掛けに江戸は目を瞑らない。挿げ替えられる無数の〝BOY〟によって制度が維持され、反乱の音楽とされるロックの物語自体が孕む中心性に江戸は強い危惧を持つので、それを支えるレコード会社、音楽雑誌、ジャーナリストといったロックを巡る〝アートワールズ〟の脱中心化はなくてはならないのはもちろんとして、目指す文化の復興運動それ自体が、ロックを中心として論理統合的に内面化された表現ではあってはならない。

「こんなもんで拍手すんな、インチキなんだ、こんなものは」(＊8)

アルバム『南蛮渡来』には、「現実に帰ると世界一混沌とした都市にいると実感」(＊9)する風景の裡に人としての終焉の時間と場を描いたゾッとするような音楽が何曲も収められている。セックスがクリスタル・メスと入れ替わるオリジナルの7インチ・ヴァージョンの「Last Tango in Juku」及び「タンゴ」は、輝くファシズム美学を誇るB・ベルトルッチの映画『ラスト・タンゴ・イン・パリ』の年老いた男性が暴力で19歳の女性を物象化する映像と明らかな結びつきがある一方で、「クニナマシェ」では〝また来る者〟、〝海になだれ込む〟〝死に行く者〟、〝ゴキブリども〟だらけになったあらかじめ失われた革命の都市の黙示録が描かれる。その時、私たちはこの復興運動の持つ信仰の存在に気がつく。まるで、ラスタファリズムがユダヤ文化と同時にクリスチャニティともイエス・キリストという殉教者の肉体を通して結びついているように。

よく見ろ、あいつの目を、あいつの手を／あいつの口を、あい

つの腰を（中略）火をつけろ、あいつの家に火をつけろ、あいつの躰に火をつけろ、火をつけろ（クニナマシェ）

クニナマシェ、つまり仲間内の冗談で元来遊郭で使われていた〝おくんなまし（くださいませ）〟という尊敬／丁寧の意の言葉がつけられた曲では、カソリックで忌み嫌われる火葬どころか火刑のリンチという悪魔の行為が語られるが、それは歌の最後に歴史を超越し世界を規定する。

じゃあまた来るね、じゃあまた来るね／じゃあまた来るね、じゃあまた来るね

パウロは敵意・争い・そねみ・ねたみなどを肉の働きと呼んでいる。これらもろもろの悪の根元・源泉は倨傲であって、肉体を持たないとはいえ悪魔の中にもっとも強く支配しているのもこれである（中略）人間が悪魔と似た者となるのは、肉体を持っているからではない。悪魔は肉体を持たないのである。（＊10）

倨傲でないことを言葉で表すのに江戸がライヴで繰り返した「ごめんなさい」という謝罪を繰り返す以外に具体的な方法はあるだろうか？

偶像礼拝・まじない・敵意・争い・そねみ・怒り・論争・異端・ねたみ（つまりは悪徳という悪徳、筆者註）などが、肉体の悪であるよりは精神の悪であることに気がつかない者がいるであろうか。実際ある種の偶像宗教や、キリスト教の異端にあっては、身体的快楽に抑制を加えることさえありうるのである。（＊11）

江戸アケミの初期の血みどろのパフォーマンスが、少年時代の夢が〝汲み取り人（糞尿便を集める人のこと）〟になりたいことだという人間の極限の黙示録的殉教の行為だとしたらどうだろうか。ビルの上からポルノ雑誌をばら撒くハプニングやその初期にギグのシリーズを〈福祉政策ツアー〉と名付けた理由は、実際に慈しみの差し出しだったのではないか。例えば、ギグのタイトル〈密告の夜〉（もちろん、ユダを示唆する）から〈迷宮への等身自殺〉もしくは〈鮮血のオペレッタ〉は共感覚的に——すなわち統合的ないしは中心的ではない——諸形式がつながる贖罪のアートの可能性のことではないか。なによりもまず、カソリックのドグマが少年だった江戸を説得出来なかったのだから、通常の教会ではなく音像のなかの断片の集積を通し祈り許しを請い身を捧げるしかないではないか。

自然でなく、あくどく人工的で地に堕ちているのは、終末を迎えつつあった罪深き人々が蠢く都市自体であるならば、翻って神自身がお造りになったその世界の構成員に優劣はあるか、あっても小さき差異に違いない〝森は泣いている〟だろうし、ゴキブリも猿もカラスも白いライオンもいうまでもなく自分自身も含めた〝つながっ

た世界″であるなら、遥か後に一般に知られていく自らを取り巻く環境と一体となる、新しきエコロジーの思想のエコーが彼には聞こえていたのではないか。

――問題は物事を小さなレベルで持っていくなということ。もっとマスレベルまで広げてバカ騒ぎすればいいっていうこと――（＊12）

（＊1）『ＤＯＬＬ』１９８１年2月号
（＊2）″アヴァンギャルドとキッチュ″でブルジョワのアヴァンギャルドに対し大衆文化に著者クレメント・グリーンバーグがつけた形容詞、『グリーンバーグ批評選集』、藤枝晃雄訳、勁草書房、２００５年
（＊3）渋谷・屋根裏、2月26日、１９８１年
（＊4）同じく″アヴァンギャルドとキッチュ″より
（＊5）『ＤＵＢ論』、p.256、マイケル・Ｅ・ヴィール著、森本幸代訳、サンクチュアリ出版、２０１０年。
（＊6）ダディ竹千代『証言！日本のロック70's』、アルテス・パブリッシング、２００９年
（＊7）『ＤＯＬＬ』１９８１年2月号
（＊8）１９８１年屋根裏2月26日
（＊9）１９８７年、筆者によるインタヴュー。
（＊10）『神の国』、アウグスティヌス、日本基督教団出版局、１９６８年
（＊11）同掲書
（＊12）『ＤＯＬＬ』１９８１年2月号

荏開津広（えがいつ・ひろし）
執筆／ＤＪ／京都精華大学非常勤講師、立教大学兼任講師。東京の黎明期のクラブでＤＪを開始、以後ストリートカルチャーの領域で活動。最近はThe Million Image Orchestraに参加。Port B『ワーグナープロジェクト』フランクフルト公演音楽監修、英ＢＢＣに選ばれた１０８人の批評家の1人として″The Greatest Hip Hop Songs″投票に参加。カミーユ・アンロ映像作品翻訳。

AKEMI EDO / INTERVIEW

# 江戸アケミ　1989

１９８０年代の東京の子供たちにとってパンクは大きかった。大企業が大量生産したプロダクトにまみれた毎日、親や学校やテレビや政府が与えてくる決まりきった人生観から離れ異なった経験と価値観についての、数少ないローカルかつグローバルなアートの世界。親の目を忍ぶよう、また親と疎遠な子供たちが互いに電話で連絡し約束し夜の都市に既成でない夢を探しに出た。なかでも、ダンスの切実さを当時のパンクの少年・少女に教えたのはじゃがたらだ。

学校に通っていたが音楽について書く真似事を始めた頃にアケミさんとＯＴＯさんに何回か会って

## 江戸アケミ世相を斬る——もしくは浅草珍道中

インタヴュー・文　荏開津広

JAGATARAの江戸アケミに会う為に僕と編集者は浅草へ行った。まあ季節も春なわけだし、江戸アケミと舟に乗りながらインタヴューしようと考えたのだ。とはいっても、アイデアを出したのは勿論僕ではなく江戸アケミその人であり、編集者の手にはこれもやはり江戸アケミ発案のサントリー・ホワイトが握られていたというわけだ。昼間から酒を持って舟に乗って花見。いいじゃないですか。僕は結構この仕事にのっており、のんびりと浅草の春を楽しむつもりだったのである。今回は、そうした一見遊びにみえるなかから、江戸アケミの深い人間性をＤＯＬＬの読者に向けて探っていこうと思ったわけだ。たまにはいいでしょう。こういうのも。

ところがまず最初に、僕は遅刻をしてしまっていた。しかも三十分弱。というよりも、待ち合わせの場所のズレで江戸アケミを発見出来ずにずるずると時間がたってしまったというわけなの話を聞いた。アケミさんとOTOさんは自分にきちんと一人前に接してくれただけなく、話を聞く間に何回も音楽について真剣に考える材料やヒントをくれるような、数少ない、本当に素敵な大人の人たちだった。無知な子供相手にもいい加減に躱さない！　いつもすごく優しかった。

ここで再録した記事はそのなかで最後のもの。OTOさんは来なくてアケミさんと話した。この時アケミさんは寂しそうで、インタヴューが終わったら服を買いに行くのに付き合ってと誘われたけど、なぜか行かなかった。しばらくしてアケミさんはこの世からいなくなった。自分はなんて冷たい馬鹿だろう。

日本の音楽について、じゃがたら以前／以後という考え方があると思う。グローバルに音楽の趨勢がロックからダンスへ移行したのはもちろん、2010年代以降にアフロビートやレゲエやラテンがバンドから無数のラッパーまでに与えた影響がある。OTOさんはギタリストゆえ当時のロックの音

だが、J・BRUNCHの和田サン及び江戸アケミ先生には本当に申し訳ないことをしたと思っている。そして、インタヴューの曜日が土曜日ということもあり、遊覧舟はけっこう混みあっていた。これが遅刻につづいてふたつめのアクシデントである。混んでいる舟ではのんびり出来ないではないか。そこで僕達は予定を変更して、舟着き場の横で働いている青木さんと寿司でも食べながら、アケミを囲んでお話しをすることにする。（因みに青木さんは音楽業界とは関係のない人である）青木さんの戦争体験、色々なことをした職業の話、女性、ギャンブル……。青木さんはアケミの大切な友人の一人であるらしく、サントリー・ホワイトも実は青木さんのために買ったもののようだ。お酒は仕事が終ってからだ、とそれでもホワイトを嬉しそうに受けとる青木さん。そうして僕も、編集者も、カメラマンも、和田さんも時を忘れて、アケミと青木さんを囲んでの語りあいに参加する……わけには勿論いかなかったのである。

「音楽だってなんだって、人が創作してる活動はやっぱりロマンだと思うな。まー、恥かしい言葉だけどなあ。ロマンだよ。夢だよ。夢と幻想の違いがあるなあ。夢っていうのはねえ……もっと文学的な響きがあるなあ、更にいえばポジティヴなこともあるし、ロマンがある。でも幻想は違うんだよな。幻想は人を歪曲して伝えるわけだよなあ。例えば、ミック・ジャガーの事を〝悪魔の申し子〟とか言うのは幻想だろう。中沢新一とかがよう、ローリング・ストーンズは文化をつくっただとか言うけどよ、言ったらしいけどよ、ローリング・ストーンズは文化もつくったかもしれないけど、幻想もつくってんだよ。もし文化をつくったんなら、ミック・ジャガーはオルタモントのコンサートであんまりオロオロしねえぞ。あいつはオロオロしたろ？　キース・リチャーズはクールにキメてたけど、ミック・ジャガーが止めてくれ止めてくれって、あれが悪魔の申し子かって！　だからミック・ジャガーのこと好きな奴はオレはあまり好きじゃねえな。キース・リチャーズの方がカッコいいぞ。イカしてるよ。ジョン・レノン。イカしてるよ。裕也さん。イカしてるよ。ボブ・マーリー、イカしてるじゃん。なんでそれを神様って呼ぶのかオレ判んねーんだよなあ。特にメディアに限って（とここで僕を見たような気がする）そういうこと言いたがる

楽家の抱える後進性・無自覚さへの文句も多かったが、彼の遥かに先にいっていたアイデアの一つはようやく最近形になったか（Ｖ・ウィークエンド、ジ・インターネット？）。この時代、夢見る東京の可能性を見せてもらった子供の一人、自分はじゃがたらを（実はミュート・ビートも）ポップの世界的な歴史へつながっていると書いてきたし、これからも書いていきたいです。

だろ。だからオレはメディアを信用しねえんだよ。昔リザードのモモヨがはやった頃はよー、ＤＯＯＬＬなんかよー、ＤＯＬＬなんかみんなでモモヨとかスピードとか持ち上げてよー。だからオレは幻想つくらないようにしているもの。幻想つくろうと思ったら簡単だよ。オレみたいなキャラクターだったら、黙って座ってればいいんだからな。なあ。オレそれ嫌だもん。そんなことで有名になったっていいメーワクだから、オレは〝ナンノコッチャ〟って言うんだよ。JAGATARAが一体なんぼのもんですか？　ＲＣサクセションがなんぼのもんですか？　サザンオールスターズがなんぼのもんですか？　ユーミンがなんぼのもんですか？　なんぼのもんじゃい！　一体。日本のロック全てが何のこっちゃいなんだよ」

「それでいいタイミング見はからって原発反対だろ。なんのこっちゃいだよ、日本のロックは。JAGATARAは幻想つくろうとは全然思ってないよ。全然。オレは全然そんなことないよ。幻想つくろうと思ってるのはオトだろう。だからあんまりオトと一緒にインタヴューしねえんだよ。もし、してもマジな話をしねえんだよ。口では言わないけどな。幻想をつくる人はなあ、玄宗皇帝って言ってなあ、楊貴妃の亭主だからなあ。（これはダジャレだ）」

「（隣のテーブルに座ってる女性のグループを見ながら）あんまり美人がいないなあ、うーん、オレは正直だからなあ。……うーん、オレ六本木に行くと吐き気がするからなあ、あんまり行かないんだけど、マッド・スタジオがあるからなあ。帰りはみんながさあ、喫茶店行こうって言うけどオレ行かないもん。六本木だけは嫌い。原宿、渋谷とかまだ許せるけど、六本木だけは嫌い。カフェ・バーとかあるじゃん。六本木に。ビール一杯八〇〇円取るじゃん。カフェ・バーってもともとフランスのものじゃん。で、オレ、フランス行った時にカフェ・バー入ったけど、コーヒー一五〇円だよ。ビールが二五〇円なんだよ。なんで日本のカフェ・バーがそんなに高い金をとるんだよ」

「それだったらオレはJAGATARA止めるって言ったんだよ。オレはトラブル・ファンクじゃないんだよ。だからオトはアフロ・ファンクで統一したがってたよ。まとめにはいるな。オレはまとめるのはあんまり好きじゃないから。だから今度のLPでもあんまりまとまり過ぎたんで最後に〝Hey Say!〟を入れたんだよ。うん。あれなんか一発録りだよ。歌かぶせただけだよ」

「やっぱ一発録りいいもんねー。うん。」とこれは和田サンだ。

「マッド・スタジオでさ、DATでカラオケをみんなで一発で録ったんだよ。それに歌をかぶせたんだよ。あれ聞いたか。オレ痛烈な皮肉言っちゃったんだけど、まあそれにも賛否両論なんだよ。最近は皮肉言っても賛否両論だよ。まあな、メジャーいってもたいしたことないじゃん。売れたって一万五千ぐらいのもんだろ？　でさ、カッコイイ服着てよ、そいでミュージシャン面するなって言いたいよ。どこで泉谷サンがイキがってミュージシャン面してるんだよ。ミュージシャン面してんのはチャーミーとかあのへんだろう。あとストリート・スライダーズだろう」

「ミュート・ビート、フールズ、あと山口富士夫とティアドロップスとか。まあ、それぐらいじゃないの？　いいバンドはさ。あとのバンドは時代が変ればコロコロ変りやがってさ」

「けど、オトと一緒にやってるのはいいことよ。あんまりバラバラでもなあ。誰かがまとめにはいらないとなあ。エビーみたいな奴もいなくちゃいけないし、ナベちゃんみたいな奴もいなくちゃいけないんだよ。JAGATARAにはね。オレみたいに全部言いたいこと全部言ってやるっていうタイプがあるわけよ。オレはね、JAGATARAなんて究極を言えばね、どうでもいいことだよ。究極を言えば一人一人がロックンロールをするんだよ。一人一人がアーティストになる。けどまだ日本のバンドはダメだね。JAGATARAがそうなったらさ、自動的に客が増えるよ。けどまだダメなんだなあ。けどオレも17年音楽やってるからな。食いたいよ。けど10億円くれたらすぐ音楽止めるけどな」

で何をつくるんですか？

「まずは寺子屋をつくる」

『DOLL』1989年6月号

# JAGATARAと1980年代

磯部涼

１９８６年、江戸アケミは精神疾患による2年半に及ぶ闘病生活を経て、療養先だった故郷＝高知からJAGATARAのメンバーが待つ東京へと戻った。そして本格的に活動を再開したバンドにとって、時代の変化との関係を調整する役割を果たしたのが、その年の9月に行われた〈東京ソイ・ソース〉だ。江戸という中心を失った間もバンドをじゃがたらⅡ世として暖めながら、他のアーティストとも交流を続けていたメンバーのＯＴＯが、当時、HOT BOMBOMSを率いていたs-kenと共に企画したイベントである。s-kenは70年代後半にFRICTIONやLIZARDが参加したロック・コレクティヴ〈東京ロッカーズ〉の発起者で、その後、83年に編集した書籍『ニュー・スタイル・パック　PiNHEAD FOR SUPER MODERN BOYS & GIRLS』では、新世代の象徴として知る人ぞ知る存在だった藤原ヒロシを公に初めて紹介した。同書では渋谷～原宿エリアの服屋や遊び場を網羅した地図にワンピースとスーツのイラストを重ね、「原宿・渋谷はオッきなショー・ウインドゥ」とキャプションが付けられている。江戸が遠く離れた自然豊かな土地で静養している間に、東京のサブカルチャーのモードはニューウェイヴからクラブ・カルチャーへと、街は更に高度な消費空間へと変容していた。

『PiNHEAD』で〝自由人〟と名乗っていた藤原は、クラブで〈ワールズ・エンド〉を着てブレイクダンスを踊り、DJとして誰よりも早く最新の12インチ・レコードをかける消費のプロフェッショナルであり、この季節を象徴する存在だった。

江戸の活動休止以前、JAGATARAが暗黒大陸じゃがたら名義で82年5月に発表した1st『南蛮渡来』は、刺々しいギターの音色が耳に残るニューウェイヴ・ファンクだ。また、〝暗黒大陸〟なる看板に象徴されるように、そこには60年代のアングラの空気の残余が、薄暗さと混沌があった。実際、初期のJAGATARAは江戸のエログロなパフォーマンスで注目を集めている。やがて80年代が進むにつれ、それまでニューウェイヴのいち要素として聴かれていたヒップホップ、ダンスホール・レゲエといったインナーシティや〝第三世界〟の新たな音楽、そのものに注目が集まっていく。ヒップホップは放火が横行して焼け野原のようになったサウス・ブロンクスのブロック・パーティで、ダンスホール・レゲエは政治情勢が極めて不安定だったキングストンの野外パーティで発展したが、東京においてその翻訳作業は、ディスコに代わって登場した〝クラブ〟と呼ばれる真新しく都会的な空間で行われた。

日本初のクラブと位置付けられているのは、『南蛮渡来』発表と同じ82年、原宿で開店した〈ピテカントロプス・エレクトス〉だ。前述の『PiNHEAD』では「いまや原宿の〝顔〟になりつつある〈ピテカン〉。その実体はナイトクラブ兼レストラン兼ライブハウス兼ギャラリーと、全然絞りきれない。とにかく原宿の、というより東京のファッション最前線といっていいお店だ。当然、客もそれ風で、思わず〝ナウい！〟といいたくなる人達が、ナイトクラビングを楽しみにやってくる」と紹介されている。〈ピテカン〉を実質的にプロデュースしたのは桑原茂一と中西俊夫。前者は初代・日本版〈ローリング・ストーン〉誌編集者を経て、81年にはコント・ユニット＝スネークマンショーとして細野晴臣のプロデュースの下、日本初のラップ・ソング「ごきげんいかがワン・ツゥ・スリー」を制作。後者はニューウェイヴ・バンド＝プラスチックスを経て結成したメロンの、82年のニューヨーク・レコーディングで現地のヒップホップ・カルチャーを目の当たりにし、TYCOON TO$Hとしてラップも始める。そのように〈ピテカン〉はロック／ニューウェイヴからヒップホップへ、という流れを体現していた。

一方、〈東京ソイ・ソース〉は、S-KEN & HOT BOMBOMS、TOMATOS、MUTE BEAT、そしてJAGATARAによるイベントで、88年までに5回行われた。レギュラーはいずれもバンドだが、アメリカ大陸のみならずカリブ海地域やアフリカ大陸の音楽を独自に翻訳するスタイルで共通していて、そこには当時のクラブ・カルチャーとの同時代性があった。そもそもMUTE BEATは〈ピテカン〉のいわゆるハコバンだったし、タイムテーブルではライヴの合間にDJが組み込まれ、ゲストもTINNIE PUNX（高木完&藤原ヒロシ）、いとうせいこう、ＥＣＤ、ランキン・タクシーなど、ヒップホップやダンスホール・レゲエのアーティストがブッキングされた。〈東京ソイ・ソース〉はそれまで泥臭いイメージで捉えられていたJAGATARAを、新たなイメージでプレゼンテーションする舞台になっただろう。しかし、ＯＴＯによると江戸はこのイベントにあまり乗り気でなかったという。「〝接点は何もない〟って僕に直接言ってた。ミュート・ビートは好きだけど、（略）ソイ・ソースは雑誌では、新しい動きとか、新しい流れみたいなふうに言われたことがあったから、アケミはそういう言われ方に対して、ちょっと反発する部分があって」(陣野俊史『じゃがたら』)。

江戸は『南蛮渡来』の第一声「あんた気にくわない」から一貫して、日本社会に対する苛立ちを歌い続けた。あるいは「都市生活者の夜」や「つながった世界」といったダンスフロア・アンセムではリズムに救いが求められた。それが例えばファンカデリックの「ワン・ネイション・アンダー・ア・グルーヴ」と違うのは、江戸の言葉はリズムに浸るにはゴツゴツし過ぎているということだ。もちろんそれもまた彼の「お前はお前のロックンロールをやれ」という個人主義を表していただろう。JAGATARAの音楽の独自性は強烈なリズムと、しかし没頭することを許さない江戸の言葉との摩擦から生まれる歪なグルーヴにこそあった。江戸が東京に帰ってきた年の終わり、地価は高騰を始め、日本はバブル景気に突入する。〈東京ソイ・ソース〉の主な会場となった〈インクスティック芝浦ファクトリー〉は未曾有の好景気によって開発が進んだいわゆるウォーター・フロントに建っていた。そもそも日本のクラブ・カルチャーの背景となっていたのも消費社会だった。江戸にとってそれは紛い物に見えたことだろう。一方、彼が好んでいたのは例えば日雇い労働者が集まる横浜・寿町のフリー・コンサートだったそうで、「ウォータフロントがブームになったりしているだろ。たしかに設計した奴の才能もあるかもしれん、でもな、建物を造っているのは誰だ？そこで働いてたおっちゃん達だぞ、そのことを忘れたらいかん」(同前)という言葉も残している。実際、復帰後の江戸は肉代労働に従事しながらバンドをやっていたという。しかし、様々な国のリズムを取り入れながら豊かになっていったJAGATARAの音楽性はワールド・ミュージックのブームともリンクしており、消費社会ならではのものであった。江戸はその矛盾による摩擦で次第に磨り減っていってしまったのかもしれない。

もちろん、当時のクラブ・カルチャーのアーティストがただ消費するように異国の音楽をコピーしていたかというとそんなことはない。例えば、いとうせいこうが86年に発表した「東京ブロンクス」は廃墟と化した東京を彷徨うラップ・ソングで、そこでは実際に焼け野原になっていたヒップホップの生誕の地＝サウス・ブロンクスと、消費都市＝東京がねじれた形で重ね合わされている。また、ビートを手掛けたヤン富田は、JAGATARAの89年のメジャー・デビュー作『それから』にスティール・パン奏者として参加しているが、同年、再びいとうと組んでつくったラップ・アルバム『MESS/AGE』は消費社会に対する批評性に満ちた作品だ。他にも、MUTE BEATはこの国の風土でしか生まれ得ないレゲエを奏でた。そのメンバーで江戸とも親交が深かったトランペット奏者のこだま和文は、近年のライヴでJAGATARAの「タンゴ」を噛み締めるようにカヴァーしている。

江戸がこの世を去った翌年にバブル景気は終焉を迎え、日本の経済は出口の見えない低迷期に入る。その中でJAGATARAの音楽は受け継がれていったのだろうか。00年代も終わり頃になって江戸の声を頻繁に耳にするようになったのは、ceroのライヴに通い始めたからだった。「クニナマシェ」の「ヤラセロセロ」というリフレインが〝cero〟に聞こえるというので彼らが出囃子に使っていたのだ。それは単なる駄洒落だったのかもしれない――しかし江戸は大の駄洒落好きである――が、ceroは15年の3rd『Obscure Ride』辺りからファンクに影響を受け始め、18年の4th『POLY LIFE MULTI SOUL』ではアフロ・ビートを取り入れる。そこに乗る髙城晶平のヴォーカルは江戸とは違う優しげなものだが、ダンス・フロアで踊っている内に自分と他人との境がなくなっていくような感覚を歌うアルバムの最後に収められた表題曲には、「都市生活者の夜」と少し似た雰囲気があるかもしれない。また90年代以降、いわゆる〝J-ROCK〟が海外の音楽を参照しなくなりガラパゴス化していったのに対して、ceroの音楽性の豊かさは80年代のクラブ・カルチャーを受け継いでいる。しかし彼らにしても、〝東京〟と〝ブロンクス〟の関係がストレートに繋がっているような若いラッパーたちの楽曲にしても、今の日本において江戸のように孤立を志向する表現は少ないように思える。それはそうだろう。音楽もまたソーシャル・ネットワークと不可分なものとなっているのだから。翻って言えば、その中でJAGATRAの葛藤はとても生々しく響く。

磯部涼（いそべ・りょう）
ライター。主に文化と社会の関わりについて執筆。単著に『ルポ川崎』（サイゾー）、編著に『踊ってはいけない国、日本――風営法問題と過剰規制される社会』（河出書房新社）、共著に大和田俊之、吉田雅史との『ラップは何を映しているのか――「日本語ラップ」から「トランプ後の世界」まで』（毎日新聞出版）などがある。『文藝』（河出）にて「移民とラップ」、『新潮』（新潮社）にて「令和元年のテロリズム」を連載中。

別冊 ele-king じゃがたら――おまえはおまえの踊りをおどれ

正誤表

| | | | |
|---|---|---|---|
| P17 | 1段目 | 4行目 | （誤）大西ユカリ →（正）ユカリ |
| | | 12行目 | （誤）「虹色のフィナーレ」→（正）「虹色のファンファーレ」 |
| | 2段目 | 8行目 | （誤）渋さしらず →（正）渋さ知らズ |
| P10 | 2段目 | 12行目 | （誤）山崎晴美 →（正）山崎春美 |
| P118 | レーベル名 | | （誤）Balcony →（正） 1リットル RECORDS |

このたびは、関係者の皆様に大変なご迷惑をおかけいたしました 。

ここに訂正し、お詫び申し上げます。

ele-king 編集部

# 『それから』のそれから

古川 日出男

これから私は幾つかのことを書く。その前に幾つかのことをはっきりさせておく。じゃがたらのアルバム『それから』は一九八九年四月二十一日に発売された。しかし、たぶん「平成元年四月二十一日に発売された」と書かなければならない、なぜならば最終トラックが『ヘイ・セイ！(元年のドッジボール)』だから。そして、『それから』というアルバムを何年かぶりに聴き直している私は、この原稿を書いている現在、二〇一九年十一月二十九日にいて、それだって「令和元年十一月二十九日にいる」としなければならない、とはわかっている。

私は、昭和が終わり、平成が始まった年に発売されたアルバムを――ただのアルバムではない、じゃがたらのメジャー・デビュー盤だ――平成が終わり、令和が始まった年に聴き直して、感動的に慄えたし、絶望的に感動した。

おおかたの人間は忘れてしまったと思うし、また、その時代に生まれていない(もしくは「物心がついていない」)人間も多いので、以下のこともはっきり記す。昭和から平成への改元と、平成から令和への改元では、そこで「起きた(随伴した)こと」が異なる。前者の改元は、昭和天皇が一九八九年／昭和六十四年に逝去したゆえに為されたのだし、そのような〝死〟は今回はない。あった前回には、いかなる事態が追随したか？　娯楽の自粛、というのが生じたのだった。盛り場から音が消えた。あの日のあの夜は、本当に「(あらゆる)音楽が(繁華街という)繁華街から消えた(消された。流すことを〝否定〟

された」のだ。私は当時、新宿に暮らしていたので、正直言って愕然とした。この静寂、静粛、……自粛はなんなのか？　ただただ恐ろしかった。

そんなふうに「音のない世界を生んだ」改元の年に、じゃがたらのこの『それから』はドロップされた。

それは忘れてはならない事実だ。

あるいはまた、じゃがたらの『それから』はＣＤ形態でリリースされたのだが、このＣＤのジャケットの裏面には〝税込定価〟と〝税抜価格〟というのが併記されていて、それを現在のわれわれは「当たり前だろう？」と感じてしまうかもしれないが、この国で消費税がスタートした（とは、この国税が「導入された」ということだ）のは一九八九年／平成元年四月一日だった。だから、仮に前月までにリリースされていれば、ＣＤ『それから』にはそんな二重表記は載らなかったのだ、とはっきり言っておく。ちなみに消費税率は、この時、三パーセントだった。

で、私は何が言いたいのか？　私は、他人から「音楽は『時代の産物』なのか？」と問われれば、「『そうだ』と答えるしかない」と答える、と、そう言いたいのだ。そして、私の個人的なジャッジ（の軸）においては、1、歌詞が時代に属し（時代に殉じ・時代に消費され）、2、サウンドはそんな属し方から跳躍＝逸脱し終えている、という音楽が、桁外れに「正しい音楽」なのであって、じゃがたらの『それから』は桁やタガが外れて正しい。

もちろん『それから』のサウンドには（にも？）時代性は貼りついていて、ただ……ただ、どうしてなのだろう？　何かが徹底的に突き出ている。たとえば、コーラスの天国性。たとえば、ほぼ全篇においてビートが、叩きつけはするのだけれども、どうしてもその〝叩き方〟が扉のノックに聞こえる、という優しさ。ノック、ノックノック、ノック。「（おい、リスナーのあんたは、そこに）いるんだろう？」と尋ねるような、どうにも形容しがたい親密さ。このアルバムのリズムは、もちろんファンキーと形容するのが妥当だろう、それはわかるのだが、私にはいっさいが〈オノマトペの音楽〉だと感じられた。そのように定義できるのだ。で、もしも他人から「おい、いったい〈オノマトペの音楽〉ってなんだ？　と問われたら、私は「それは『リズムの体現』だよ、全的な『リズムの体現』なんだよ」としか説けない。が、しかしながら、日本語というものの最大の特性がオノマトペ（擬音語・擬態語）にあるのであって、他の言語には——あることはあるが——これほど極度には現われない、との言語学的見解を援用すれば、私は、たとえば江戸アケミがアルバム二曲めの「GODFATHER」にて、「蛇の道はヘヴィ」と歌ってしまっている時に、「ああ、これぞ〝究極〟なんだよ。これはもうライムだのなんだの、ヒップホップ・マナーだのなんだの、そういうんじゃない。これはつまり〈オノマトペの音楽〉だ」と言い切りたい。

私は、ＣＤの帯というのは捨てない人間なので、そこに書かれている惹句をいま確認できる。ＣＤ『それから』の帯には、表面に「ハルマゲドンをぶっ飛ばせ！」とあるのだ。そして、アルバム作品『それから』の核を成すのは五曲めの「つながった世界」だと私は断じるのだけれども、この曲の英題は〝FUCK OFF!! NOSTRADAMUS〟である。帯の惹句とこの曲は、それゆえ共振する。

私は、あと一つだけ、忘れてはならない事実をここに挿入させてもらう。おおかたの人間は忘れてしまったと思うが、かつまた、その時代に生まれていなかった人間には「そんな馬鹿な」と思われるだろうが、ノストラダムスやハルマゲドン（世界の終末）というのは真に呪縛だった。あの当時、そうだった。そうでなければオウム真理教などという宗教団体が登場して「ハルマゲドンの実現のため」に日本の人口のけっこうなところを殺そうなどとは画策しなかったわけだし、私はいま、オウム真理教の小説を書いているのだけれども（私は作家だ）、そんな小説をこんな四半世紀も経ってから書こうとしたり、書いて足掻いたり、なんて事態は生じなかった。そして、私は、『それから』リリースの翌年の一月、その頃の私はまだ二十三歳で、しかし世界情勢が気になりつづけていて新聞を取っていて、私が購読していたのは読売新聞なのだけれども、その社会面に、江戸アケミの訃報、というのを見つけて、衝撃を受けた。それは、「じゃがたらのボーカリストの死が、読売の社会面に載る」ことの重みであったし、あとはなんとも言えない。あとは、たぶん、「終末が……」という絶句で書き留めるしかない。

記述をもとのレールに戻す。帯の惹句――ハルマゲドンの否定（拒絶、「まっぴらごめん！」）と、楽曲『つながった世界』は共振する。共振して、どうしたか？　何を惹き起こしたか？　とても具体的な現象を随伴させた。このアルバム『それから』がリリースされた三十年もの歳月の後に、聴取している私を泣かせた。波音のＳＥから始まる曲は、ゆうに八分を超えて続き、その〝続き方〟は永遠に継続・持続するのだとも感じさせ、それは「正しい音楽」であることの条件の、その2、に当て嵌まるのだけれども、同時に歌詞もまた永続感を孕んだ。条件のその1、の「歌詞の時代性」というものが、この定義をまっとうしながら反転した、反転するのだった。江戸アケミは、この『つながった世界』内で、言う、歌う、「今が最高だところがって行こうぜ」と。

私は、江戸アケミはそう歌ったのだ、と書けば、じつのところ満足する。私は、それだけが書きたかった。

古川日出男（ふるかわ・ひでお）
小説家、劇作家。１９６６年福島県生まれ。『アラビアの夜の種族』『ベルカ、吠えないのか？』『聖家族』『ミライミライ』等、著書多数。『平家物語』の現代語訳なども手がける。この「じゃがたら」論考内で触れた〝オウム真理教の小説〟とは、文芸誌「新潮」２０１９年10月号に２００枚一挙掲載された『曼陀羅華Ｘ　１９９４-２００３』を第1部とする巨篇で、第2部は同誌に２０２０年の早い段階から連載開始となる予定。

YASUO YAGI / INTERVIEW

ヤギヤスオ

アケミの詞はすべてロマンだったと思うよ。
アケミが聞いてたら照れるだろうけど（笑）

じゃがたらファンがヤギヤスオから思い浮かべることは、作品のアートワークも然ることながら、『家族百景』や『君と踊り明かそう日の出を見るまで』の解説や、再々発盤『南蛮渡来』のブックレット「黒い種馬」の監修のことだ。言うなればヤギは「もう一人のじゃがたら」だった。そんなヤギに会いに、初秋の山中湖畔へクルマを飛ばした。写真でもわかるように、そこは山の奥に少し入ったところにある山小屋で、入るとすぐ脇には薪ストーブがあった。家のなかは暗く、壁一面に大量のCDと本が並んでいる。それから犬が一匹、ベランダで寝そべっている。「清志郎の曲で、そんなのがあったじゃない。山のふもとで犬と暮らしているっていう。ちょっと憧れもあったんだよね」と白髪の芸術家は笑った。

——ヤギさんとじゃがたらの出会いは『家族百景』のアートワークを依頼されたことがきっかけだったんですよね？

**ヤギヤスオ（以下、ヤギ）**　仕事としてはたしかにそうなんだけど、実はそれ以前に会っているんだよ。かつて新宿ゴールデン街にハバナムーンという呑み屋があって、そこのケイコってママが「天国注射」というライヴ・シリーズを企画してたのね。もう絶版だけど東映からヴィデオも出てる。（『回転禁止の青春シリーズ 天国注射の昼 ライヴ・イン日比谷野音1983.8.21／9.17』）

——ケイコさんには、2008年の10月、「天国注射」が復活した時にインタヴューさせてもらいました。

**ヤギ**　そうなんだ。オイラは一回目から出演しているんだよね。ちょっと待ってて、資料を用意するから。（CDショップさながら

壁一面に整然と並べてある膨大な数のCDの中から1枚のCDRを取り出す）これはもともと非常階段の美川俊治くんが録音したものなんだけど、1980年新宿ACBだね。灰野敬二、白石民夫、竹田賢一、八木康夫。オイラはギターを弾いた。

——すごい面子ですね。インプロですか？

**ヤギ**　そう、インプロで。竹田さんに「ギター弾かないか」って誘われて。人前で演奏したことはなかったんだけど、面白そうだなと思って引き受けた。灰野くんが不失者をやっていた頃で、久しぶりに人前で演奏をするという日だった。それで、この演奏の最中に突然全裸の男が乱入してきて、マイクに額を打ちつけて血を流しながらステージを転がり回っていたの。それが江戸アケミ。流血パフォーマンスをやってた時代だよね。だから、アケミとの出会いはこのとき。ギターを弾いているオイラの足元で、全裸になって血を流しながら転がっていた男。「これがじゃがたらのヤツか」って。はっきり言って好きじゃなかったよ。まだOTOが入る前のことだね。ケイコからはこの頃の話も聞いているの？

——はい。ケイコさんはハバナムーンをやる前はイベンターとしてキャンディーズのコンサートも手がけていたって。

**ヤギ**　そうなんだよ。ハバナムーンはキャンデーズの後楽園の解散コンサートの売上を元手にできた店なの。実質的な経営者はスタッフギャングというイベンターをやっていた尾身さんという人で、ケイコがママだった。吉祥寺マイナー周辺のミュージシャンとか、北方舞踏派や麿赤兒の大駱駝艦をはじめとした舞踏系の人たちとか、高杉弾、山崎晴美の『ヘヴン』『ジャム』系の人たちとか、80年代初頭の東京アンダーグラウンドのアーティストが集う店だった。

——OTOさんが初めてじゃがたら（LAST TANGO IN JUKU／HEY SAY）を聴いたのもハバナムーンだったそうです。

**ヤギ**　そんな店が実はキャンディーズの解散コンサートの売上でできたという（笑）。その数年後にオイラはスタッフギャングに居候することになる。それは天国注射の企画にも関わっていた松尾由紀夫という男が、作詞家としてスタッフギャングに引っ張られたことがきっかけだった。松尾は主に安全地帯の作詞とかしてたんだけど、その松尾がアートディレクションもできるデザイナーを探していて、オイラに白羽の矢が立ったんだよね。だから、ハバナムーン、スタッフギャングを舞台に色んな人脈が生まれた。尾身さんはキャンディーズのミキちゃんの旦那さんでもある。

——キャンディーズは日本のアンダーグラウンド・カルチャーに大きな貢献をしているんですね（笑）。

**ヤギ**　フールズの『Weed War』のジャケットはスタッフギャングで作ったからね。打ち合わせから何から全部やった。当時スタッフギャングは渋谷の桜ヶ丘にあって、OTOも渋谷に住んでいたから、じゃがたらの打ち合わせでも夜中によく使ってたよ。アケミと初めて話したのはハバナムーンだった。電話だったけど、ケイコがオイラに「どうしても紹介したい男がいる」って。それで電話を代わって「やぁ」みたいな感じで雑談して。その後に『家族百景』のアートワークを頼まれたから、82、83年の頃の話だよね。

——ヤギさんから見て江戸アケミはどんな

人物でしたか。

**ヤギ**　初めて会って話をしたのは『家族百景』の打ち合わせのときだよね。そのときの様子は『家族百景』の解説にも書いたけど、市ヶ谷の喫茶店でOTOとナベとアケミの3人と会った。けど、すぐに宴会になっちゃうから、全然打ち合わせにならなかったんだよ（笑）。よく電話でも話をしたね。まだ黒電話の時代だよね。最初はライヴのときのようなテンションで話をしてくるんだけど、だんだんと素の江戸アケミにもどっていくような感じで。するとすごく穏やかな話し方になるんだよね。ステージの上でアジってるときの男っぽい攻撃的な感じではなくて、どちらかと言えば女々しいぐらいの、すごく穏やかな語り口になるんだよ。見た目に反して両性具有的な要素をアケミは持ってたんじゃないのかな。そんな気がするんだよね。

――なるほど。自分のなかのフェミニンな部分が、アケミさんにとってある種のコンプレックスになっていたのかも。だから、あえてマッチョに、生きたシマヘビを食いちぎったりナイフで額を切ったりするような過剰なやり方で、それを解消しようとしていたのかもしれませんね。そもそもアケミって名前がキャバレーの源氏名じゃないですか。歌詞にも「オカマのジョニー」とか出てくる。あれも、いわゆるゲイを指しているというよりは、自分のなかの両性具有的な部分を指していたんじゃないかって、いまのヤギさんのお話を聞いて思いました。

**ヤギ**　その辺のことは誰かが分析してくれたら面白いと思うよね。奥さんだった弥生さんとの関係にしても、男なら誰しもそういう部分ってあるじゃない。たまたま男という性でこの世に存在はしていたけれど、両性具有的な要素って太古の昔から誰しも持ってるものだと思うから。オイラはアケミからそういう部分を垣間見てたんだよね。見た目はプロレスラーみたいなゴッツイ感じだったけど。アケミが亡くなってベスト盤『西暦二〇〇〇年分の反省』を作るときに、メンバーみんなのガキの頃の写真を集めたんだけど、見るとどの写真もほんと可愛いんだよね。それはアケミに限らず、清志郎であれどんとであれ、みんなそういった部分はあったと思う。無意識だったにせよ。そう、ロマン……。アケミの詞はすべてロマンだったと思うよ。メンバーとの関係からお客さんに対する接し方から、そのある種独特なアケミならではの温もり感はロマンだった。アケミが聞いていたら照れるだろうけど（笑）。ロマンチストとはちょっと違うな。

――ヤギヤスオと言えばじゃがたらのアートワークのイメージが強いですが、細野晴臣さんの『TROPICAL DANDY』のイメージも強いですよね。

**ヤギ**　オイラのレコード・ジャケットのデビュー作品が、細野さんの『TROPICAL

> たまたま男という性でこの世に存在はしていたけれど、両性具有的な要素って太古の昔から誰しも持ってるものだと思うから。オイラはアケミからそういう部分を垣間見てたんだよね。見た目はプロレスラーみたいなゴッツイ感じだったけど。

BEST
OF
JAGATARA

Welcome

「日本人って暗いね」なんだよ。嫌韓問題から何から本当に酷いじゃない。陰湿で。右と左が互いに足を引っ張りあってさ。だからいまね、じゃがたらの曲で一番刺激されるのは「でも・デモ・ＤＥＭＯ」。

DANDY』だったということはオイラにとってすごく大きな意味があったと思う。ラッキーだった。細野晴臣の代表作としていまだに語り継がれる作品だから。音楽は聴かないとわからないけれど、ジャケットは作品の顔としてつねに表に出るから得なんだよね。その後に『泰安洋行』もやらせてもらって、同時期に矢野顕子さんの『JAPANESE GIRL』のアートディレクションをやらせてもらった。絵はペダル・スティール・ギターの駒沢裕城さんだったけど。久保田麻琴と夕焼け楽団のジャケットもやった。だから本来ね、デザイナーとして稼げるニューミュージック系に流れてもおかしくなかったんだよ。ところがね、じゃがたら方面に行ってしまった（笑）。時代は70年代後期で、オイラも若者だったから、パンク、ニューウェイヴに心を奪われてしまったんだよね。そうすると、ニューミュージックってかったるいじゃない。同じ時期にオフコースのジャケットを頼まれたこともあったし、さだまさしの話もあった。全部断ったんだけど、それやってたらまた違ったんだろうなぁって。面白いじゃない、実績としても。

――では次に、ヤギさんが監修された「黒い種馬」についてお聞かせください。

**ヤギ** 「黒い種馬」は『南蛮渡来』の再々発売の付録でつけたブックレット。バルコニーレコードから出したんだけど、オイラはアートディレクターとしてバルコニーレコードの創設メンバーでもあったんだよね。当時芝浦にあったオイラの部屋にアケミとＯＴＯが来て、3人で3日ぐらいで一気に作った。写真切り貼りして。アケミが亡くなった後、いろいろな人たちがじゃがたらについて語るものが出てくるけれど、これはリアルタイムにアケミも一緒になって作ったものだから。そういった意味で、他のものとは全然質が違うんだよ。すごく大きな意味がある。アケミとＯＴＯに直接話を聞きながら、オイラが文章を入れていったんだけど、これは作っておいて本当によかったなと思っているよ。

――本書制作のそもそものきっかけというのが、２０２０年1月27日に開催される江戸アケミ没後30年のイベントにあるのですが、ヤギさんにとって江戸アケミが亡くなってからの30年間はどういうものでしたか。

**ヤギ** 結局は自分史のなかでの「じゃがたらとの関わり」ということになっちゃうから。だから、アケミとのことも、自分史における一部分でしかないんだよね。自分の70年の人生のなかで、アケミからＯＴＯからいろいろな人との関わりがあって、『TROPICAL DANDY』があり、ボ・ガンボスもあって、もちろんフランク・ザッパも。ずっと絵を描いてきて、現在に至り、まだ生きているということ。どんどん仲間たちが死んでいくなかで、オイラはまだこの地球に滞在しているということ。だから「アケミが亡くなってからの30年」という区切り方で自分の人生を振り返ることはできないよ。ただ言えるのは、自分のなかで江戸アケミがいてのじゃがたら、江戸アケミがじゃがたらだったと思う。

——なるほど。

**ヤギ**　もうひとつ言えることは、70年以上生きてきたけど、いまがいちばん酷い時代だということ。いま、根本敬くんと組んで絵を描いているところなんだけど、根本くんの漫画の一コマを抜きとって、一点モノの絵として別の世界観を作り上げる作業をしている。清志郎が『COVERS』でジョン・レノンやエディ・コクランの曲を歌ってたじゃない。歌詞を自分でつけ替えて。オリジナルとは別の世界観を歌っていたよね。音楽ではカヴァーは普通のことだし、カヴァー作品はいっぱいあるけれど、絵のカヴァーってないんだよね。だから、根本くんの漫画のコマを使って『COVERS』をやりたいなって。そのコンセプトの根っこにあるものが、「日本人って暗いね」なんだよ。嫌韓問題から何から本当に酷いじゃない。陰湿で。右と左が互いに足を引っ張りあってさ。だからいまね、じゃがたらの曲でいちばん刺激されるのは「でも・デモ・DEMO」。これまでたくさんミュージシャンの顔を描いてきたけど、自分がまったく描こうとは思わなかった顔が根本くんの漫画のなかにはいっぱいあって、それが「日本人って暗いね」「性格が暗いね」っていう顔。そこにフランク・ザッパの曲名を入れて、ひとつの世界観を作っていく。それで、この作品を描いていてつくづく思ったことは、オイラは過去にフランク・ザッパをはじめ音楽解説なんかもいっぱい書いてはきたけれど、言葉よりも絵でメッセージを伝えたい気持ちが強いということ。オイラは絵の可能性をまだ信じたいんだなって。活字によるメッセージの受け留められ方とは違って、絵は色んな受け留め方ができるものだし。言葉と違って壁がない。音楽でのメッセージの伝え方ともまた違う、絵ならではの表現をしたいんだ。だからこそ、この作品は露骨に政治的なものにはしたくないと思ってる。

——わかります。テーマは政治的なんだけど……。

**ヤギ**　ザッパのとぼけた言葉を入れることで、互いに足を引っ張り合っている陰湿な右翼や左翼の連中に屁をひっかけるみたいなさぁ。そんな思いがあるんだよね。やっぱり、自分が20代からザッパをやって、じゃがたらもやって、それで70を超えたいま、最後にこれをやっているということは納得できるでしょ？

——納得できます。楽しみですね。

**ヤギ**　じゃがたらから影響を受けた部分というものはいま描いている絵で十分に表現しているつもりだし、アケミの精神は引き継いでると思ってる。それはどこか、オイラが70年間生きてきたことの答えでもあると思う。そう遠くない先には皆様にお見せできるかなと思っています。杉浦茂の児雷也みたくドロ～ンとケムに巻くみたいな世界。右とか左関係なく……。

（取材：こだまたけひろ、野田努／写真：小原泰広）

# 生きつづける音楽とことば

## じゃがたらと江戸アケミ、00年代以降のリアリティ

談　栗原康、二木信　構成　小林拓音

じゃがたらの音楽や江戸アケミのことばは、９・11や３・11を経た現在にまで力強くこだまし、むしろそのリアリティを増しながら、さまざまな果実を生み落としている。その好例のひとつとして、アナキズム研究が専門の政治学者・栗原康と、ふだんはおもにヒップホップまわりについて書いているライターの二木信との対談をお届けしよう。

### つながった世界

二木　今日は栗原くんとじゃがたらと江戸アケミの話をできるのを楽しみに来ました。自分は高校生のころ、『南蛮渡来』の再発盤（１９９９年）を聴いたのが最初の出会いです。とにかく、あの作品のカッコいいグルーヴに打ちのめされた。だから最初は完璧にサウンドでしたね。いまみたいに、じゃがたらの音楽や江戸アケミのことばの思想性について真剣に考えるようになるのは、９・11以降、２００３年からはじまるイラク反戦運動に身を投じるなかででした。そこにはいくつかのきっかけがありまして。知人の男性が杉並区の公園のトイレに「反戦」「スペクタクル社会」という落書きをして逮捕されるという事件に端を発して、その翌２００４年に、いろんな仲間たちとサウンドデモをやることになった。イラク反戦運動を当時活発に議論されはじめた監視社会への抵抗と結び付けることで、当時の日本が「戦時下」ではないか、というやや扇情的な問題提起をしたわけです。そのときたまたまＤＪをすることになったので、じゃがたらの「でも・デモ・ＤＥＭＯ」をかけたりしました。そのデモにはジャーナリストの斎藤貴男さんやラッパーのＥＣＤさんらも参加していましたね。ＥＣＤさんが近田春夫さんとと

もに「つながった世界」のコーラスに参加しているというのはずいぶんあとで知るわけですが。

**栗原**　（ECDは）CDの解説も書いていたよね。

**二木**　『ニセ予言者ども』の再発盤ですね。僕が知るかぎりですが、9・11以降の東京で起きたイラク反戦運動や監視社会に抵抗するような運動において「路上解放」がひとつのキーワードとしてあった。そのことばには、監視カメラの増加とか、規制や監視が強まる都市のなかで、それでもわれわれは自由な都市生活を追求するんだ、という意志が込められていたと思う。そういう危機意識や価値観を共有してなんとか自律的に生きようとする人びとのあいだでじゃがたらの音楽や江戸アケミのことばが何かしらのカタチで継承され共有されているんだな、と漠然と認識しはじめる。それもあって、当時経験した路上での出来事を『音の力――〈ストリート〉占拠編』（インパクト出版会）という本で書いたとき、原稿のタイトルを「でも・デモ・DEMO」をもじって「祭りの余波はまだ続く　でも…DEMO…、サウンドデモ」としました。まず自分がじゃがたらについて語れることがあるとすれば、そんなことがあります。

**栗原**　「でも・デモ・DEMO」はおもしろい曲ですよね。ときどき何を言っているのか聴きとれないし、同じフレーズをずっと連呼したりしている。これ、いい意味でダメなデモを表現していますよね。足並みが揃わない感じだったり、声すら聴きとれない感じだったり。反対する内容はスペクタクル社会でも原発でもなんでもいいけど、ムダにおなじことばを連呼していると意味が消えていって、文脈すら忘れていっちゃう。そういう爆発感があっておもしろい曲だなと思いました。僕も文章でもっと連呼しようかな（笑）。

――栗原さんの『アナキズム』（岩波新書）には、江戸アケミの「おまえはおまえの踊りをおどれ」というフレーズが登場します。これは、彼のことばとは知らずに使っていたんですよね？

**栗原**　そうなんです、知らなかった。以前『狂い咲け、フリーダム』（ちくま文庫）という、大正から現代までのアナキストをピックアップしたアンソロジーをつくったときに、戦後のアナキストをということで向井孝さんをとりあげました。そのとき中島雅一さんというアナキストが向井さんについて書いた文章を読んだんです。そこに「お前はお前の踊りを踊っているか」というフレーズが出てきて。それでめっちゃいいと思ったので、その後、まるで自分のことばのように使っていました。知らずしらずのうちに、江戸アケミの影響を受けていた。

## 「反運動の運動」あるいは幻想の否定

**栗原**　向井孝さんがやっていたことも、じゃがたらとつうじる部分があるんです。彼は80年代、チェルノブイリが問題になっていたころに、「僕の運動は反運動の運動なんだ」と言っていた。社会運動をやろうとすると、どうしてもそのなかに政治が生れてしまう。たとえば「原発再稼働反対」のように目標をたてて、そのためにメディアの支持を得ようとする。そうするとデモで警察とモメるなとか統制がはじまる。命令と服従。政治です。向井さんは、いつもそういう運動をぶち壊せるような創意工夫をしていた。運動が政治にならないように、マヌケな何かを打ち込んでいく。たとえば高浜原発を止めるためにはどうすればいいかというときに、とりあえず「ええじゃないか」を踊ればいいんじゃないかとか。しかもいざ現地で踊っていると、それだけで楽しくなってむしろ踊りがメインになっちゃう。あるいは、ビラ爆弾なるものをつくってビルの屋上からまこうとか。最初は多くの人たちに反応してもらうためにはどうしようと考えていたんだけど、気づいたら、変なビラをつくったり、屋上からハッシハッシとビラをぶん投げることじたいがおもしろくて。快・感。目標を見失っている（笑）。だいじなのはあくまで自分。うれしい、たのしい、きもちいい。そういう反運動の運動を、中島さんが「お前はお前の踊りを踊っているか」というフレーズで表現したんです。

**二木**　「反運動の運動」はたしかに江戸アケミ的ですね。野田（努）さんらも、当時のイラク反戦運動や「路上解放」を標語としたサウンドデモへの応答として『NO!! WAR』（河出書房新社）という本を編集していますが、「政治と音楽」というお題のディスク・レヴュー・コーナーで『南蛮渡来』が紹介されていた。孫引きになるけど、そこで引用された『DOLL』誌81年2月号の江戸アケミのことばがとても興味深い。「組織じゃない。個人の意志だ。あくまでも個人の偶発的な欲求のあらわれとして遊びの形でやっていかなくてはいけない。組織としてやったら単なる社会運動と一緒だぜ。（中略）計画的な反逆はダメなんだよ。権力は強いから」と。たしかに既存の社会運動を否定した上での民衆蜂起のススメつまり「反運動の運動」とも解釈できますね。その一方で、そういうありがちな社会運動批判をこえて、組織はいわば幻想なのではないか、という根源的な問いも読み取れる。栗原くんがいま語った政治は駆け引きや戦略と解釈できますよね。党派にしろ、バンドにしろ、ヒップホップのクルーにしろ、社会のなかで組織という共同体を維持するためには、その組織の本来の目的とは異なる次元で、多かれ少なかれ政治的駆け引きが必要とされる場面が必ず出てくる。それは組織を存続するためにはある意味で仕方ないと僕は思うんですね。けれども、そういうことが常態化し、組織の存続が優先されると、その共同体は本来の目的を見失い、実体のない幻想になってしまう。ヒップホップ的に言えば、それはリアルじゃない。

**栗原**　「じゃがたらというバンドを信用していない」みたいなことも言っていました。そうじゃなきゃダメだと思っていたんでしょうね。

**二木**　そうですね。もちろん、じゃがたらがリアルじゃなかったという話ではなくて、ポスト・トゥルースではないけれど、ウソが平然と蔓延ると社会や組織や人間がどうなるかをイヤというほど目の当たりにしている。そんな時代を生きているわけですよね。

**栗原** 中産階級幻想もそうですよね。「元祖家族百景」とか「中産階級ハーレム」は、そういう幻想を叩いている。

**二木** 日本でいわゆる格差社会化が進行して、長きにわたり支配的だった一億総中流という幻想がいよいよリアルに崩れはじめたのが00年代初頭以降と言っていいと思います。だから当時、そういう観点からもじゃがたらや江戸アケミについて考えを深めたり、再評価する必然性があったんですよね。

**栗原** 00年代以降に聴かれるようになったというのはわかる気がする。90年代後半からどんどんネオリベ化が進んでいったから。

**二木** さっきの江戸アケミの「組織じゃない。個人の意志だ」ということばの字面だけを追うと、ネオリベラリズムとの親和性を感じてしまうかもしれないけど、内実は違いますよね。このことばは、「お前はお前の踊りを踊っているか」と同じように、幻想を否定した上での、どれだけ自分に正直でいられるか、というリアルの追求の思想だと思うんです。栗原くんの著作の『アナキズム――一丸となってバラバラに生きろ』(岩波新書)というタイトルにあらわれた考え方にも近いのではないでしょうか。

――いわば「イマジンブレイカー」ですね。

**二木** 江戸アケミが亡くなる1週間前の鮎川誠さんとの対談が『JAGATARA この〜ッ!!(もうがまんできない)』というDVDに収められていますね。ちょうど『それから』が『ミュージック・マガジン』の日本のロック部門第1位になった直後だったから、鮎川さんが「おめでとう」と言うと、「いや、ちょっと待ってください」ってその讃えることばをさえぎる。普通の大人だったら、ひとまず素直に「ありがとうございます」と応じる場面だと思いますよ(笑)。それなのに「何かを1位にするということは幻想を生み出すと思うんです」と議論を展開していく。そういうふうに、幻想を否定しようとトコトン粘ってリアルを追求しようとした江戸アケミの実直さに痺れます。

**栗原** 江戸アケミは「満員電車に乗りたくねぇよ」って叫んでいますが、僕自身「資本主義このやろう!」と思うようになったきっかけが満員電車だったんです。満員電車も、中産階級幻想のひとつですよね。通学や通勤のために人がモノみたいに押し込まれて一緒に行動させられる、非人間的な空間です。まだ学校や会社だったら仲間意識をもつこともあるかもしれないけど、満員電車はあんなに人がいるのに、親近感とか連帯感がまったくわからない。みんなが「よりよい将来のために」足なみを揃えて、おなじ行動をすればするほど互いに対してしらんぷりになっていく。そうして人がたんなるモノや数になっていく。江戸アケミはそういう世界をディスるときに、憂鬱に語っても誰も聴かないということもわかっていて、だからすごくユニークな感じで壊そうとしますよね。「元祖家族百景」も「中産階級ハーレム」も。ひとの心をくすぐってくる。

## 爆発しない爆発感

**二木** じゃがたらにはカッコ良さと同時に破壊的にファニーな側面もたぶんにありますよね。『南蛮渡来』の「クニナマシェ」を初めて聴いたときの衝撃はアフロビートやダブとナンセンスが結合することで生まれる笑いの爆発力にもありました。

**栗原** 「人類ミナ兄弟」だから「ヤラセロ」って（笑）。

**二木** その「クニナマシェ」の歌詞や歌にしてもリズム重視ですもんね。平和主義のメッセージとかではないですよね、たぶん。むしろ、80年代の日本の音楽において最も苛烈な政治的表現のひとつと言えば、じゃがたらの篠田昌已さんも参加されたA-Musikが84年に発表した「反日ラップ」じゃないでしょうか。なんと言っても、ここで竹田賢一さんがラップしているのは、東アジア反日武装戦線KF部隊〈準〉の『生まれ出でよ！　反日戦士――フレ・エムシ第1詩集――』の冒頭に収められている「ワレらが旅立ち」という詩ですから。竹田さんは、ギル・スコット・ヘロンやザ・ラスト・ポエッツやそれらに関する欧米の音楽ジャーナリズムをとおして、アフリカ系アメリカ人の話術である「Rappin'」を知って、自分でも試みたそうなのです。「反日ラップ」の苛烈さとは、日本を、経済的な植民地支配をくり返す国家として、ラップという表現で糾弾したことです。とんでもなく勇気のいることだったと思いますよ。

―― 栗原さんは竹田さんとイベントをやったことがありますよね。

**栗原** 竹田さんが『大杉栄伝』（夜光社）を読んでくださって、それで一緒に栃木の古本屋さんでイベントをやろうということになったんです。竹田さんが大正琴を弾いてくれたんですけど、マジでカオス、やばかった（笑）。イベント後、また飲む機会があって、そのとき若いころの音楽活動の話を聞きました。ほんと共感しかないです。ところで僕はじゃがたらの「もうがまんできない」を聴いて、江戸アケミには大正時代のアナキストにちかい部分があるのではないかと思ったんですよ。

―― ギロチン社？

**栗原** そう。「もうがまんできない」は、ちょっとの搾取なら耐えられるという詞なので、最後は「もうがまんできないっ！」って爆発するのかと思いきや、ずっと不発のまま続いていく曲ですよね。爆発しそうなのに爆発しない。爆弾を投げそこなったテロリストと似ています。大正時代のアナキストは投げそこなってばかりなんです。たとえば人の上に人を置くのはおかしい、天皇はその支配の象徴である、だからぶっ殺すということでテロをやろうとするんですが、仲間の大杉栄が殺されたら、天皇をほったらかして大杉のかたき討ちしか考えなくなるし、ほとんどのメンバーが資金集めの強盗でパクられてしまったり、いざ爆弾が完成して悪いやつの家に行ったら、一家団欒を見て投げられなくなって、うわぁって身悶えするだけ。投げたいけど投げられない、爆発しそうなのに爆発しない。でもなんの躊躇もなく投げてしまったら、善人である自分が絶対悪を殲滅するだけ。自分が相手をモノのように扱ってしまう、人の上の人になってしまう。むしろ「もうがまんできない」みたいな爆発しない爆発感こそが、善人としての自分すら吹っとばしてくれる爆弾なんじゃないか。

**二木** 「もうがまんできない」はレゲエのリズムに物哀しいメロディと、世の中には裏切り、打算的な愛、甘い罠もあるけど、「心のもちようさ」と内省に向かう江戸アケミの歌詞が加わることで強烈なカタルシスを伴いますね。それは爆発しない爆発感とつうじているのかもしれません。

**栗原** とはいえ「反日ラップ」にも惹かれますねえ。僕はじゃがたらの初期の狂ったパフォーマンスも好きでして（笑）。ああいう過激な行為に反対の人はたくさんいるし、たしかに小便をぶっかけられたらイヤですけど、文字どおり自分の身体を汚物にまみれさせていく、役に立たないもの、無用なものにしていく。そうやって無用になってからっぽになった瞬間こそが、真に自由な自分なんです。なにかの役に立とうとしなくてもいい。じゃがたらの役にさえ立たなくてもいい。なんにも縛られない。オレはウンコなんだよォ。バンドをやることも運動といっしょで、何かしら目標を立ててやっていたと思うんですけど、それすら台無しにしてしまう。アナーキー！

## 「よりよくなれ」を破壊する

―― ２０１１年以降、具体的な解決策を言わなきゃいけない空気が充満しています。

**栗原** 00年代前半から、就職先がないとか、非正規でどうやって食えばいいんだろうという話はありましたけど、そのころ同世代の人たちはだいたい開き直って「好きにやっちゃえばいいじゃん」って感じだった。それこそ、思いつくままにしゃべりつづけろ、思いつくままにたたきつづけろ、思いつくままに踊りつづけろ、あんた気にくわねぇと。運動のテーマも「反資本主義」とか。デモをやっても、なにが成果かまったくわからないですよね。でも気にしない。

**二木** ２００６年に高円寺の素人の乱の仲間たちと「家賃をタダにしろ！！」というテーマでデモをやったことがあります。もちろんデモをやったぐらいで家賃がタダになるというような問題解決を見越して街を歩いたわけではない。都市生活を送る上で東京の家賃があまりに高い、という社会への不満をデモという方法で訴えてみた。いわば問題提起だったんです。そんなときにもやはり「でも・デモ・ＤＥＭＯ」の「思いつくままに動き続けろ」という、パワフルな歌詞とリズムに向こう見ずなテーマで行動することを後押しされたりした。3・11以降は、たしかにそういう向こう見ずな問題提起よりも堅実な問題解決が優先されますね。社会の状況も個々人の暮らしもますます切迫していますからそれは理解できるんです。ただ、問題提起と問題解決は必ずしも同じ人たちが担う必要はないのではないかとも思うんですよ。

**栗原** シングル・イシューに慣れちゃったんでしょうね。たとえば反原発だと、原発を止められるかどうかという結果がでる。反安倍もそうです。安倍を倒すといっても、いずれ辞めるわけだから、いつか勝てるんですよ。成果、成果で会社みたい。むしろ無駄なことをやるおもしろさを、じゃがたらから学びなおしたいですよね。『それから』の「つながった世界」もすごくいいです。副題が「Fuck Off!! Nostradamus」。ノストラダムスといえば終末論ですが、終末論って両義的なんですよね。一方では、世界が終わるわけだから、「よりよい将来のために」という呪縛が解けて、「いま死ぬつもりで生きよう」になる。いまは我慢だ、就職しろ、働けじゃなくて、いま好きなことをやる。でも他方で「よりよい終末をむかえるために」ともなる。救われたい、たとえ死んでも魂だけは。そのためだったらなんでもやる、なんでも言うことをきく。「いま死ぬつもりでやれ」。そんなの、かんたんに宗教にもっていかれますよね。じっさい90年代は新興宗教が流行りました。よく考えると、約束された将来なんてないといって、ひとにカタストロフをつきつけて、いのちがけで自分を磨け、働けというのはネオリベっぽい。

**二木** いまの話を聴くと、「都市生活者の夜」の「昨日は事実、今日は存在、明日は希望」という歌詞のリフレインを思い出しますね。そして、あの曲が収録されたアルバムのタイトルは『ニセ予言者ども』です。

**栗原** もちろん「いま死ぬつもりで」、「いましかない」、「このいまを永遠に」と思うのは、将来の呪縛から抜けだすためにだいじなことだと思います。でもその永遠のいまに救いを求めると、パッと究極の支配にもっていかれてしまう。教祖のために、会社のために、いま死ぬつもりでファイト一発。特攻っぽい。「つながった世界」はそういう「いま」ではないんです。「いまが最高だと〝転がって〟いこうぜ」。「いま、いま、いま」という連呼は「よりよくなれ」を破壊することばだし、ネオリベ的なカタストロフからも転げ落ちろということだと思うんですね。死んでからが勝負、いまこそ。アーメン、ファック！

栗原康（くりはらやすし）　1979年埼玉県生まれ。東北芸術工科大学非常勤講師。アナキズム研究。著書に『大杉栄伝』（夜光社）、『はたらかないで、たらふく食べたい』『菊とギロチン』（タバブックス）、『現代暴力論』『何ものにも縛られないための政治学』（KADOKAWA）、『村に火をつけ、白痴になれ』『アナキズム』（岩波書店）、『死してなお踊れ』（河出書房新社）、『執念深い貧乏性』（文藝春秋）、共著に『文明の恐怖に直面したら読む本』（Pヴァイン）など。

# Discs and Books 1981 - 2020

財団法人じゃがたら
Last Tango In Juku / Hey Say!
Ugly Orphans Records / 1981年4月

じゃがたらのデビュー・シングルで、ベルナルド・ベルトルッチ監督の『ラスト・タンゴ・イン・パリ』を捩った「ラスト・タンゴ・イン・ジュク」、のちに「タンゴ」で知られる曲の最初のヴァージョンが聴ける。リズムはまだレゲエではなく、また、歌詞の「白い粉で」（最終ヴァージョンでは「日の出を見るまで」に変えられる）は「白い液で」と歌われているが、これは肉欲にふける映画とリンクさせているのだろう。B面には素晴らしく泥臭いロック・ソングの「Hey Say!」。曲の後半ではサックスがうねりを上げ、江戸アケミはこう歌う。「お前に餌をほどこす／汚いその手をくいちぎってしまえ」（野田努）

**暗黒大陸じゃがたら**

**南蛮渡来**

Ugly Orphans Records
1982年5月

本来は「日本人て暗いね」の面が表1だった。が、いつの間にかオレンジのほうが表1扱いになっている。

ナイジェリア（フェラ・クティ）のアフロビート、ジャマイカ（レボリューショナリーズ等）のレゲエそしてダブといったいわゆる第三世界の音楽を吸収し、日本という風土のなかで土着化させた先駆的な作品である。さらにP・ファンク（「BABY」）もある。しかし、〝ジャパニーズ・ファンクの傑作〟というような今日的なアーバンなレアグルーヴ解釈はこの音楽のいびつさには似つかわしくない。なぜなら、「ヴァギナ・FUCK」と連呼する曲があるし、サザン・ロックのバンドの結成を呼びかけてじゃがたらを開始したヴォーカルの江戸アケミは元々左翼のロック・バンドとして世を騒がせた頭脳警察に衝撃を受け歌い始めている。その一方でここには同時代のポストパンクからの影響もある。そんな激しい混沌のなか、ワン・コードで延々続ける〝アフロビート遊び〟なるものから、彼らは「でも・デモ・DEMO」という傑作を完成させた。「日本人てくらいね／性格がくらいね」ということばには、ファンキーだが暗いという、矛盾のなかに核心をつくリアルな感触がある。そして、江戸アケミの土臭い音の鳴りへの徹底したこだわり、土着性への愛が本作を決定づけたという。OTOはこだまたけひろとの共著『つながった世界』でそのように書く。評論家の平岡正明はかつてこんなことを書いた。「まわりの風景のなかに壁の一角を切りぬいて別の風景を挿入したようなテレビ鑑賞という行為だと、第三世界が、なんでもありの都会生活情景の一駒にフラット化されてしまうということを知った」（『平民芸術』所収「ワールド・ミュージック批判序説」）。九〇年のことだ。〝民族音楽〟をこよなく愛したジャズ評論家は第三世界の音楽が土着性を欠落させ、〝ニューミュージックの国際版〟に成り下がったものとしてワールド・ミュージックを痛烈に批判した。その問題意識にならって書けば、『南蛮渡来』は液晶画面のなかで都会生活の情景の一駒にフラット化されることを拒絶する、この国で生まれた土着的な〝民族音楽〟にちがいない。（二木信）

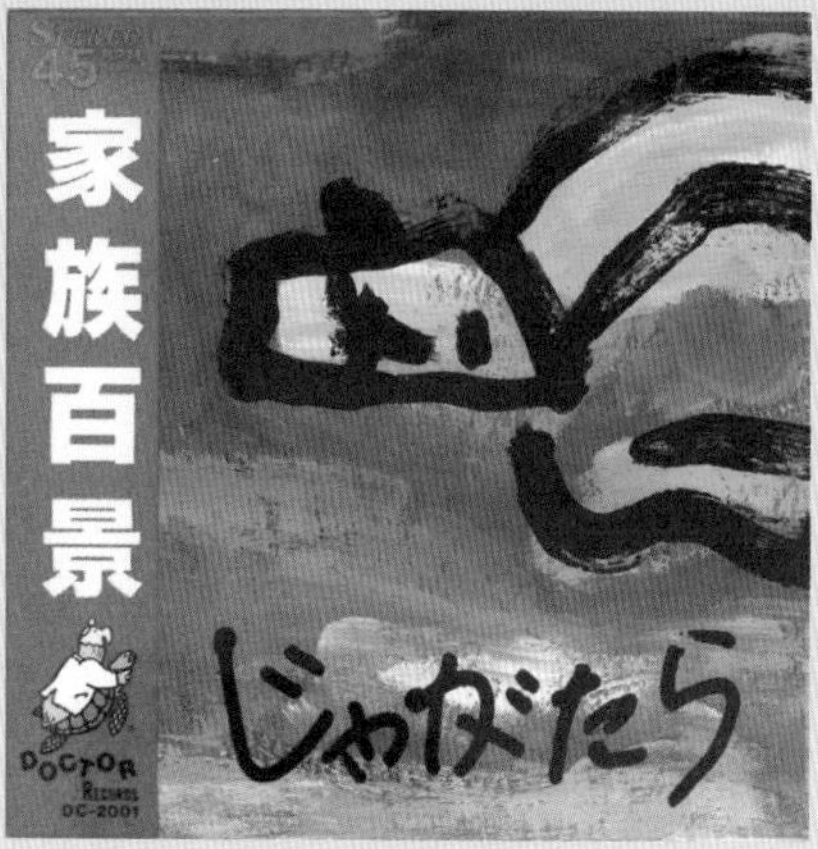


**家族百景**

Doctor Records／Balcony Records

1983年5月25日

通算3作目の変則20センチEPは心機一転屋号をドクター・レコーズにあらためての第一弾。松見坂のビルの屋上に構えたじゃがたらスタジオで録った唯一の作品でもある。中身の3曲はちょうど一年前の『南蛮渡来』の余勢を駆ったか、ハイテンションな楽曲ばかりだが、耳ばかりか鼻を突くのは前作の濃厚なファンク〜アフロ臭よりもスカトロジックな批評性。おりしも本作が世に出た1983年、昭和末期の日本では高度経済成長の影でなおざりにした「家族」の問題が浮上しつつあった。本作には共同体の最小の格子であるこの概念を窓に、都市と社会と国家を覗く説話ものの趣もある。とはいえ音盤にあふれるのは教条や道徳とは無縁の哄笑と、それをもたらす夥しい記号の数々。表題曲ではモーレツ社員と団地妻の情事を彷彿するセンテンスがあったかと思えば、EP−4も『昭和大赦』のジャケットに引用した川崎の金属バット事件を暗喩するかのような「野球」の文言を散りばめたり、5分あまりの時間で溶けかかった家族の肖像を描きだす。基調はダーティなロックだが、輪郭を縁どるのは童謡からケチャにいたる無差別的な断片であり、その戯画的なコラージュセンスこそ、フランク・ザッパとの縁戚関係を指摘されるゆえんでもある。その土台にある森羅万象へふりむける視線のシニカルさは、つづく「プッシー・ドクター」「日本株式会社」で眼光紙背に達したかのごとく、記号の裏にひそむ黒幕《フィクサー》を捉え、社会を会社へ転倒させる拝金主義を剔出する、アケミの語り口は狂的な熱さえ帯びるが、一億総中流化も校内暴力も、バブルさえはるか彼方の昨今のリスナーにはいささか難解かもしれぬ。その点でも時事ネタが十八番のザッパの作品の置かれる現状に相通ずるのだが、同年刊行の雑誌「PF」によれば、ザッパ・バンドのホーン隊の要にして本作の録音にも参加したブルース・ファウラーはじゃがたらにむしろ、ザッパよりビーフハートの影をみたという。諧調よりも乱調の美がそこに脈打つからか。ナベの絶唱や町田町蔵の迫真の語りもそれらを煽り、まくる。（松村正人）

**君と踊りあかそう日の出を見るまで**

Doctor Records／Balcony Records
1985年10月10日

江戸アケミが精神を病んだ直後の1983年11月23日の法政大学、そしてその3ヶ月後に精神病院から外出許可を得てステージに上がった1984年2月25日の渋谷・屋根裏の演奏を収めたライヴ盤。

現在YouTube（https://www.youtube.com/watch?v=eEz-o-1fW6w）では彼が発症する直前の1983年11月2日、大阪キャンディホールの



音源もアップされており、この時期の充実ぶりが確認できるが、本作はそれに輪をかけて状況が状況だけに尋常でない緊張感に満ちた演奏となっており、とくにアルバム冒頭の長尺曲「Tango」「Big Door」は、彼らの歴史のなかでも屈指の名演である。

本作のリリースのタイミングも絶妙というか因果を感じさせるもので、アナログ盤は1985年に〈アースビート伝説85〉でのアケミ復活を祝うように、そしてCDはアケミの早逝を嘆くように1990年のアケミ追悼コンサート〈西暦2000年分の反省〉の翌月に発売されている。

CD発売の際には法政大学における「岬でまつわ」を追加収録。この曲は1987年のスタジオ盤『裸の王様』では、EBBYがプリンスの「アメリカ」のフレーズを引用するなど、華やかな印象となっているが、それより3年ほど遡る本作のライヴ・ヴァージョンは、混沌としつつも血生臭く土着的な迫力に満ちており、その違いにアケミの療養を挿んで『南蛮渡来』から『裸の王様』へと向かうバンドの変化が端的に示されている。

バルコニー時代の彼らのジャケットをアート・ディレクターとして手がけたヤギヤスオ（当時の表記は八木康夫）によるブックレットのテキスト「ノンフィクションではあるけれど、また過去は同時にフィクションでもある」は、激動するバンドの様子を、多くの関係者への取材を経て書かれた労作。屋根裏のエンジニアは、連続射殺魔、琴桃川凛名義の活動でも知られる和田哲郎が担当している。（志田歩）

**裸の王様**

Doctor Records／Balcony Records
1987年3月25日

本作は、プリンスのキャリア絶頂期の『PARADE』、ランDMC「Walk This Way」、ビースティ・ボーイズのファーストそれぞれ発表の翌年にリリースされた。アメリカ／日本／アジアに刻まれる帝国主義／植民地主義の反転の構図のポップ音楽への投影を意識（「JBではなくフェラ・クティ」）し、OTOの謂う〝リズム・セックス〟理論の下、グローバルに同じ時のなかにある音楽へ、アフロビートからサルサやサンバへ、ニューオーリンズからダブというポスト1968年的な展開が、いわゆる音楽産業の標準的クオリティを凌駕し具体化された。

このようにじゃがたらというとOTOと江戸に光を当てることで説明しやすいが、ブルース・シーンからの、もしくは演歌の魅力に気がついたメンバー、芸能界と近いメンバーもいたこと即ち、じゃがたら自体が社会であることはいうまでもなく、そこで働く化学がここでは聴きやすく理解しやすいアルバムを作り上げた。それぞれのメンバーの個性が溶け合い練り上げられたリズムとメロディが声・言葉と呼応している様は圧巻。7分以下の長さの曲はないが、その呼応をある程度以上の長さを持って経験することにより、音楽のみで得られる純粋な体験になる……同時に、ここで完成したこの形式を二度と繰り返さなかった処はまたこのバンドの前衛たる所以。

〝裸の王様〟という戯画がここまで機能するのは、優れた歌詞もあるがアフロビートの役割は大きい。〝岬で待つわ〟の歌詞は二項対立を超えた向こう側へ突き抜ける不可能性を知りつつの掛け声のよう。レゲエがなぜレゲエであるのかを日本語でかつてないように表現しているのは、やはり〝もうがまんできない〟か。全4曲、字面のみ取り上げれば能天気から遥かに厳しい〝バビロン〟の裡に潜む鬱寸前の現状認識の言葉が多いのだが、聞くこと、体験することで勇気が湧いてくる。日本の音楽では稀有ではないか。日本のポップ／ロック／ファンクの史上ベストに選ばれるべきではないか。（荏開津広）

**ロビンソンの庭**

Balcony Records

1987年10月10日

流れ者の主人公は、都会の猥雑な暮らしに疲弊し精神に変調をきたす。あてどなく街を彷徨い歩くと、壮大な緑に覆われた廃墟に辿り着く。屋上で田畑を耕し、夜は星空を眺めてロビンソン・クルーソーさながらの生活をおくる。映画『ロビンソンの庭』は昭和の終わり、バブル景気に沸く東京を舞台に〝都市と自然の関係〟〝人類の共生〟について考察した寓話である。監督は初期じゃがたらのプロデュースを担当した山本政志。山本はこの



フィルムを精神失調により長期療養をしていた江戸アケミへのオマージュ、賛歌として制作した。実際、作品の登場人物の中にアケミの姿を重ね合わせて観ることも可能だし、一方、映画で描かれた世界観のなかに、これまでのじゃがたらが歌い上げてきた文明論的な視座を見出すこともできる。山本映画とじゃがたらの音楽、両者は合わせ鏡のようにして存在している。

JAGATARAはこの作品のサウンドトラックに、スーダンのウード奏者ハムザ・エル・ディンらと共に楽曲を提供。江戸アケミ復帰後初の録音にあたるが、療養前までのじゃがたら作品を念頭に聴くと拍子抜けするほど軽やか且つポップな作りで、同時進行でレコーディングされた『裸の王様』の持つ、その後の活動につながるファンクネスな作風とも趣を異にする。

冒頭「夢の海」では「何度となく夢の海を一人漂っていた」「夜が明けたらきっと君を迎えに行くから その日まで待っててくれ」と、アケミが療養中に思いを馳せていたであろうバンドメンバーへの気持ちが率直に綴られる。続くOTO作曲によるワールド・ミュージック路線を全面展開した「世界を売った女神たち」ではMPBサンバ調の力強い律動ではじまると、次第にアフリカのリンガラへと転調、アケミの帰還をリズムで祝福しているかのようにリフレインされる。たどたどしくも清々しい江戸アケミの歌声が、映画全編を通して描写される〝緑〟の画面と響き合うとき、観るものは友情や祈りの気持ち、何よりも〝再生〟の意味について思いを巡らすことになるだろう。（伊賀倉健二）

**ニセ予言者ども**

Doctor Records／Balcony Records
1987年12月10日

冒頭のじゃがたら流アフロ・ディスコ「少年少女」の疾走感からして、この時期のバンドの覇気がうかがえる。江戸アケミ復活後の87年における1年間で3枚のアルバムその3枚目にあたる本作は、音楽的には『裸の王様』の続編的な趣であるものの、よりポジティヴなエネルギーがみなぎっている点において傑出している。『裸の王様』と同様ここに収録された全4曲が人気曲だが、本作を象徴する曲をひとつ選ぶなら「みちくさ」になるだろう。当時ライヴでは終盤に演奏されたこの曲にはシュガーヒルのリズム隊だったタックヘッドをも彷彿させる鋼のファンク・サウンドがあり、江戸の「一緒に楽しもうぜ」「口笛を鳴らせ」という直球な言葉が字面以上の深い意味を持ち得てしまうほどのパワーがある。シンプルな言葉がサウンドと一緒になると泣けてしまうほどのリアリティを発してしまう点ではRCサクセションの「ドカドカうるさいR&Rバンド」と似ているのだが、10分以上も反復するこのリズムには素晴らしい快楽があり、やがて訪れるダンスの時代へと真っ直ぐに繋がってもいる。とんでもないキラーチューンである。

ねばっこいファンク・ビートと温かいブラス・セクションによる「ゴーグル、それをしろ」からも、この時期のバンドがピークに達していたことがわかるだろう。江戸にとって金も放射能汚染も「何ぼのもんじゃい」の対象だったわけだが、皮肉なことにこの歌詞は3 11以降の世界でより意味深いものとなってしまった。

七尾旅人がカヴァーした15分にもおよぶ叙情詩「都市生活者の夜」も人気曲だ。「昨日は事実、今日は存在、明日は希望」は自らに言い聞かせているようでもあるが、オーディエンスとの共有を望んでいることは間違いないだろう。「俺は決して忘れはしない／あの日のすべての出来事を」とは江戸にとっての頭脳警察体験だと推測するが、じゃがたらの曲にしては珍しく感傷的な余韻を残している。（野田努）

**それから**

BMGビクター

1989年4月21日

復活後の3作目となる『それから』には、往々にして″メジャー・デビュー作″という註釈が加えられる。日本の音楽産業がシュリンクした現在においてはピンとこないが、JAGATARAのようなエグみのあるインディー・バンドがメジャー・レーベルからアルバムを発表するというニュースには、当時、特別な意味があったのだろう。その体制の変化はまずレコードの構成に表れている。両面に長尺のダンス・ミュージックを2曲ずつ収録した87年発表の前2作『裸の王様』『ニセ予言者ども』よりも、様々なタイプの7曲をまとめた『それから』はポピュラー音楽を意識したつくりになっているのだ。オープニング「TABOO SYNDROME」は前2作の延長にあるファンク・ミュージックだが、続く「GODFATHER」はOTOがMC-500を重ねたビートにしても、江戸アケミのヴォーカルにしても、明らかに同時代のヒップホップ/ラップ・ミュージックの影響を受けている。また、前者における耳に残るフレーズの反復は既に獲得されていた言わばアケミ節だが、後者での寓話的な歌詞づくりは本作に見られる特徴だ。もちろんそこでアイロニカルに描かれるのはアケミがこれまでも敵視し続けてきた閉塞した日本社会だ。そしてその刺々しい言葉が乗る演奏は対照的に開かれ、混ぜ合わされ、豊穣なものになっている。例えば、代表曲「つながった世界」のダンスホール・レゲエを通過したデジタル・アフロ・ビート。アシッド・カリプソ「ある平凡な男の一日」における秋岡欧のカヴァキーニョとヤン富田のスティールパン。エンディング「中産階級ハーレム」の染みったれたフォークが徐々に熱を帯び、ジョン・ゾーンのアルト・サックスが悲鳴のような音色を響かせる展開。それはいわゆるワールド・ミュージック・ブームともリンクしていて、その豊穣さを支えていたのは他でもない、″中産階級″を育んだ日本経済の過剰な好調さだったというのは皮肉なのだけれど。(磯部涼)

ごくつぶし

BMGビクター

1989年12月6日

このリリースからおよそ半年後、つまり江戸アケミの死を挟んで、六本木ＷＡＶＥではＯＴＯの「リズム・セックス」なる異臭交配のコンセプトを具現化した企画が夏のあいだ展開された。いわゆるワールド系のみならず、ブルースやロック、ヒップホップの作品もセレクトされたそれら多種多様なリズムたちの混合こそ１９８９年のＯＴＯの狙いであったことが『ごくつぶし』からはよくわかる。とりわけサルサとアフロが調合された「Super Star?」は白眉で、江戸アケミの歌が無かったとしてもそれはそれで充分魅力的な音楽としての豊かさがある。いまでいう〝グローバル・ビーツ〟の先取りで、すでにダンス・ミュージック時代とリンクしたテンポ感もあるので、ぜひインストで出して欲しい。『君と踊りあかそう日の出を見るまで』のライヴ・ヴァージョンのみが発表されていた「Big Door」の新録も面白い。ロックンロールからはじまりジャズへと転調し、アフロ・ダブ・ジャズとでも言おうか、フリーキーに展開するさまは、それまでのじゃがたらにはなかった新局面だった。そういう意味で『ごくつぶし』はＯＴＯ主導のアルバムと言える。しかし、良くも悪くもアケミ信者の多かったじゃがたらにおいては、こうした音の洗煉はそれほど求められてはいなかったのかもしれないし、江戸自身も求めてはいなかったかもしれない。格好良すぎることに対する警戒心が働き、ＯＴＯの構想では本来は入るはずではなかった「Music Music」が入った。江戸の音楽業界全体に対する不信感が噴出した曲で、じゃがたらの通算５枚目のアルバムであり、ＢＭＧ移籍後２枚目、そしてじゃがたらという偉大なバンドのラスト・アルバムの最後の曲は、自らの偉大さに自ら泥を塗るかのように、なんともじつに後味の悪いものとなった。が、それはたしかにじゃがたらしい最後だったとも言える。（野田努）

**そらそれ**

BMGビクター

1990年5月2日

江戸アケミ在籍時最後の録音物で、江戸の死後リリースされた。ＯＴＯの回想によれば、江戸とＯＴＯの仲がもっともぎくしゃくした頃の録音で、その関係の悪さが出てしまっているということだが、パンク以来の音楽革命であったＤＪカルチャー（福富幸宏も参加）とリンクしたこの曲は、いまでもフロアで通用する音楽性を有している。ニュージャック・スウィングからの影響をじゃがたら流に咀嚼したトラックに南アフリカのムバカンガを代表するマハラティーニ＆マホテラクィーンズが参加、おおらかなダンス・サウンドが全7ヴァージョン。「お偉いさんも口あんぐりと／世界もぶっ飛ぶ程の大掃除」これが江戸アケミ最後の歌詞だった。ジャケのイラストはこまだ和文。（野田努）

**おあそび**

BMGビクター

1990年6月

「そらそれ」に続いて、この時期のＯＴＯのワールド＆ヒップホップおよびハウス的なアプローチを具現化した1枚。自分がＤＪするときにプレイするために作ったとも言われている。江戸アケミの死がなければ、彼の歌が載るはずだった曲もいくつかと、「そらそれ」に、ギニアのシンガーが歌を入れ、セネガルの打楽器奏者、カメルーンのドラマー、イギリスのレゲエＭＣ、そして南アフリカのマハラティーニ＆マホテラクィーンズらが絡んでいく。まさにヴァージョン＝おあそび、というわけだ。が、素晴らしいアイデアと最高の演奏が詰まった作品であることはたしかで、これもまた21世紀型グローバル・ビーツの先取りとして再評価されるべき楽曲たちである。（野田努）

Uki Uki
Doctor Records
1987年4月20日

JA・BOM・BE
Doctor Records
1988年3月

スタジオ盤よりもライヴのほうが良いのではないかという議論は、ミュート・ビートにもRCにもあった。それだけライヴが素晴らしかったということで、じゃがたらはとくにそうだった。「JA・BOM・BE」収録の「でも・デモ・DEMO」を聴けばわかる。「NIHONJIN TE KURAINE」と改題されたこれはオリジナルとは別物。吠えるサックスと圧倒的なアフロビート、バブル期の日本をこき下ろす言葉。87年12月パルコでの演奏で、「経済成長ありがとう」と毒づく裏面のイアン・デューリー「セックス・ドラッグ&ロックンロール」の見事なアフロ解釈も必聴。「UKI UKI」は86年ライヴインにおけるソイソース一回目の演奏から「クニナマシェ」と「タンゴ」を収録。後者のイントロで篠田昌已のサックスとゲスト出演したこだま和文のトランペットの絡みが聴ける。（野田努）

Best Of Jagatara
- 西暦2000年分の反省
BMGビクター
1999年9月22日

81年発表の1stシングル「LAST TANGO IN JUKU／HEY SAY」から、90年江戸アケミの死後に発表された「そらそれ」までの作品のうち15曲をセレクトした2枚組CD。アケミの死に際して発せられたこだま和文の名言をタイトルに冠し、楽曲に合ったアケミ、ナベの肉声メッセージをインタールードに使用。これまたヤギヤスオのアートワークも素晴らしい。月並みなベスト盤とは一線を画すコンセプチュアルな作りで、80年代日本の大衆音楽、大衆社会を考える上で重要な視座を与えてくれる作品だ。（こだまたけひろ）

エド＆じゃがたらお春
LIVE1979
DIW
2010年12月15日

1979年9月18日、結成半年のライヴを収録。場所は上馬のガソリンアレー。メンバーは江戸アケミ（Vo）、ナベ（B）、EBBY（G）、尾島（G）、かわべ（Dr）の5人。一般的にOTO加入以前のじゃがたらの音楽的評価は芳しくないが、その評価を覆すに余りある演奏で、とくにコンポーズとアレンジのセンスが光る。サザンロック、レゲエ、ファンク、ロックンロールと様々な音楽のエッセンスを取り入れながら独自の音楽へと昇華させる〝じゃがたらスタイル〟は、結成当初からのものだったと分かる。名曲「もうがまんできない」はこのとき既に歌われており、初々しいアケミのMCも印象的。ブックレット「2010年のじゃがたら」が付録。（こだまたけひろ）

Jagatara2020
虹色のファンファーレ
Pヴァイン
2020年1月29日発売

誰もが口ずさめるシンプルなメロディ、シンプルに聴こえるリズム、そしてポップ・ソングと呼べるほど思いきり陽性に振り切った曲調、30年ぶりの新曲は「みんなたちのファンファーレ」、じつに平和な響きをもって歌われる江戸アケミへのオマージュであり未来への遺言であり、30年かかって用意されたみごとな大団円である。リズムにもコーラスにもいろんな思いが詰まっている。もうひとつの新曲、タートルアイランドの永山愛樹が参加した「れいわナンのこっちゃい音頭」はモダンなポリリズムを有する一級のレベル・ミュージック。借り物のリズムではないこの曲がデモで歌われる日も近いだろう。さらに本作には未発表をふくむライヴ音源が3曲収録されている。特筆すべきは「プッシー・ドクター」で、これは89年のまったく素晴らしい瞬間。ごった煮のリズム。こんな名演がまだ未発表としてあったのか！（野田努）

## それから　江戸アケミ詩集

監修：大平泰男

93年発行。じゃがたらの歌詞を中心に、インタヴューの抜粋等アケミの発言を、ソウリこと大平泰男が監修。作品としての歌詞が、アケミの歌声とリズムから分離したことでテクストとして立ち現れる。それにより、とかく作家「江戸アケミ」論的に解釈されがちなじゃがたらの歌詞が、読み手主導の自由で多様な解釈に開かれることになった。〝作家の意図〟には囚われない〝イメージの解放者〟たる読み手によって、じゃがたらの歌詞はロラン・バルトの言う〝永遠〟を手にするはずだ。その意味でじゃがたら作品の可能性を大きく拡げた一冊。復刊を望む。（こだまたけひろ）

## じゃがたら写真集　1980ー1989

松原研二

専属カメラマン松原研二による80年から89年までの活動記録。グループとしての躍動感あふれるライヴ写真とメンバー個々の和やかなオフショットで構成されている。その対照的な写真から改めて見えてくるものは、じゃがたらは〝異質な個性の協働〟だったということであり、〝共感と愉楽に溢れたバンド〟だったということだ。じゃがたらを〝江戸アケミの孤軍奮闘〟だったと見る向きを、松原の写真がきっぱりと否定する。写真と一緒にファンの一言メッセージも多数掲載されているが、そこには、ロック雑誌には決して現れることのなかった〝私たちのバンド〟の姿があり、じゃがたらの本質を垣間見せる。（こだまたけひろ）

## 黒い種馬

編集：ヤギヤスオ、江戸アケミ、OTO

87年発売の『南蛮渡来』再々発盤の付録として制作されたLPレコードサイズ14ページのブックレット。79年から87年までの記録。編者はヤギヤスオ、江戸アケミ、OTOの3人。ヤギが江戸アケミ、OTOから直接話しを聞きながら文章を書き入れ、3人で写真を切り貼りしながら3日間で完成させた。制作工程も然ることながらその内容も、〝江戸アケミ復活〟の勢いがそのまま反映されたエネルギッシュなものになっている。ヤギが言う通り、アケミが直接制作に携わったじゃがたら関連の書物は後にも先にも本作だけなので、資料的価値も大きい。（こだまたけひろ）

## つながった世界　僕のじゃがたら物語

OTO

江戸アケミといういたって希有な存在と密に関わってきた者として〝その後〟を生きるとは決して安易ではなかったと、２０１４年刊行のOTOの半生の語り下ろしを読んでもよくわかる。吉田拓郎やシュガーベイブが好きだったギター少年が上京してパンク、レゲエ、アフロビートと出会い、そしてじゃがたらに合流。レコーディングにまつわるエピソードはどれも興味深く、また、江戸アケミとの関係の悪化についても赤裸々に語られている。3 11以降は熊本の農場で自給自足の暮らしをすることを決意するまでのプロセスは、ひとつの生き方であり、また本書の合間合間に挟み込まれる江戸アケミの歌詞の再解釈は一読に値する。（野田努）

# じゃがたら年表

資料提供：吉岡誠（服旅堂）

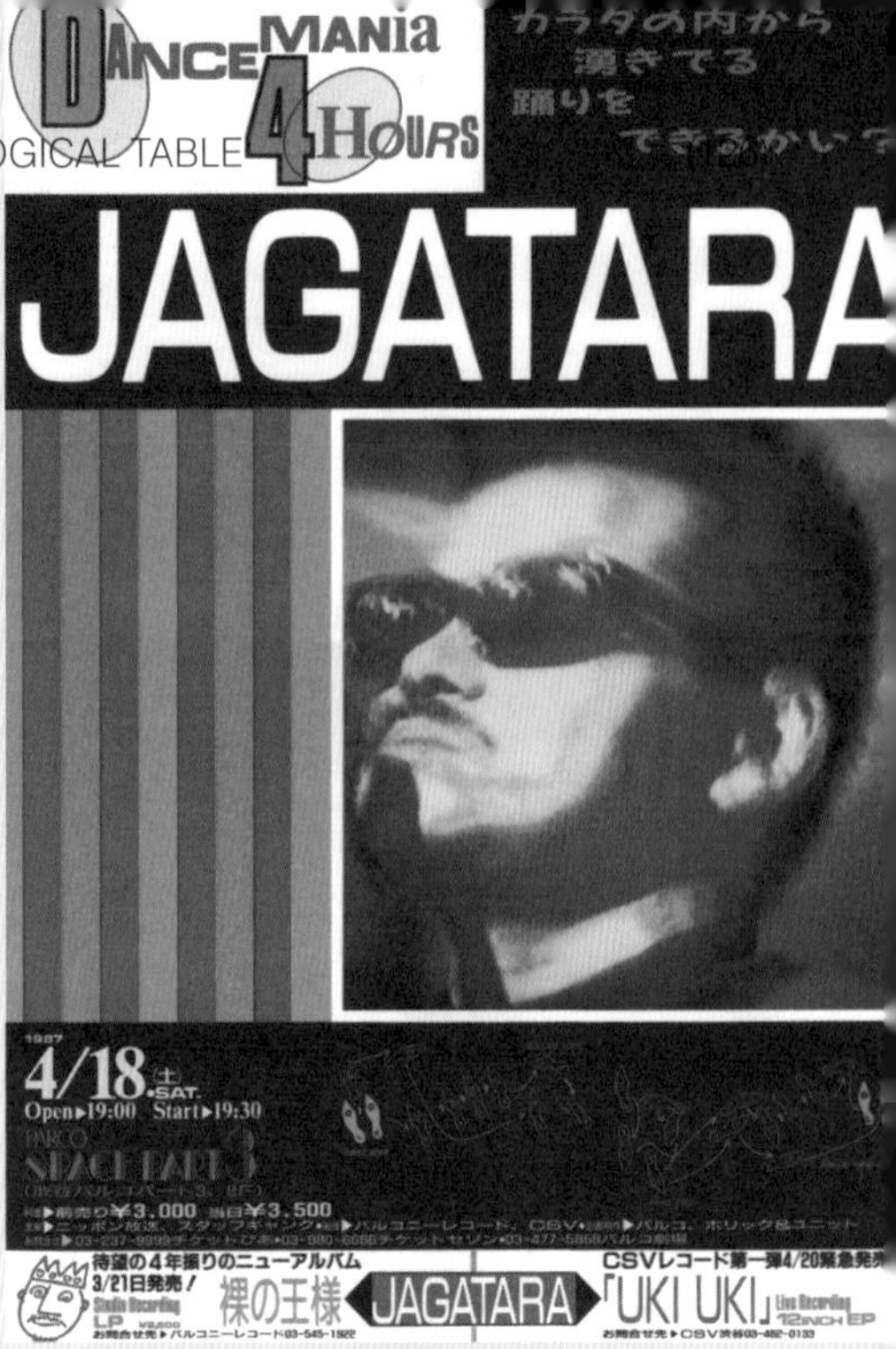

▼一九七九年

**三月八日**　上馬ガソリンアレイ「猫だまし園芸一座ジョイントコンサート」エド&じゃがたらファーストギグ。共演は御中ウォーター・ビジネス・バンド

**七月二日**　上馬ガソリンアレイ「しらふじゃ聞けない。馬鹿言え！しらふじゃ演れねぇ」エド&じゃがたらお春。ナベ加入後の初ライヴ。メンバーは江戸アケミ（ヴォーカル）、カワベ（ドラム）、ナベ（ベース）、EBBY（ギター）、尾島（ギター）

**八月一〇日**　上馬ガソリンアレイ「納涼、夏の軽薄音楽の夕べ」

**九月一八日**　上馬ガソリンアレイ　この模様は『エド&じゃがたらお春 LIVE 1979』（ディスクユニオン）として二〇一〇年にCD化。

この年はヤマハ・イースト・ウェスト、Aロック等のアマチュアのロックコンテストにも参加。また、和光大学、豊島公会堂などで、パンク、ニューウェイヴ系のバンドと共演。

▼一九八〇年

**四月二五日、二八日**　新宿モダンアート「姦、鮮血のオペレッタ」財団呆人じゃがたらお春。全裸

になり、自分の額をナイフで切りつけて流血する、ニワトリやシマヘビを生きたまま食いちぎるなどの過激なパフォーマンスを行う。

この頃まともに演奏できない状況に嫌気の刺したEBBYが一時脱退。

**六月六日**　新宿ACB「天国注射の夜vol.1」開催。出演は山崎春美&タコ、灰野敬二、白石民夫、工藤冬里、竹田賢一、野方攝&コクシネルのほか非常階段、八木康夫、S-KEN、三上寛、佐藤幸雄&すきすきスウィッチ他。じゃがたらの出演はなかったが、アケミが全裸で乱入し流血パフォーマンスを行う。

**六月二五日**　吉祥寺マイナー「不協和音の5DAYSテロル・吉祥寺市街戦」山本政志監督『聖テロリスト』上映会。財団法人じゃがたらとして出演。全裸流血飲尿パフォーマンス。

**九月二〇日**　新宿ロフト「密告の夜」バルサン事件。新宿ロフト出演禁止となる。共演はのどまんこ、伊藤耕バンド。

**一〇月三日**　新宿モダンアート　福祉政策ツアー「姦、鮮血のオペレッタⅡ」共演は生理不順、タコ

**一〇月九日**　豊玉大駱駝艦　福祉政策ツアー「迷宮への投身自殺」

**一一月二一日**　新宿ACB「天国注射の夜vol.2」財団法人じゃがたら。アケミ額からの過剰出血で病院に搬送。共演は伊藤耕&FOOLS、PUNGO、コクシネル、グンジョーガクレヨン、山崎春美とシビレクラゲ、PIPCO'S、Vedda's Miracle & Worder、大駱駝艦（宇野萬、桑原延享）他。

**一一月二四日**　新宿ACB「CAPITAL CRIME・見飽きた奴はおさらば」

**一二月二四日**　新宿ACB「CAPITAL CRIME・崇高なる犯罪」

同時期にアケミは街頭でストリーキングを展開。

**▼一九八一年**

**一月三一日**　新宿ACB「無差別GIG」スターリンと行う。

**三月八日**　新宿トラッシュ「8 DAYS A WEEK 無差別GIG」スターリンとの共同企画で、日本のパンク、ニューウェイブのバンドを集めた八日間。出演はスターリン、フールズ、ジャングルズ、スティグマ、バナナリアンズ、オートモッド、水玉消防団、ノン・バンド、チャンスオペレーション、絶対零度、グンジョーガクレヨン、突然段ボール、チフス、吉野大作&プロスティテュート、シンクロナイズ他が出演。財団法人じゃがたらの出演は最終日。アケミはフロアーに散乱する割れたビール瓶で二五針縫う大怪我をし病院に搬送。アケミ過激なパファーマンスに嫌気がさす。

**四月**　財団法人じゃがたら名義でファースト・シングル「LAST TANGO IN JUKU / HEY SAY」（アグリーオーファン・レコード）をリリース。「全国集団虐殺ツアー」を行う。過激パフォーマンスはやめて音楽だけで勝負すると決意。

**四月一九日**　渋谷屋根裏　RCサクセション以来の観客動員数を記録

**四月二九日・夕**　横須賀かぼちゃ亭

**四月二九日・夜**　大阪サウスリー　初の関西ツアー開始。音楽だけで勝負すると決意したにも関わらず、話題先行で客に過激パフォーマンスを求められ、それに応えてしまう結果に。

**五月一日**　京都磔磔

**五月二日**　大阪天王寺野外動物園

**五月三日**　大阪パルム

**五月四日**　名古屋E．L．L．

**八月九日**　渋谷屋根裏「八月の濡れた夜」共演はジャングルズ、コクシネル。結成時のギター尾島が脱退。新たにOTOが加入。以降過激パフォーマンスを封印し、音楽だけで勝負することを改めて決意する。

**八月一五日**　日比谷野外音楽堂「天国注射の昼vol.3」財団法人じゃがたら。共演は山崎春美&タコ、白石民夫、ロリータ順子、大里俊晴、美沢真之助、後飯塚僚、和田幸子、突然段ボール、PUNGO、近藤達郎、野方攝&コクシネル、Phew with 竹田賢一&A-Music、伊藤恵子&ハバナムーン、近藤十四郎&バカズ、FULLX、カヌーレ、グンジョーガクレヨン、VEDDA MUSIC WORKSHOP、SHGHING・P・ORCHESTRA、佐藤隆史、工藤冬里、片山広明、菊池隆、巻上公一&ヒカシュー、八木康夫&PICTOXO HA!、鳥居夷、原田依幸、小堺文雄、伊藤はじめ、アウシュヴィッツ from 京都、まだ from 京都、灰野敬二（不失者）などが参加し、出演者リストにある坂本龍一は仕事の都合で欠席した。協力は高杉弾（コンセプトドクター）、佐藤隆史（ピナコテカレコード）、村松恒平（宝島）、中村直也

（ナイロン100%）、宇野萬（GALLOP）他。

**九月一〇日**　新宿ACB　OTOじゃがたらの初ステージ。

**九月二九日**　渋谷屋根裏「FUN FUNK NIGHT」The "NEW" JAGATARAと名乗る。

**一〇月一七日**　渋谷屋根裏　この頃から『南蛮渡来』の制作開始。暗黒大陸じゃがたらに改称。

**一一月二二日**　法政大学学館ホール「ガレージ・オールナイト・ギグ」共演はノン・バンド、コクシネル、吉野大作&プロスティテュート、アンバランス、ジャングルズ、スターリン、友川カズキ&ヒップ・エレキ・バンド、フールズ、宮沢正一、連続射殺魔他。

**一二月二四日**　吉祥寺武蔵野館「シネ・ジャック・ツアー・イントロ」山本政志監督『闇のカーニバル』発売記念。映画にはナベ、EBBYが主人公の女性バンドのメンバーとして、江戸アケミがディスコで踊り狂う客として出演。

**▼一九八二年**

**一月三一日**　渋谷屋根裏

**二月から**『南蛮渡来』のレコーディング。ドラムにサミー加入。

**四月四日**　代々木公園「反核ライヴ」

**四月一一日**　新宿インクスポット。共演は人種熱、ジャングルズ。

**五月一六日**　昼・代々木公園、夜・目黒鹿鳴館。共演はフールズ、吉野大作&プロスティテュート、レベッカ

暗黒大陸じゃがたらファースト・アルバム『南蛮渡来』（アグリーオーファン・レコード後のドクターレコード）をリリース。

**五月三〇日**　『南蛮渡来』発売記念ライヴ　昼・原宿ル・ポンテ前、代々木公園、夜・横浜国大

『南蛮渡来』発売記念の関西ツアーを行う。

**六月一〇日**　横浜シェルガーデン

**六月一六日**　大阪あひる　共演はノン・カテリアンズ

**六月一七日**　京都ザ・シーン

**六月一八日**　名古屋E.L.L.

**六月二二、二三日**　渋谷屋根裏

**七月二四日**　代々木公園

**七月二五日**　渋谷屋根裏

**八月八日**　横浜ミッキー

**八月一一日**　渋谷屋根裏

**八月一四日**　青山サンクス

**八月一五日**　苫小牧アミダ

**八月一七日**　札幌8号館

**八月一八日**　札幌ベッシー

**八月一九日**　苫小牧アミダ

**八月二一日**　函館キャバンクラブ

**八月二三、二四日**　仙台ヤマハホール

この頃、大平ソウリがじゃがたらに合流

**九月四日**　渋谷屋根裏「寒い国から帰ってきた熱い奴」

**九月二二日**　東京芸大

**九月二六日**　代々木公園「代々木フリーフェスティバル」

**一〇月六日**　テレビ東京「ヤングTOUCH!」にライヴ出演。生放送中のスタジオにG.I.S.M.の横山SAKEVIが乱入し、アケミと乱闘になる。

**一〇月九日**　NHKスタジオ「渋谷陽一のサウンドストリート」（NHK-FM）に出演。放送は一五日。

**一〇月一〇日**　横浜大桟橋

**一〇月一四日**　横浜国大

**一〇月二九日**　芝ABCホールにて雑誌『ロッキングオン』主催のイベントに出演。

**一一月二二日**　法政大学学館ホール「オールナイト」共演はゲルニカ、ノン・カテリアンズ、近藤等則、アレルギー、フールズ、山口富士夫、千野秀一&林英哲、佐藤薫&川島バナナ他。

**一一月二五日**　同志社大学

**一一月二六日**　大阪スタジオ・アヒル　ドラマーのサミー脱退。

**▼一九八三年**

この年、篠田昌已、中村てぃゆうが加入

**一月一七日**　六本木マッドスタジオにて『家族百景』のレコーディング

**一月一九日**　『家族百景』のレコーディングにブルース・フォーラー、千野秀一参加

**二月一八日**　渋谷区駒場のマンションの屋上に「じゃがたらスタジオ（ジャガスタ）」を開設し、「日本株式会社（ジャパン・フィクサー）」のレコーディングを行う。

**二月二〇日**　渋谷屋根裏

**三月二一日**　横浜市民ホール　共演はA-Musik、ジョニー大倉、ビートたけしなど。

**三月二六日**　渋谷屋根裏　『家族百景』の「プッシー・ドクター」はこの時のライヴ・テイク。

**四月二二日**　横浜ジーン・ジニー

**五月二五日**　『家族百景』（ドクター・レーベル）リリース。ゲストに町田町蔵、和田哲郎（連続射殺魔）、ブルース・ファウラー等を迎えて制作。四谷フォーバレーで発売記念ライヴ。

**五月三一日**　渋谷パルコ３「モダン・コレクションVol.3」共演はタコ。

**六月三日**　読売新聞にじゃがたらと『家族百景』が紹介される。

**七月二日**　立教大学タッカーホール「最後のバトルロワイヤル」

**七月九日**　法政大学学館ホール「FUCKIN GREAT ALL NIGHT IN GAKKAN」

**七月一七日**　渋谷屋根裏

**七月二九日**　目黒鹿鳴館

**八月一三日**　横浜寿町「横浜・寿フリーコンサート」共演はA-Musikなど。

**八月二一日**　日比谷野外音楽堂「天国注射の昼vol.4」この模様は九月一七日に行われた「天国注射の昼vol.5」の模様と共にビデオ『回転禁止の青春シリーズ 天国注射の昼 ライヴ・イン・日比谷野音 1983.8.21/9.17』（東映ビデオ）に収録。両日合わせた出演はじゃがたら、山崎春美&タコ、コクシネル、ロリータ順子、大里俊晴、町田町蔵バンド、フールズ、突然段ボール、あがた森魚、友部正人、篠田昌已、千野秀一、ガーゼ、TOMATOS'、グンジョーガクレヨン、伊藤はじめ&ルンルン少女合唱団、ガガーリン、八木康夫&RICTOXO HA！、宇野萬（大駱駝艦）他。

**八月二五日**　渋谷屋根裏

**九月一七日**　日比谷野外音楽堂「天国注射の昼vol.5」八木康夫&RICTOXO HA！にアケミゲスト出演。

**一〇月一四日**　横浜シップ氷川丸

**一〇月二一、二二日**　渋谷屋根裏

**一〇月二六日**　新宿ツバキハウス「ニポニーズ・ナイトvol.3」S-KEN企画。

**一〇月二九日**　OTOプロデュースのフールズ『Weed War』じゃがスタでレコーディング開始。

**関西ツアー開始**

**一一月一日**　神戸三宮チキン・ジョージ

**一一月二日**　大阪キャンディホール

**一一月三日**　ライヴ会場の精華大学へ向かう車中で江戸アケミが「おいこれはヤバイぞ。ちょっとこれはヤバイことになってきたぜ。こりゃあ今日はUFOが来るぞ。精華大学の場所はおかしいとちゃうか？」と意味不明なことを言い出す。本番ではアケミが歌えなくなるアクシデント。終演後アケミはメンバーに「今日限りでじゃがたらをやめるからな」と告げる。

**一一月四日**　京都礫礫。朝から行方不明だった江戸アケミがリハーサルに遅れて登場。ナベ以外とは喋らなくなる。「ナベ、オマエもヤバイ。次はオマエの番だから気をつけろ」「俺は昨日言った通りやっぱり今日でじゃがたらをやめるからな」終演後、「オマエ等は大人だ、俺はガキだ。またライヴ遊びに行くよ」と言い残し、アケミは東京へ帰ってしまう。残されたツアー・スケジュールをメンバーそれぞれがヴォーカルをとることで消化する。

**一一月六日**　金沢大学　アケミ不在。

**一一月八日**　新潟ウッディ　アケミ不在。リハーサルでナベが発狂。アケミの予言通りになる。

**一一月一五日**　原宿クロコダイル　アケミ不在。

**一一月二二日**　白金クーリーズ・クリーク　アケミ不在。同日深夜、法政大学学館大ホール「オールナイト」アケミは深夜二時に現れ、明朝七時ちょうどに「タンゴ」の演奏を開始。この演奏は『君と踊り明かそう日の出を見るまで』に収録。

**一一月三〇日**　アケミの自宅兼事務所「ジョーのガレージ」を引き払い、アケミ都立松沢病院に入院。

**▼一九八四年**

**一月一日**　内田裕也プロデュース「10+1 New Year Rock Festival 83-84」に出演。アケミは病院から保護者付き添いの外出許可で登場。共演は桑名正博、ラッツ&スター、宇崎竜童ほか。

**二月二五日**　渋谷屋根裏　病院から一時外出許可を得ての出演。この演奏は『君と踊り明かそう日の出を見るまで』に収録。

**三月三一日**　アケミが長期療養のため高知の実家に戻る。じゃがたらは活動休止状態になる。

**五月**　OTOプロデュースのフールズ『Weed War』発売

**一二月二一日**　渋谷屋根裏　じゃがたらⅡ世で出演。ヴォーカルはEBBYとOTOが交代で行う。

**▼一九八五年**

**二月一〇日**　新宿ロフト　じゃがたら2世で出演。

**五月**　EBBYとナベ、松竹谷清&トマトスに加入。OTOプロデュースのフールズ『Weed War』発売。

**八月**　山本政志監督とぴあの八幡氏が高知のアケミの実家に赴き復帰を促す。

**九月一五日**　日比谷野外音楽堂で行われた山本政志プロデュース「アースビート伝説'85」でアケミ復活。パーカッションに三人、コーラス二人を加えた一三人編成のじゃがたらがアケミを迎える。この演奏よりヤヒロトモヒロ、ユカリ加入。共演は八丈太鼓、ハムザ・エル・ディン（スーダン）、フランシス・シルヴァ（ブラジル）、ネパール民族舞踏団、フールズ、町田町蔵＋人民オリンピックショー佐藤通弘（津軽三味線）、ピエール（元鼓童）、イザバ（ジャマイカ）。終演後アケミは高知の実家へ戻る。

**一〇月一〇日**　ライヴ・アルバム『君と踊りあかそう日の出を見るまで』（バルコニー・レコード）発売。『南蛮渡来』再発。

**一二月二七日**　都立家政スーパーロフトKINDO　アケミ療養中の高知から出張二回目のライヴを行う。

**▼一九八六年**

**六月八日**　渋谷ライヴイン　ＯＴＯが音楽監督を務めた映画、山本政志『ロビンソンの庭』の制作発表記念ライヴに出演。このライヴから南流石がコーラスとして参加。共演は主演男優でもある町田町蔵の人民オリンピックショー。アケミの東京暮らしの準備が整い、じゃがたらは再スタートを切る。以降ライヴや作品でのクレジットはJAGATARAに。

**六月二二日**　日比谷野外音楽堂「ビッグバーンセレブレーション」このライヴからユカリがコーラスで参加。共演は喜納昌吉、ブルーハーツ、紅竜とひまわりシスターズ他。

**六月二七日**　新宿ロフト「また、こんにちは」バルサン事件以来六年ぶりにアケミ率いるじゃがたらが出演。

**八月一日**　大宮フリークス

**八月一六日**　横浜寿町「横浜・寿フリーコンサート」小編成で出演。

**九月六日**　渋谷ライヴイン「TOKYO SOY SOURCE vol.1」ミュートビート、トマトス、Ｓ－ＫＥＮ＆ホット・ボンボンズと共に開催。現在では当たり前のライヴの間にＤＪを入れるというショースタイルを確立する。いとうせいこう、タイニー・パンクス、近田春夫、ランキン・タクシー、ＥＣＤ他も出演。

**九月二六日**　豊島公会堂　村田陽一加入。共演はプライベーツ、パパイヤ・パラノイア。

**一〇月四日**　新宿ロフト　ゲストにアーバン・ダンスの成田忍を迎える。

**一〇月二五日**　大宮フリークス

**一一月二日**　武蔵大学大学祭

**一一月一三日**　吉祥寺バウスシアター「The Rockers」共演は筋肉少女帯、グレートリッチーズ。

**一一月一五日**　新宿ロフト

**一一月二一日**　法政大学野外　共演はレピッシュ、バウンド、シーナ＆ロケッツ。

**一一月二二日**　六本木インクスティック　メンバー全員揃いの真紅のジャケット姿で登場。

**一一月二四日**　フジテレビ「ライヴ・ジャック」公開録画。一二月二二日に「裸の王様」「タンゴ」「もうがまんできない」の三曲がオンエアーされる。

**一一月二七日**　渋谷公会堂「What's shame」共演はソドム、プライベーツ、ルーズ、ゾルゲ、ばちかぶり。

**一二月二日**　横浜セブンス・アベニュー

**一二月二〇日**　六本木インクスティック　ライヴ・ビデオ『み・ん・な』発売記念。

**一二月二三日**　大宮フリークス

**一二月二五日**　インクスティック芝浦ファクトリー「TOKYO SOY SOURCE vol.2」共演はミュートビート、トマトス、Ｓ－ＫＥＮ＆ホット・ボンボンズ他

**▼一九八七年**

**一月二五日**　ＣＳＶ渋谷「じゃがたらフェア」

**一月二九日**　インクスティック芝浦ファクトリー

**二月七日**　新宿東映　石井聡互監督『狂い咲きサンダーロード』『シャッフル』ヴィデオ発売記念　共演はレピッシュ、大江真也。

**二月一五日**　新宿ロフト　ゲストにWAHAHA本舗。村松利史と佐藤正宏による「パンク演芸」。

**三月二五日**　2ndアルバム『裸の王様』（バルコニー・レコード）をリリース。ジャケットは色違いの4種類。

**四月一八日**　渋谷パルコ3　〝カラダの内から湧きでる踊りをできるかい?〟「DANCE MANIA 4 HOURS」四時間踊りっぱなしのライヴを行う。

**四月二〇日**　ライヴ12インチEP『UKI UKI』発売

**四月二九日**　ＦＭ横浜「インディーズ・ワールドナウ」でトーク。

**五月**　『南蛮渡来』再々発売。ブックレットに「黒い種馬」。エマーソン北村加入。

**六月二六日**　インクスティック芝浦ファクトリー「FUJI AV LIVE」

**八月一二日**　横浜セブンス・アベニュー「Beatnic Fes.vol.4」

**一〇月三日**　インクスティック芝浦ファクトリー「TOKYO SOY SOURCE vol.3」共演はミュート・ビート、トマトス、S－KEN＆ホット・ボンボンズ他

**一〇月一〇日**　サントラ盤『ロビンソンの庭』（バルコニー・レコード）をリリース。

**一一月一日**　日本大学芸術学部

**一一月三日**　上智大学

**一一月四日**　駒澤大学記念講堂　共演は大江慎也＋1984、スーパーバッド

**一一月二〇日**　法政大学学園祭前夜祭　共演はレピッシュ、パンタ、ゼルダ、シーナ＆ザ・ロケッツ。

**一一月二三日**　インクスティック芝浦ファクトリー「ROCK ASIA '87」

**一二月一〇日**　3rdアルバム『ニセ予言者ども』発売　渋谷パルコ3で三日間ライヴ「HEY GOGGOLE TOUR」

**一二月一五日**　名古屋ハートランド

**▼一九八八年**

**三月**　ライヴ12インチEP『JA・BOM・BE』、ビデオ『例のヤツ』発売

**三月一七日**　インクスティック芝浦ファクトリー「七色の汗」

**四月二三日**　インクスティック芝浦ファクトリー「TOKYO SOY SOURCE vol.4」ゲストに近田春夫を迎えての演奏。共演はミュートビート、トマトス、S－KEN＆ホット・ボンボンズ他

**八月七日**　仙台ロックンロール・オリンピック

**八月一二、一三日**　渋谷クラブクアトロ「夏の人喰い人種たち」

**八月二一日**　ヴィデオ『HEY GOGGLE』発売

**九月一七日**　インクスティック芝浦ファクトリー

**一一月二二日**　明治大学生田校舎

**一二月一六日**「天皇Xデー自粛に反対するコンサート NOISE IN X'es」アケミ出演

**一二月二五日**　インクスティック芝浦ファクトリー「TOKYO SOY SOURCE vol.5」

**一二月三〇日**　渋谷クラブクアトロ「BLACK MARATHON」共演はTEAR DROPS、SUPER BAD、七福神。

**一二月三一日**　渋谷クラブクアトロ「BLACK MARATHON」共演はフールズ、ばちかぶり、ドクトル梅津、トミー＆イエロー・ソウル・アーミー、近田春夫＆TOKYM FUNKABLICK BAND、SADS、村田陽一BAND、近藤房之助＆ONE ARM、SHIGAKI & WILL POWER。DJはECD、ザドイ、AKI PRODUCTION。

**▼一九八九年**

**三月二二日**　インクスティック芝浦ファクトリー「ナンノこっちゃい」ゲストに高田エージを迎えての演奏。共演はKUSU KUSU。

**四月二一日**　BMGビクターより4thアルバム『それから』、シングル「タンゴ完結ヴァージョン」発売。インクスティック芝浦ファクトリーで『それから』発売記念ライヴ

**五月六日**　日比谷野外音楽堂　ゲストに高田エージを迎えての演奏。共演はミュート・ビート、ティアドロップス。

**五月一二日**　汐留PIT「LIVE ON STAGE」共演はファントムギフト with 遠藤賢司・パンタ、近田春夫＆ビブラストーン、ボ・ガンボス、ネヴィル・ブラザーズ。

**六月某日**　渋谷公会堂　サリフ・ケイタ初来日公演のフロント・アクト

**六月二日**　富山大学

**六月九日**　大阪ミューズホール

**六月一〇日**　京都

**六月一一日**　名古屋

**八月一二日**　横浜寿町「横浜・寿フリーコンサート」この模様はヴィデオ『ベイビー！ごきげんにやってるかい』に収録。

**九月八、九日**　インクスティック芝浦ファクトリー

**九月一五日**　原宿クロコダイル　フールズのライヴに江戸アケミ飛び入り参加。「ナンのこっちゃい音頭」を歌う。

**一〇月二四日**　インクスティック芝浦ファクトリー「RRスピリッツの過激な夜に」

**一一月二三日**　新宿日清パワーステーション

**一二月六日**　5thアルバム『ごくつぶし』発売。

**一二月三一日**　インクスティック芝浦ファクトリー

**▼一九九〇年**

**一月二〇日**　CATV「ROCK THE ROCK」収録。アケミと鮎川誠の対談。放映は一月二四日。

**一月二一日**　アケミ、こだま和文を訪ねる。

**一月二七日**　アケミ、自宅浴室で溺死。三六歳。

**四月一四日**　日比谷野外音楽堂「江戸アケミ追悼コ

ンサート－西暦二〇〇〇年分の反省－」出演は角田大龍、トマトス、ガーゼ、西村茂樹、ティアドロップス、高橋耀懐、シーナ&ザ・ロケッツ、ジュネ、桑原延亨+石渡明廣+早川岳晴+角田健、S－KEN、近田春夫&ビブラストーン、高田エージ、フールズ、ランキン・タクシー、小玉和文、じゃがたら。

**五月二日**　マキシシングル「そらそれ」発売。

**▼一九九一年**

**一月二六、二七日**　法政大学学館ホール「江戸アケミ一周忌－西暦二〇〇〇年分の反省－」じゃがたらの出演は二七日。共演は淫女上人とミラクルヤング、JAZZY UPPER CUT、近田晴夫&ビブラトーンズ、Mr.Cristmas。

**▼一九九二年**

**四月八日**　ナベ急性肺炎で死去。享年三八歳

**一二月九日**　篠田昌已死去。

**▼一九九三年**

**二月七日**　渋谷オンエアー「JAGATARAなきJAGATARA」詩集『それから』発売記念　ゲストに伊藤耕、もりばやしみほ、小玉和文他

**二月二四日**　ベストアルバム『西暦二〇〇〇年分の反省』発売

**▼一九九九年**

**九月二五日**　一〇タイトルがCD再発。

**▼二〇〇〇年**

**一月二八日**　新宿ロフトプラスワン「ナンのこっちゃい祭」トークライヴ

**二月**　松原研二「じゃがたら写真集」発売。

**二月二〇日**　下北沢クラブQUE「一〇年ぶりのナンのこっちゃい」じゃがたら出演なし

**八月一五日**　陣野俊史『じゃがたら』刊行

**▼二〇〇一年**

**一月二六日**　新宿ロフトプラスワン「ナンのこっちゃい祭2」トークライヴ

**▼二〇〇二年**

**一月二五日**　新宿ロフトプラスワン「ナンのこっちゃい祭3」トークライヴ

**▼二〇〇三年**

**一月三一日**　新宿ロフト「じゃがたら2003〝業をとれ!〟～江戸アケミ一三回忌天国でのゴール～」

**一一月二六日**　『ナンのこっちゃいvol.1～3』（BMGファンハウス）DVD化

**▼二〇〇四年**

**一月一九日**　新宿ロフト「じゃがたら祭クニナマシェ」出演はWRENCH、MOST、界、SUPER Goooooooo!他

**一月二七日**　下北沢シェルター「じゃがたら祭クニナマシェ」出演はハイポジ、サヨコオトナラ、松竹谷清、エマーソン北村、かぼちゃ商会他

**一月三一日**　川崎クラブチッタ「じゃがたら祭クニナマシェ」出演はジャガタラ族、Sandii & Hula Angels、DEEP COUNT + DJ BAKU、渋さ知らズ、THE LUNATIC THUNDER、CICALA-MVTA、岡野弘他

**▼二〇〇五年**

**一月二七日**　新宿ロフトプラスワン

**二月九日**　DVD『この～～～!!（もうがまんできない）』（BMGファンハウス）発売

**▼二〇一〇年**

**一二月一五日**　『エド&じゃがたらお春 LIVE 1979』（ディスクユニオン）発売

**▼二〇一二年**

**一一月二、三日**　西麻布新世界「あのじゃがたらの名曲の数々を、南流石が舞い、渋さ知らズが奏で、そして、こだま和文が唄う」新世界二周年スペシャルとして。EBBYも緊急参加。

**▼二〇一五年**

**五月二二日**　西麻布新世界「じゃがたら新世界2015～Reborn of a ravel song」じゃがたら

**▼二〇一九年**

**三月一六日**　渋谷クラブクアトロ「TOKYO SOY SOURCE 2019」共演はKODAMA AND THE DUB STATION BAND、トマトス、S－KEN&ホット・ボンボンズ他

**四月九日**　下北沢マザーズ・ルーイン「没後27年JAGATARAナベNIGHT」CO-JAGATARA

**七月一日**　新宿オープン　江戸アケミ★生誕夜JAGATARA NIGHT　CO-JAGATARA

**▼二〇二〇年**

**一月二二日**　『南蛮渡来』『裸の王様』ヴァイナル限定の再発売

**一月二七日**　渋谷クラブクアトロ「虹色のファンファーレ」

**一月二八日**　渋谷ロフト9「Jagatara2020ナンのこっちゃい生サロン」

**一月二九日**　Jagatara2020『虹色のファンファーレ』発売

Photo by Kenji Matsubara

KAZUFUMI KODAMA / INTERVIEW

# こだま和文

# いまアケミが出すキーワードを想像するなら、「そらみたことか、俺は再三言ってきただろ」って

周知のように、こだま和文は江戸アケミが他界するまでのおよそ1年のあいだ濃密な時間を共有したひとりであり、自宅の風呂場で遺体となった江戸アケミを最初に水中から持ち上げた人物でもある。そのときの手の感触は、忘れようにも忘れがたいものであることは容易に察しがつくし、こだまのソロ作品『Requiem Dub』においても、江戸アケミの死は大きな影響を及ぼしている。

じゃがたらとミュート・ビートという、バブルの時代に政治と音楽に向き合った数少ないバンドのなかのふたつのバンドは、東京ソイソース以外でも複数回ツーマンをやっている。本誌編者もまたこの時代の両者のライヴを見たひとりだが、ここ最近のこだま和文のライヴで演奏されるじゃがたらのカヴァーからは、20世紀末に聴いたとき以上に、その言葉の切迫感が増しているのではないかと思うのである。

——最近はライヴでじゃがたらの曲を2曲もカヴァーされていますよね。

**こだま**　特別な理由はないんだよね。もともと好きな曲だったから。自分の歌を歌うということをしていなかったけど、この10年くらいの暮らしのなかで主にカラオケで歌を歌うようになって、歌を歌う良さが自分なりにわかってきた。歌いたくなってきて、いろんな曲を歌っているうちに、じゃがたらに行き着いたのかな。とくに「Tango」と「もうがまんできない」。そもそもレゲエのアレンジだったということもあるしね。

——じゃがたらを、いまこそ歌いたいという気持ちが芽生えたのかなと思ったんですが。

**こだま**　わりと自然に歌っていたなぁ。まずは自分の歌を歌うということに気づいた。俺も歌ってもいいのかもしれないって。自分が聴いていて、好きだった気持ちになった。本当は自分で歌詞も曲も書いて歌えたらいいなと思うけど、それよりもいまの自分がすぐに歌えることを生かしたかった。じゃがたらの曲に結びついたことに劇的な理由はないよ。でもいつも江戸アケミは自分のなかにいるからね。曲としても馴染んでいるし、一緒にやった曲でもあるし、つかみやすいよね。そういうことを経て、いまの僕のなかで歌える曲になったんです。

——他にもじゃがたらの曲で歌おうと思った曲はあるんですか?

**こだま**　もう1曲あるんだ。「ある平凡な男の一日」。でもこれはビートが違うからなかなか盛り込みにくくて。でも好きな曲だから何回か歌ったよ。

——じゃがたらはこだまさんの身近に常にあったんですね。

**こだま**　うん。

——この30年の歳月のなかで、こだまさんの江戸アケミに対する思いに変化はありましたか?

**こだま** 説明しづらいな。変わらないと言えば変わらないし。何か突然なくした大きさのままに、その後もいつづける感じがあるし。四六時中じゃがたらの音楽を聴いたり、江戸アケミのことを考えたりということはないけど、ちょっとしたときにいつもどこかしらに江戸アケミがいる。それは意識するわけでもなく、そういうことってあるんですよ。佐藤伸治がちらついたりいろいろあるんだけど。そのあとに亡くなっていった人もいるでしょ。また新たな人が去っていったときというのは、それ以前に亡くなった人のことも思い出すわけだよね。自分の現実ではない。でも、現実のなかにあるいまは亡きもの。それは心のなかにずっといついているもの。ツイッターを数年前にはじめたんだけど、江戸アケミの命日とか、自分が意識しなくてもネット上でそういう情報を目にする。するとその日はアケミについてまた考えることになったり。アケミは僕の誕生日の２日前に亡くなったこともあって、正月が過ぎて、自分の誕生日が近づいてくるあたりになると、どうしても江戸アケミが浮かんでくる。そのときに何かツイッターに書き込んだりしてみたり。そういう気持ちを毎年繰り返している。

――『Requiem Dub』『Stars』『A Silent Prayer』のようなアルバムはミュート時代に比べると圧倒的に内省的な作品ですよね。あの方向性には、アケミさんの死が少なからず影響していると思うんです。

**こだま** 大きなインパクトはあったよ。しかもミレニアムと言われていた１９９０年代、２０００年に移るまさにそのときだったから。しかも自分のバンドから離れたときでもあったし。

自分が年を取っていくということと合わせて、ときの流れが速くなったような……。10年という時間を短く感じているなかで、亡くした友人とかアーティストたちがものすごく大きい存在だった。そこに３・11、その前に９・11もあるし。めまぐるしい気持ちだったね。ミュート・ビート時代にも、ある思いみたいなものは意識せずとも反映した曲を作っていたと思う。演奏に関してもね。それは当時のグループとして、僕だけの思いじゃない、自分だけじゃないバンドとしての音楽性もあるわけ。ソロになってからは加速していったね。もっと自分がそこのところを強く意識した演奏なり、曲を作っていくということに踏み込んでいった。

――ひとりで向き合うというのは苦しいこと?

**こだま** 苦しいこともあるし、寂しいこともあるし。先に去っていった友人もいたけど、それは非常に個人的なものだろ。かたや９・11とか３・11それから中東やアフリカで起きていることを自分で大して勉強しないでも、日常的に入ってくる世界の変わりよう、あるいは変わっていないままにひどくなっているようなことも、どうしても影響してくるんだよね。それは江戸アケミがそういう意識をもって歌っていたからですよ。

――こだまさんとアケミさんが知り合われたのは１９８８年の仙台のオリンピックショーでした。そこから急速に仲良くなっていったというのは周知のことですが、晩年のアケミさんにとって、こだまさんだけが魂の友だちだったという話を大平（ソウリ）

さんやOTOさんはしますが。

**こだま**　そんなふうに言われると恐縮だよね。ただ、メンバー同士は家族みたいなもんだから、クッションもなければギクシャクしやすいんだよ。全員が全員正直だからね。僕はメンバーではない、そこにいた男として親しくできたことをありがたいことだと思うよ。だけど、江戸アケミとふたりで話していると、愚痴だけではなくて、ことごとくメンバーの話をするんだよ。OTOはどうだとか、エビゾウはどうだとか。

それ以降の僕のなかには〝ブルース〟という言葉がいつもあるの。〝ブルース〟っていってもいろいろあるじゃんってなるとめんどくさいけど。80年代に入って、僕と江戸アケミに共通していたかもしれない意味での〝ブルース〟。

アケミはじゃがたらのメンバーのことが大好きだったんだよ。よく自慢していたよ。僕は僕でじゃがたらのメンバーのことが好きだから、江戸アケミと一緒に話ができることが楽しかった。僕は僕なりにOTOとは親しかったから、OTOちゃんの話をしたり、アケミの言うことに同調したり。

——飲みに行ったり、電話で話したり？

**こだま**　一方的にただ電話してくる。メンバーにもやっていたみたいだし、それはもう有名な話。朝の5時とか6時とか、一番困る時間に電話が来ますね。電話を取ったら最初からダジャレではじまったりね。それをOTOちゃんに話すと、「またアケちゃん、それうちもだよ」みたいなことをみんな言っていた。江戸アケミというアーティストは、間を置かずいろんなことを考えて伝えよう、吐き出そうとしている人だったね。僕は晩年のごくわずかな時間に幸運にもアケミと親しくできたわけだけど、それのいきつく先があの死だから複雑なものがありますよね。

——こだまさんはアケミさんと知り合われる前のじゃがたらをどんなふうに思っていましたか？

**こだま**　OTOちゃんに誘われたり。

——OTOさんのほうが先に知り合われたんですね。

**こだま**　みんな80年代のじゃがたらがすごいって騒いでいたんだよ。だけどアケミの病気の状況とかでなかなかライヴをすることが滞っているなか、入院する直前か、復帰されたあとに、ライヴを観にいったね。みんなが騒いでいるのもわかるし、それ以上にすごいバンドだなって思いました。最初に見たのはツバキハウスだったかな。

　それが強烈でね。まあ、海外のバンドをそこに引用するのもなんだけど……ブロックヘッズだよ。僕のすごく好みな感じ。血を流すとか、それ以前に騒がれていたようなそういう初期のパンク・シーンみたいなステージではなかったんだよ。本当に江戸アケミが歌って、バンドはただそれに一体となっていた。ものすごくロックだった。エビゾウのギターもOTOちゃんもナベちゃんのベースも無敵な感じでものすごくロックだった。江戸アケミも歌とパフォーマンスをすることと以外は何も寄せ付けない。

僕は幸い生きているからね。生きてしまっているから。ときどき、自分が生きていて、それまでに亡くなってしまった人のことを思うときに、あいつは9・11や3・11を知らず去っていったんだなと思うんだよ。

僕の好きなロック・バンド。そのときはまだ江戸アケミと口をきいたことはなかった。そのあとは、仙台のオリンピックショー用の宿の畳の部屋にふたりで残されてお茶を淹れたり。

――最初に話したことは覚えてますか？

**こだま**　僕がお茶を淹れたのか江戸アケミが急須にお湯を入れたのかわからないけど、お茶でも飲もうかみたいな感じになって。広い旅館の2階で。江戸アケミ特有のずばずばと突っ込んでくる感じ。前置きがないような会話をする人だから、ありきたりにどうもはじめましてという感じにはならない。そのあと何度かライヴに誘われて、僕がセッションで何度か演奏をすることになって。「こだまちゃんって転校生みたいだな」とかいきなり言われるわけ。

――88年くらいのアケミさんのインタヴューを読むとすごくミュートのことを褒めていますよね。

**こだま**　それはとても嬉しかったな。それを江戸アケミから直接聞いたこともあるし、まわりから言われたこともある。ほぼ同世代で、江戸アケミのほうがひとつふたつ上だったからね。しかもアケミは高知、僕も福井県でふたりとも東京ではないところで生まれ育っていたから語らずともお互いに何か共通しているものはあったんだと思う。わかりやすく言えば〝ブルース〟だと思う。

――こだまさんから〝ブルース〟という言葉をはじめて聞いたかも。

**こだま**　それ以降の僕のなかには〝ブルース〟という言葉がいつもあるの。〝ブルース〟っていってもいろいろあるじゃんってなるとめんどくさいけど。80年代に入って、僕と江戸アケミに共通していたかもしれない意味での〝ブルース〟。とても曖昧で感覚的。そのブルース感は世のなかでは音楽的にも薄れていくんだよね。それはパンクがあり、ニューウェイヴがあり、テクノがあり。でもブラック・ミュージックのなかにもずっとそれはあって、ブルース・シンガーではなくても、ソウルと言い換えてもいいけど、ソウルというほど高揚するものでもない。あるキーワードがそこにあるんだけど、それは使わないよ。

――アケミさんは自分が生きている時代に対してある種の違和感、拒絶を表していたし、自分がいる音楽業界にも違和感を隠していなかった。常にアンビヴァレンスをもっていました。ソイソースでのミュートのライヴでアケミさんがズボンを脱いだのも、かならずしも自分のいる場所に居心地の良さを感じていなかったということなんでしょうか？

**こだま**　最後のソイソースでアケミに何かフリーで歌ってくれと頼んで、それを引き受けてくれて、そのなかで下半身を露出したんだけど。ある種アケミにとっては解放

された気分になってくれていたんじゃないかな。ミュート・ビートというのはまわりからはスカしたシャレたバンドと思われていたから。アケミは僕と直に関わることで、「お前ら勘違いするなよ」という挑発的な意味でそういうパフォーマンスをしたんじゃないかなと思います。僕のなかにもそういう気持ちはあったからさ。つまりピテカントロプスのようにあの頃の80年代の最先端のファッションとかバブルも含め、そこに対する嫌悪感は僕にもあったから。それを語ったりしたことはないよ。ふたりでしゃべっていると結局はそういうことに結び付く言葉ばかり言っていたりもするけどね。

　アケミの晩年、僕と親密になった時期はもっと静かな江戸アケミになっていた。自分の顔を割れた瓶で傷つけるとか、そういう過去の江戸アケミではなくて、もっと静かな感じなんだよね。だからふたりで一緒にいる時間が良い時間になっていたという気がするよ。アケミが僕の家にはじめて来てくれたときは、まだ怖さみたいなものを持っていたから、自分の部屋に突然江戸アケミが登場することに緊張したよね。突然怒り出したらどうしようとか、そういう気配は常にあったからね。そうではなくて、僕が作ったチャーハンを喜んで食べたり……。いままで僕が語ってきたエピソードによるところそんな人だよ。ワルツをかけたり、それに合わせて踊ったりね。それもある種異様な空気が出るわけ。僕はその頃クラシックをよく聴いていたね。とくにうちにお客さんが来たときは日頃自分が聴いている音楽ではなくて、僕がBGM的に選んだ曲を部屋で流すんだけど「こだまちゃん暗いよ」って。「暗いけど、あのフレーズがいいんだよ」って。

――こだまさんがアケミさんの家に行くということもあったんですか？

**こだま**　あったよ。あの人は都心にしか住んだことがなかったんだけど、僕と個人的に話すようになったのを境に僕の住む何駅か前に越してくるわけさ。引っ越してきて間もなくうちに来てくれて、次はうちに来いよという話になって、じゃあ行くよって。まだ引っ越したばかりのときだね。パリのレコーディングから帰ったあとで、ソビエトのコカ・コーラの空き缶を見せてくれたり、深大寺のそばを食いに行ったり、深大寺の墓のあるところを日が沈む頃に歩いたりね。なぜかお墓にたどりついて、江戸アケミと僕が墓場にいるという（笑）。それは亡くなる1、2か月前のこと。

――こだまさん自身はそのときミュートを辞めていた？

**こだま**　辞めると言っていたよね。89年の芝浦インクのミュート・ビートのライヴで僕は辞めたので本当にギリギリですよ。あれは12月だった。

　89年に入ってからの江戸アケミは、バンドのなかでの自分の身の置き方とか、メンバーとのやりとりとか、音楽をどうしていこうとか、そういうことに対しての行き詰まりだったり、自分とバンドが乖離していくような感覚を漏らしていた。それはバンドのせいだとか、メンバーがどうのこうのではなくて、当時のそののちに来るバンド・ブームのこともあるし、メジャーかマイナーかという問題。80年代から90年代に入っていくあの時期は、やかましい時代だったよね。業界も何かおもしろいミュージシャン、若い人を探したり、イカ天があったりね。音楽的にも業界としても、良いも悪いも動きが激しかった時代だったよね。良く言えば活気があったし、動きがあった。そこで自分は次どうするかということをアケミも思ったんだと思う。僕も思ったしね。

――それは時代の活気、動きに翻弄されていた部分があったということ？

**こだま**　うん。

――いまとは違う不安定さですよね。

**こだま**　狂ったような時代だったんだよ。目先のことしかないような動きをするのか、しないのかみたいな選択があった。そのなかで時代は刻々と２０００年に向かっていくわけだよね。バブルといっても実感はないけど、いま客観的に見たらああいう狂った感じがバブルだったのかということは言える。でも自分としてはそんなことないからな。

――勝手なたとえですけど、江戸アケミさんみたいな人は、事故がなかったとしても21世紀を生きることができたのかなと思います。音楽の意味や社会にしても、江戸アケミが望まなかった方向にどんどん走っている。いまのこの世界にいる江戸アケミさんをなかなか想像しにくいんですよね。

**こだま**　僕は幸い生きているからね。生きてしまっているから。3・11も9・11も知らずに去っていった人のことを想像しても虚しいよ。いま生きている人はどう捉えているのかということを見てもらったほうがいいでしょう。言葉にならないものをね。ときどき、自分が生きていて、それまでに亡くなってしまった人のことを思うときに、あいつは9・11や3・11を知らず去っていったんだなと思うんだよ。ただ、そういう感触だけだね。そこからもし生きていたらどうだっただろうかと想像してもしょうがないよね。こういう時代になってしまっているからこそ、そうなる直前、１９９０年までの晩年の江戸アケミのテンションみたいなものがあったんだという気がするよ。予測していたとまでは言わないけど、「このままじゃとんでもないことになっていくぞお前ら！」という気持ちがかなりあったと思う。何もかもがどうにもならない気持ちが音楽に対してもあるだろうし、バンドと関わってきていたと思う。アンビヴァレンスというか、自分のなかで起きている内面的なことと、外側で起きている世の中の状況、あるいはその先みたいなことを予感する状況にあったと思う。いまアケミが出すキーワードを想像するなら、「そらみたことか、俺は再三言ってきただろ」って。『それから』があって、『そらそれ』があって、「それみたことか」くらいの曲になると思う。ものすごくネガティヴなことを認めるしかないのに、それはネガティヴではない。

（取材：伊賀倉健二、
野田努＋水越真紀／小原泰広）

# 寄る辺ない夜を踊る

高島鈴

## 1

「おまえはおまえの踊りを踊れ」……全くその通りだ。

隣のやつが身を任せているリズムに、自分も合わせてやる必要はない。同じしぐさで踊る必要もない。それに「踊り」と言ったって、YouTubeの検索窓に「踊り」あるいは「dance」と打ち込んで出てくるような、体を「美しく」動かすアクションだけが「踊り」ではない。地べたを這いずりながら自分にしか出せない奇妙な声を震わせるのも、あるいは眼球を気持ちよくさまよわせたり、わずかに肌をはじく空気の振動に感じ入るのも、全部「踊り」と呼んでいいのだ。体が動かせるかどうかで「踊れる身体」が決まってたまるか。たとえ視線まで不随意な身体であっても踊りは可能であると、ここではっきり約束しておこう。あらゆるものは踊れる。というか、「踊り」はこの世のアクター全員に開かれていなくてはならない。だって「踊り」は、世界のリズムを拒絶して己だけのリズムを獲得するための試みなのだ。自分の内側にうずまく口に出し切れない何かを消化しようともがくしぐさの全ては、「踊り」と呼ばれるべきなのだ。群れきった身体は「踊り」によって孤独を取り戻し、静かに準備されてゆく。

なんの準備か？

もちろん革命ですわよ。

## 2

国会議事堂前ってのは嫌な雰囲気の場所だ。のっぺりとしてつるつるとして、茶目っ気も表情もない。ノイズは意図的に減らされている。人がいないわけではないが、みな立ち止まらない。警察官と警備車両ばかりうろついている。どの建物も警備されていて、用がなければ入れないところばかりである。面白い街だからまた来よう、とはなかなかならない。あのご立派な議事堂だって、目の前がちょうど道路になっているから、タージマハルの絵葉書のように真正面から向き合ってまじまじ眺めることはできないのだ。見るもの、遊ぶもの、座るところ、何にもなし。国会前には、自分を突き刺しうるようすがほとんど見出せない。

そして国会議事堂前《あのストリート》に集まっている人間のなかで、国会議事堂前が地元だというやつもほとんどいない。大抵の人間にとって国会前は「行って帰ってくる場所」である。すなわち国会前通いというものは、ちょっと気を抜くとすぐに「非日常」になってしまうのだ。これではいけない。デモはあくまで革命への前哨なのに、まるでデモが目的みたいじゃないか。

だからデモには「踊り」が必要だ。赤井浩太はヒップホップの論理がデラシネを土着させるのだと述べたが、それに似ている（*）。すなわち私的な大暴れによって、あの男根的な静寂を破却し、街の景色を組み換えるのだ。デモは日常的であるべきだ。抜歯のときにもらったロキソニンの飲み残しをなんとなくテレビ台に載せておくような適当さで、ポストに入っていた水道修理屋のマグネットを冷蔵庫に貼っておくような気怠さで、国会前を踏み荒らしたい。大きな法を身体ひとつで侵食する「踊り」のパワーを、もっと信じてもいいのではないか。というか、信じなきゃやっていけないんじゃないか？

## 3

じゃがたらの音楽について、私は何も知らない。なんたって江戸アケミは私が生まれる五年も前に亡くなっているから。この雑誌に寄稿してくれと頼まれた日まで、私は本当に全くじゃがたらを認知していなかった。

そういう身空で今じゃがたらを聴いて思うのは、これは運動が行われたその場で聞く音楽でもあるが、それ以上に運動の感覚を家までちゃんと引きずるための音楽なのではないか、ということだった。

国会前、立っているのに疲れてプラカを下げ、適当に目についた駅へずりずり吸い込まれようとするとき、最後、いつも振り返る。さっきまで私が混じっていた人の波はまだそこにあって、声を挙げている。それを見て、あーいい夜だー、と思って地下鉄に乗る……。私は毎回そういうしぐさを意図的に行なっていた。これも一種の「踊り」だったのだと、今振り返って思う。

この「踊り」には二つの意味があった。一つは自分の意思のみに基づいて「去る」選択肢をとるための儀式だ。大量の人間のエネルギーに気圧されると、後ろ髪を引かれに引かれて自分のタイミングを失ってしまう。これはよくない。人並みに飲まれてしまって、デモに長くいることを称賛し、早く去る己を責めるのも絶対によくない。自分の精神衛生上悪影響であるし、何よりさまざまな理由でデモに来たくても参加できなかった人たちの自責の念を助長してしまう。「現場に来るやつ／現場に来ないやつ」の二元論を温存すれば、そこに萌芽するのは権力である。

そしてもう一つは――こちらが本題だが――それなりの強さで「場」を共有した経験を、私は「いい夜」に留めておきたかった、ということだ。これはただの「いい夜」。日々のなかの、ちょっといいだけの夜だ。興奮が自分を覆い尽くさないように、疲労で全部どうでもよくならないように、私はデモに出た日を「いい夜」と名付けて、意味の変質を防いできたのである。

その「いい夜」の気持ちをさびしい地下鉄に落っことさず、己の生存拠点でしっかり握り続けるには、やっぱり何かサントラが必要になる。今の私がじゃがたらの音楽を聴いたとき、しっくり来たのはこの「生活と実践をつなぐ音楽」というポジションだった。

## 4

「あんた気に食わない!」

そう叫んだ瞬間にリズムが跳ね回る。「でも・デモ・DEMO」から始まる時点で『南蛮渡来』はやばいアルバムだ。「踊り」は世界の拒絶から始まると言ったが、「あんた気に食わない!」はまさに「踊り」を始める合図にふさわしい。

思い出してしまう。私が自我を得たのは、自分に拒絶が許されていると気づいたときだった。同じクラスになった子と仲良くしなくてもいいの? 結婚して子どもを産まなくてもいいの? やりたくないことをやらなくてもいいの?……本当に驚いた、受容は義務ではなかったし、自分で決めたことは自分の人生に跳ね返ってくるのだと、私は知らなかったのだ。「あんた気に食わない」と叫んで本当に「あんた」と縁が切れたとき、私は自分の言葉が自分の身体から発せられているのに気づいたのだった。

じゃがたらは今の私が聴くにはややマッチョである。「都市生活者の夜」はやるせなさに共感できるけれど、ゴールの向こうにいる「あの娘」もお前と同じ何かに期待しているだけの孤独な都市生活者だよと怒鳴りたくなる。「ある平凡な男の一日」に関しては「きっとゆるしてくれる」と目されている「平凡なオレの女房」の怒りに思いを馳せずにいられない。そういう大きな隔たりはひしひしと感じる。しかし一方では、私はじゃがたらを聴きながら記憶を掘り起こしている……。

こういう言い方が適当かどうかよくわからないが、じゃがたらの音楽には空間があるような気がする。「そこにいる」人間の息遣いや苛立ちが、立体的に「在る」のだ。その空間は開かれているが、同時に「踊り」に満ちた私的な場所だ。

私はその「踊り」を眺めながら、自分も踊る。これまであったことを思い出し、整理し、腑に落とす。「おまえはおまえの踊りを踊れ」。全くその通りだ。「あんた気に食わない!」と叫びながら、あらゆる景色に大きなものを侵食する余地を探り続けねばなるまい。

ちょうど今は午前四時少し前である。まずは原稿を送ろう。それから夜明けが来るまで、もう少し踊るのだ。


(*)赤井浩太「日本語ラップ feat. 平岡正明」『すばる』２０１９年2月号。

高島鈴(たかしま・りん)
１９９５年、東京都生まれ。ライター。ele-kingにて「There are many many alternative. 道なら腐るほどある」連載中。『文藝』２０１９年冬季号にエッセイ「シスター、背中は任せた」寄稿。

# 友を呼ぶサックス　篠田昌巳

平井玄

## 生きているサックス

篠田くんのサックスは今も生きている。
だから過去形では書きたくないな、とあらためて感じている。
今回、JAGATARA作品の中に彼の痕跡を探すことから始めて、手持ちのA-Musik音源やコンポステラ、カトラーたちとのCASSIVERといったオフノート作品を聴き直した。ネット上にも天注組やマヘル シャラル ハシュ バズ、パンゴやシェシズといった音を探し求める。さらに風の旅団や山谷の映画の音たちが生まれた30数年前、流れる時の川底に降り積もった記憶の泥を払う。そうしたことすべての始まりが１９７８年だ。生活向上委員会大管弦楽団の八王子アローン公演でデビューした彼の若々しい姿がこの網膜に残っているのである。

　とはいえ、スピードアップする世界で篠田昌巳はとっくにアーカイブの中にいる。オフラインに出よう。彼のサックスを聴いたのは、例えばこんな時間だった。

　日雇いたちに慕われた運動のリーダーが日の丸を背負ったスジ者に撃ち殺されたのは１９８６年。犯行現場は新大久保のコンビニ前だった。そんな年も暮れて87年の正月を迎える頃だ。浅草からしばらく北へ歩いて15分、そこが日雇いの街・山谷。ここの人たちは仕事のない期間を玉姫公園に寝泊まりして冬を越す。越冬闘争という集団サバイバルキャンプ。この危なっかしい舞台で演奏した連中が、

5月22日には小田急線下北沢で今度はチンドン屋稼業に身をやつす。曇り空の下、パチンコ屋の道ばたで演奏する様子がネットに残されている。

山谷を撮ったドキュメンタリー映画は二人の監督を喪った。それでも上映運動が始動する中、チンドンから5か月過ぎた10月21日水曜日の深夜。歌舞伎町のロフトでは天注組のライヴがある（以下の村田サイト参照）。ファンクビートに漂う人間たちの間に混じり、飲み屋で始発を待った私は地下鉄に飛び乗った。遠い工事現場にバンで送り込まれる日雇いたちの朝は早い。数千人のアンコ（日雇い労働者）たちが渦巻く朝靄の中、いかつい黒服の影を追って走ると、砂まじりの冷気が顔面を切りつけてくる。もっともこちらの稼業は色街のしがない洗濯屋。家族自営ではそう勇ましいこともできない。そういう日常も含めて、篠田昌已と仲間たちの音がいつも耳元で響いていたのである。

これもネット記憶とリンクした私の脳内アーカイブだ。現在に戻ろう。

今はもう山谷の路上から、日雇いたちが寝転ぶ姿も暖をとった焚き火もすべて消えている。暴動の傷痕など一見なにもない。ここが東京の底、肉体労働者が群がる寄せ場だったことなど、海外から来るバックパッカーたちの誰も気づかないだろう。レンガで舗装された山谷通りから南を見渡せば、眼の先に大きくスカイツリーが見える。何もかも地面の下に塗り込められたのである。

この時代に、篠田たちの旋律が生きた音として聞こえてくるのである。

コンポステラを聴けば異国から来た子どもがカタコトで呟くようなサックスが、CASSIVERに耳を澄ますと虎の唸り声にも変化していく。そんなアルトの気圏が体の周りに広がる。色も形も同じではないたくさんの音の雲。そのどれからもふくよかな音色が響く。聴いている体の中に柔らかな気体を醸し出して、聴くたびにその芳香に惹き寄せられてしまう。

現代の音楽家たちはネット世界に音の墓がある。もはやどんな人間もクラウド上のデータのひとつまみだから、それも当然だろう。アケミや篠田の音楽墓もそこにある。私でさえ寛永以来の江戸の墓地だけでなく、細切れになった文字データの墓標が死ぬ前から雲の上を彷徨っていると思う。人間は捕捉されるデータとしてウェブ上で永遠の死を生きる。

ところが、30年以上も前に鳴り響いていた篠田昌已の音の雲が体を通り抜けてしまう。どうにもうまく摑まえられない。それはデータ以上の何かだからだ。篠田くんだけじゃない。体をすり抜けるものこそが、ついに聴けなかった音、果たせなかった闘いに残された者を誘っているんじゃないか。そう思うのである。

## funk funk funk!

１９８０年代は、私にとって再び訪れた闘いの「秋」だった。秋（とき）と書きたい気分だからそうしたが、人生を四季に例えれば、じつは夏の終わりくらいなのである。60～70年代の余熱は長く尾を引いている。「もういっちょう別のやり方でやったるか！」という連中が道ばたにも酒場にもゴロゴロいた。要するに我々は、もといオレたちはバブル騒ぎに背中を向けて生きていたのである。それは分厚い時間だった。

音楽の世界でも同じである。今ではサブカル史の講座をカリキュラムに持つ大学も珍しくない。江戸アケミや篠田昌已が創り出した音楽をサブカルとは呼びたくない。そこで示される年表的説明をそのまま信じてはいけない。当時、JAGATARAや天注組のトロンボーン奏者だった村田陽一はその気配をこんなふうに言う（y-murata.seesaa.netより。やや整理した）。

> 1987年の新宿ロフトでのライヴ。当時24歳。この天注組というバンドはJAGATARAの交友関係から派生して参加させてもらった。むろん最年少。当時いろんなバンドに在籍していたがけっきょく将来的にビジネスで成功しそうなバンドに対して興味が薄れた。というよりは若気のいたりからそのバンドに対して嫌悪感すら持っていた。そしてそういった類いのバンドを次々に脱退し、JAGATARAやこの天注組といったある種アンダーグラウンド的なバンドに魅せられていった。

天注組のYouTube映像を観ればわかる。濃密なフリージャズ×ファンクなのである。ほとんど死に体だったフリージャズの撃攘的激情がファンクのグルーヴに揺られて甦っている。中尾勘二が撮った映像は時代のドキュメントとして貴重だ。このままリリースしたいくらい録音状態もいい。

ギターの石渡明廣がジャズとファンクの合流点にいる。彼のアドリブの鋭角とカッティングの跳ね方が音を配合するのだ。早川岳晴のチョッパーベースが捻り出す揺れがずぶとい。カメラの眼もついそちらに惹かれてしまう。つのだ健のドラムスは、山下洋輔トリオのドラマーたちが叩く前方にのめるリズムと比べて、体幹を前後にグイングインと漕ぐバックビートである。

一方ホーンのフレイズは高速でタテに動く。時岡秀雄のアルトサックス、篠田昌已のテナー、吉田哲治のトランペット、村田陽一のトロンボーンは海底に並ぶ火山の群れ。海面に溶岩流を次々と噴き上げる。さらに千野秀一のキーボードが火山弾になった。この乱流で聴く者は難破船と化してしまうのである。

私がCDストックに常備するドリンク剤のひとつは今なおマイルス・デイヴィスのDark Magusだが、時にそれを超えた噴火状態に達している。篠田が参加したグループの中でも天注組について語れることはほとんどない。もう一度、村田陽一の大切な証言を引こう。

> 非常に精神性の高い環境だった。ここで学んだことが今の自分を形成している。楽器のスキルや知識なんてのはあくまでも後づけで、どの環境でも身に付けることができるが、この精神

性に関してはいわゆる「お仕事」じゃなく、これらのバンドでなければ身に付かなかった。

ファンクは生きることの圧倒的な肯定である。フリーはさらに逸脱する過剰肯定。定常と遊動の関係と言おうか。このころあまりにも多くの人が死に、音楽も死んだ。1970年代が始まった頃から10数年間、聴く者もミュージシャンも体の中から「ファンク×フリー」に餓えていたのである。もちろん私も餓えに餓えていた。

マイルスが『Bitches Brew』を仕掛けたのは1969年だが、1967年には早くアーチー・シェップが『Magic of Juju』で、68年にはジミ・ヘンドリクスが「Voodoo Chile」でファンクの大海へ漕ぎ出していた。ジェイムズ・ブラウン&JBsの「Sex Machine」が世界に飛び出したのは1970年だ。以下はジャズ&ソウル&アフリカ系を追いかけた極私的な走り書きである。

『Dark Magus』と同じ1974年に録音されたチャールズ・ミンガスの『At Carnegie Hall』はファンキーといった方がいいが、フリー系も歓びに満ちて吹く。ニューアークの床屋だったジョージ・クリントンが『Chocolate City』でP-Funkの奇怪な片鱗を見せたのは1975年だ。フェラ・クティの『Zombie』はイギリス発売が1976年。オーネット・コールマンが脳幹をファンクした『Dancing In Your Head』は1977年である。アーサー・ブライスの『The Grip』も同年だ。ブラッド・ウルマーの『Are you Glad To Be In America?』は1980年に私の頭蓋骨と腰を連打する。サニー・アデの『Juju Music』が1982年である。

波動はラテン世界にもスピンする。マイルスの『On the Corner』と同じ1972年、ファニア・オールスターズの『Live at the Cheetah』が出現。1978年にはウィリー・コロン&ルベン・ブラデスの『Siembra』が点火されている。1982年にはキップハンラハンが『Coup De Tete』でアメリカン・クラーベの帆を揚げる。

江戸アケミのJAGATARAや石渡明廣の天注組は、間違いなくこの地球スケールの趨勢の中で現れる。かつて私はこのフリーとファンクの化合物について憑かれたように書いたことがある。そして放心したように音楽が遠くなった。

だが30年後に映像を観ると意外なことがわかる。

篠田は天注組のライヴでほとんどホーン隊の中に埋もれている。ユニゾンのリフレインしか鳴らしていないのである。同じようにフリージャズ第2世代の生活向上委員会から来た早川岳晴が抉り取るようなベースラインでグループ全体を引っ張っていくのとはまったく対照的に。

## ユニゾンと小さな音

JAGATARAで篠田昌已が全身で感じたのは、ホーンのユニゾンが発酵させるファンクの魔術じゃなかったのか?

篠田が加わったJAGATARAを次々と聴くと、あらためてそんな直観に取り憑かれる。江戸アケミの声がまるで甲本ヒロトに聞こえてしまう。逆だった。JAGATARAの『南蛮渡来』は１９８２年、ブルーハーツのデビューはその5年後である。真っすぐに伸びるアケミの声がヒロトのあの清々しい憂いを含んだ叫びを準備したのだろう。意味が剝がれ落ちてしまうすれすれのところで、声が言葉になる瞬間を生きる。これをメッセージというのは野暮だが、これこそ純粋なプロテストだ。そういう歌の原型みたいなものを江戸アケミは伝えたように思う。

こういう声の形を育てる揺りかごがファンクのビートではないか。篠田はこれに魅せられたと思う。１９８０年代に入ってすぐ、奇妙に見えるほどウルマーに入れあげる私に坂本龍一が呟いた。「ファンクのリズムにフリーの即興ってのはねー、どうかな」。彼は彼でニューヨークの事情で考えていた。これへの答えが『B-2 UNIT』だったと勝手に思っている。この作品は、いわばRage Against the Machineへの知的な予感じゃなかったのか。

篠田昌已が「小さな音」の大切さを話している映像がある。いつものにこやかな表情で、大きく激しく強い音とともに密やかな音色の力を語る姿が写し取られている。こちらが篠田が温めていた答えのひとつのような気がしている。

それは「友を呼ぶ声」である。江戸アケミや甲本ヒロトのヴォーカルの芯からもこの「小さな声」が聞こえてくる。

初めてA-Musikを見たのは１９８８年12月東大駒場の広場でだった。

昭和天皇崩御前夜。冬の夜空の下鳴り響く音は鮮烈で痺れた。江戸アケミの歌、篠田君のサックス、竹田さんのアバンギャルドな大正琴の音、A-Musikは熱いかがり火だった。（伊地知一子さんのTwitterより）

無断で引用して申し訳ないが、これは雲の上から降ってきた呟きの一滴である。30年前に東大の駒場寮撤去に反対する学生たちとともに、死につつある日王裕仁に萎縮しない祭りを催した時の光景である。人の集まりはよくなかったが、ステージ上はとても豪華な祝祭だった。

私たちは彼のサックスにいつも呼ばれている。データが雲の上を彷徨う不老不死の世界へではない。「生きて死ぬことの圧倒的な肯定へ」である。

平井玄（ひらい・げん）
批評家。１９５2年に新宿2丁目で生まれる。早稲田大学文学部抹籍。１９８０年代に実家で洗濯屋の傍ら山谷闘争を手伝う。出版界のフリーターとして働き、音楽や思想を論じてきた。著書に『路上のマテリアリズム　電脳都市の階級闘争』『破壊的音楽』『ミッキーマウスのプロレタリア宣言』『千のムジカ　音楽と資本主義の奴隷たちへ』『彗星的思考　アンダーグラウンド群衆史』など。

# 原っぱのような約束の地
## 篠田昌已からじゃがたらのほうへ

松村正人

どこかおっかなびっくりだった。

むろんこれまでも、じゃがたらの残党組にふれる機会は幾度かあった、そもそも１９８３年の江戸アケミの最初の離脱のときからじゃがたらはある面ではじゃがたらなきじゃがたらだった。ひとつのピースが欠けてもべつものがその不在を補い、不在の意味の重さはそのままに、しかしそれすら嚥下し蠕動しつつ前進する音楽運動体——と、じゃがたらを規定するとき、私たちは作品を仲立ちにじゃがたらという歴史と向き合っている。本邦ロック史上で凝然と鈍色に輝く名曲の数々、私たちはときに音盤で、まれにライヴの場でそれらに接するが、かかるのは基本、勝手知ったる既発曲でありライヴの場であればなによりそこには彼らの肉体の現前があった。ところが今回、令和二年のじゃがたらは２０２０なる西暦表記とともにまっさらな新曲ひっさげ登場する。彼らに畏怖に似た感情を抱くものとして冒頭のようになっても仕方ないではないか。

私はじゃがたら２０２０の『虹色のファンファーレ』をプレイヤーのトレイにCDをセットしボタンを押す。すると軽快なデジタルビートとともにギターとトライアングルがリズムを刻みだし、それに導かれたかのように南流石のヴォーカルは万感を内に秘めた静けさで流れはじめる。「みんなたちのファンファーレ」と名づけた新曲はイメージどおりの陽性の響きで弾むように展開するが、歌はメインヴォーカルとコーラスといわず、ソロイストと伴奏者を問わず、音とことばを投げかけうけとめている、まさに「みんなみんなたちのただひとりのアナタ」のための祝祭の歌である。このとき曲は唱和するものたちの眼前に拓けた登記簿に載らない約束の地となる。

ここを起点に、彼らが発声し唱和するはおそらく産声をあげたところから変わらない、というよりその産声こそ狼煙であり、平成を通じてくすぶった火だねがふたたび燃えさかるのが令和の世なのだとしたら――との期待とも希望ともつかないものを新作のもうひとつの新曲「れいわナンのこっちゃい音頭」はいだかせる。この泥臭いシャッフルのブルースは世相を挑発するじゃがたらの流儀でもあるが、それがゆえに「みんなみんなたち」のうちに永遠に欠けたピースがあることを舌先の苦みとともに呼びさましもする。私は何気に先述の論旨と矛盾することを書いているが、ライヴ以上にスタジオ録音にはそこにいないものの不在を決定づける働きもあるにちがいない。あるものにとってそれは江戸アケミのことばであり、ほかのだれかにはナベの存在感であり、私には篠田昌已の音がそれにあたる。

つまるところ私には、じゃがたらをじゃがたらたらしめるのは、旋律やことば以上に束になった管の旋律なのだった。2曲の新曲の、ことに後奏の朗々とした管の動きが立ち上がる瞬間に、私はああじゃがたらがいる、と思う。両方ともアレンジはOTOで、村田陽一がホーンの譜面を補っている。両者の卓抜な筆がなかりせば、このような旋律線は空間に描けない。しからば物故者＝篠田は関係ないではないか、と意地悪なつっこみもあろう。ところがそのようなサウンドの生態をつくるのに篠田の存在は欠かせなかった。「Super Star?」でも「タンゴ」でも「裸の王様」でも「でも・デモ・DEMO」でもいい、ファンクを雛形にアフロとパンクを接合しジャズをふまえブラスロックをいなすホーンセクションはどこにでもあるものではない。

全盛期の顔ぶれはトランペットの吉田哲治とトロンボーンの村田陽一、そこにサックスの篠田を加えた3管が基本形。名手ぞろいだが吹きすぎることはない。アケミの歌を立て合奏のバランスをみている。というより、管もまた別種の歌い手だとOTOはみていたのではないか。というのは、2本のギターや、後期のキーボードのように、メロディを分担するパートはほかにもあるのに、聴き直すと前者はリズムを、後者は（おもに）和声を担うのでわかる。ジャズでいうリズムセクションだが、アフリカからカリブまで、リズムの記名性が強まれば強まるだけ、管が支えるメロディの領域は大きくなる。むろんそこには歌心がなければならない。歌心とは旋律への立体的な考察と身体性の交感を指す。そしてそのことを、もっとも巧まざるかたちで表現し得たサックス奏者が、篠田昌已であり、じゃがたらの管は篠田の「歌／声」を基調の響きとする、と私は考えるのである。

サンプラーが呼びだしたSEにハイナー・ゲッベルスのセリフがかぶり、クリス・カトラーのくりだすドラム・フィルがキーンと音をたて飛来するV2ロケットのように音楽空間を不意に拓く、その瞬間の鋭角的な音のたちあがりはいまから27年前なのにまるできのうのことにように私の記憶の視界にうかびあがる、とはいえ細部はあやふやだし幕開けを飾ったのがその2年前に発表した当時の最新作『A Face We All Know』の収録曲で、トマス・ピンチョンの『重力の虹』をモチーフにしていたのも、二十歳になったばかりの私にはちんぷんかんぷんだったが、しかしわざわざ仙台から東京に鈍行を乗り継ぎ、たどりついた会場は想像以上に大きかったのは意外だったけれども、それまでに足を運んだ音楽公演のいずれともちがう体験がえられそうな期待に、たしか数百ほどだっただろうか、けっして多くはない客席の片隅に置いたわが身はふるえたのだった。新大久保労音ホールの舞台ではいま、ロック・イン・オポジション(反対派ロック)の首謀者として、フレッド・フリスとともにヘンリー・カウの中軸を担った英国人クリス・カトラーがハイナー・ゲッベルスやクリストフ・アンダースらドイツ勢とともに70年代末に結成したカシーバが演奏をくりひろげている。初期に在籍したサックス奏者アルフレッド・ハルトはすでにバンドを去っていたが、最初にして最後となった１９９２年の来日公演では日本人サックス奏者篠田昌已が彼の代役をぬかりなくつとめている。プログレッシヴ・ロックでもパンクでも、あるいはフリー(ジャズ)でもなく、それらの形式を抱合し、音楽外の記号とともに再構成する音のかさなりは、時々刻々変化する音の意味の関係が空間そのものを転換する不可視の舞台劇になぞらえうるなにかだった。

もっともこの感慨は当時の模様を記録したカシーバの『Live In Tokyo』(１９９７年)からひきだした後づけで、私はさきに述べたとおり、その日は目の前をすぎさる演奏に翻弄されていた。じゃがたらはすでに解散しており、音盤の本格的な再発も数年後となれば、私はじゃがたら体験が抜け落ちた最初の世代といえるのかもしれない。むろんじゃがたらという約束の地のウワサは仄聞しており、そこから蔦のように広がる人脈も、不十分ながら承知していた。私にはそのとっかかりが篠田昌已とジャズと即興と、アンダーグラウンドな日本の音楽だったのである。

ところが頭をもたげた探究心は行き場をなくしてしまう。なんとなれば、篠田昌已はその一ヶ月後に鬼籍にはいった。したがってあの日が私が篠田昌已の音のじかにふれた最初で最後の機会となった。１９５８年の生まれだから享年34歳、一般的にも音楽家としても長命の部類ではないが、篠田のひと筋縄ではいかない遍歴は目的地までの最短距離をつづらおりの道行きでたどるような広がりがある、その道程をふりかえれば、70年代後半、サックスの梅津和時とピアノの原田依幸の集団疎開を聴いたことにはじまり、八王子アローンを根城にした生活向上委員会を前身に、生活向上委員会大管弦楽団と改称した彼らの『This Is Music Is This!?』(80年)でレコードデビューにはじまるのである。副島輝人の『日本フリージャズ史』によれば「ポップ・アヴァンギャルド」第二世代とでもいえばいいだろうか。梅津らを先達にそのキャリアをスタートさせたことが篠田昌已の開放的な音楽性に寄与しているのはまちがいない。オーネット・コールマンらフリージャズ第一世代とシカゴの前衛派らが混ざり合ったロフトジャズのシーンから持ち帰った梅津や原田の見聞を自己の身体を通して再構築する、そのさい滲む日本の、俯瞰すれば極東の、さらにアジア大陸の意匠を演奏のうちにとりこみ、篠田昌已の音楽はジャズの線引きを越えていった。それがたんに(ポスト)モダニスティックな志向性だったら、80年年代末のダウンタウン派的な折衷主義に帰結する可能性もあったが、いち部のポストパンクが記号性よりむしろ演奏の（加）速度でニュージャズと親和性をもったように、戦略や構想に終始しない（できない）軽快な反骨心を前提に、後半期のコーネリアス・カーデューにも似た調性回帰の側面もけっして手放さなかった点に篠田の特異さがある。
大いなる歌心と街中を流すかのような歩みの自由さとサックス。

それだけで篠田昌巳は地上と地下とを問わず、音楽の場を拓いていった。音を出すこと、それを重ねること、ユニゾンの〝深さ〟を知るものにとって唱和することの意味もまた深甚である。その姿勢は音楽のみならず、路傍の営みへのまなざしにつながり、音を聴きつけたひとたちが集った場所は約束の地などと仰々しい言い方には似つかわしくない星降る原っぱのような場所だった。

Pungo『Waltz』
（Cut Out Records / 1995）
向島ゆり子を中心に、今井次郎、石渡明廣、久下恵生、佐藤幸雄ら、錚々たる面々と篠田を基軸に、最大で50名規模に膨れ上がったオルタナティヴ楽団の活動記録。80年代初頭のアンダーグラウンド名鑑。

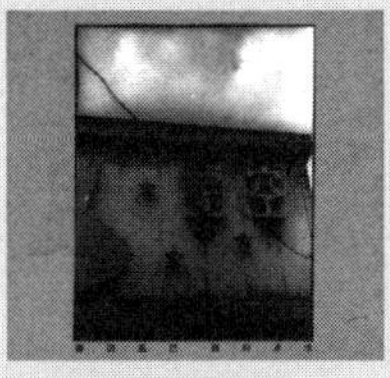

篠田昌巳、西村卓也『Duo』
（Off Note / 1996）
1987年9月17日水曜日、前橋市の百貨店前でのライヴ音源。篠田ユニットにも参加するベーシストとのデュオで聴かせる、後年のコンポステラを予告する楚々とした歌心の数々。

Compostela『Sign Of 1 = 1の知らせ』（Puff Up / 1990）
中尾勘二、関島岳郎とのブラス・トリオ。表題の「1」は本作が最初のアルバムであることを告げるとともに、彼らの「位置」する場所も指し示す。多彩にして豊潤な「日本のジャズ」の金字塔。

篠田昌巳『東京チンドン Vol.1』
（Puff Up / 1992）
ときに江戸アケミも呼び込みに加わったというチンドン楽団長谷川宣伝社での記録。途切れない旋律と歌心。シカラムータの大熊亘とともに。

Compostela『Wadachi』
（Tzadik / 1997）
残ったライヴ音源ではもっとも成功しているかもしれないと、中尾勘二みずから語るライヴ音源。そのことばにたがわぬタメの効いた抒情と、訥々とした語り口の行間が示す能弁な音世界。

松村正人（まつむら・まさと）
1972年奄美生まれ。編集者、批評家。雑誌『Studio Voice』『Tokion』の編集長を経て2009年に独立。編著に『捧げる　灰野敬二の世界』『山口冨士夫　天国のひまつぶし』、監修書に「ele-king」「別冊ele-king」など。2019年に単著『前衛音楽入門』をele-king Booksより刊行。同年末に音楽評論家湯浅学氏ひきいるフォークロック・バンド湯浅湾のベース奏者として、10年ぶりの新作『脈』（boid）をリリースした。

以下に掲載する原稿は、アルテスパブリッシングより2011年に刊行された故加藤典洋氏による日本のポップ音楽論集『耳をふさいで、歌を聴く』に収録された「じゃがたら」の再録になる。大平ソウリ直々の熱望があり、また、現在読むことができる「じゃがたら論」のなかでも卓見というべき一篇であることから、ここに掲載します。再録にあたってご快諾いただいたアルテスパブリッシングの鈴木茂氏、そして著者のご遺族である加藤厚子氏にはこの場を借りて厚く感謝を申し上げます。ありがとうございました。（編者）

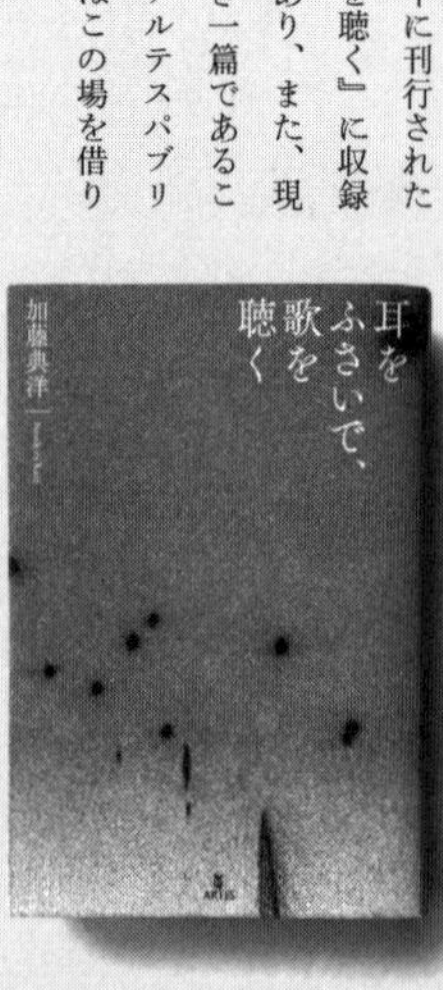

## A　はじめに

　これもあとがきに記すだろう経緯から、二〇〇一年、人に勧められ、促され、日本のロックを本格的に聴くようになり、聴くべきものを大量に送りつけられた時分、最初期に、これとこれを聴いてもらいたいと指定され、聴いたのが、この章で扱うじゃがたらと、フィッシュマンズであった。じゃがたらは江戸アケミを中心としたバンド、フィッシュマンズは佐藤伸治を中心とするバンドで、江戸と佐藤の年齢差は、十三歳。それぞれ一九八〇年代、九〇年代に一種カルト的な人気を博しながら、中心的存在のヴォーカリストの突然の死によって活動休止に追い込まれ、以後伝説的な存在として喧伝されることになった点が似ている。江戸は九〇年一月に三十六歳で死去し、佐藤は九九年三月に三十三歳で死去している。

　じゃがたらは、七九年に活動を開始、八〇年頃からヴォーカル江戸の「流血、放尿、鶏やシマヘビを生きたまま食いちぎる」などの過激なパフォーマンスで一般メディアの好奇の目を引き寄せた後、一転、音楽中心のバンドに転換、八二年に発表した第一アルバム『南蛮渡来』で当時、辛口の指南番的な批評家として知られた『ミュージック・マガジン』編集長中村とうよう、『ロッキング・オン』編集長渋谷陽一から絶賛され、まだ珍しかったファンク、アフロ・ビート、サザン・ロック等、多様なリズムと音感を混在させた音楽で、八〇年代日本のロック・シーンに登場する。その後、八三年、江戸の精神失調があり、以降二年間活動を休止するが、八六年の江戸の本格復帰後、八七年に第二オリジナル・フル・アルバム『裸の王様』、第三アルバム『ニセ予言者ども』をリリース、八九年、BMGビクターより第四アルバム『それから』でメジャー・デビュー。『ミュージック・マガジン』誌でこの年の日本ロック部門の第一位に選ばれる。同年末、第五アルバム『ごくつぶし』を発表するが、九〇年一月の江戸の死により、活動休止。バンドとしては実質的な解散にいたる。

フィッシュマンズは、八七年、佐藤を中心に、佐藤の属していた明治学院大学内音楽サークルのメンバー三名によって結成され、その後、メンバーの交代をへながら、九一年、第一メジャー・フル・アルバム『Chappie, Don't Cry』をリリースする。この先のフィッシュマンズについては、後に彼らの項で触れるのがよいが、ここに記しておくべきは、この第一アルバムをプロデュースした元ミュート・ビートのトランペット奏者兼中心メンバー、こだま和文の存在である。

こだまについては、コラムでも取りあげているが（「深く静かに」「攻撃的に」）、彼は晩年、江戸アケミが最も心を許す音楽上の友人であった。八九年末、自分のバンドであるレゲエの「ミュート・ビート」から脱退することを考えていたこだまに、江戸は、「俺もやめるよ」と洩らす。両者の間には深い共感があったようで、死の数ヵ月前、江戸はこだまの住む中央線沿線に越してくる。一週間前にも、こだま宅を自転車で訪問し、話している。九〇年一月には、江戸夫人の古市弥生からの問いあわせ、次いで知らせを聞き、夫人とともにこだまは、江戸の浴槽での溺死を確認している。

こだまは、直後、バンドを解散する。ソロで活動をはじめるが、翌九一年、独立後はじめての仕事としてプロデュースしているのが、右のフィッシュマンズの『Chappie, Don't Cry』。――佐藤がこだまの大ファンなのであった。アルバム・デビューに際し、こだまは、フィッシュマンズに、レゲエのリズムをたたき込み、音楽的に鍛える。

我々は江戸アケミとじゃがたらにまつわる労作、陣野俊史著『じゃがたら』（河出書房新社、二〇〇〇年）のうちに、ひときわ印象深いこだまの言葉を読むが、佐藤のバンドについて網羅する小野島大編『フィッシュマンズ全書』（小学館、二〇〇六年）の中で、再びこだまの証言に出会う。

九〇年前後の三年間に、二つのバンドはすれ違う。そこを斜めに通過しつつ、奥田民生の所属するバンド、ユニコーンが、大速力で解体していく。


八九年　ユニコーン『服部』発売。

　　　　じゃがたら『それから』音楽誌でこの年の日本のロック部門第一位。

　　　　活動して三年目のフィッシュマンズ、ようやく音楽事務所「りぼん」と契約。

九〇年　江戸死去。じゃがたら、活動休止。

　　　　こだま、ミュート・ビート解散。

　　　　ユニコーン第四アルバム『ケダモノの嵐』で日本レコード大賞受賞。

　　　　フィッシュマンズ、ライヴを渡り歩いて演奏活動。

九一年　ユニコーン『ヒゲとボイン』、
　　　　フィッシュマンズ、こだまのプロデュースのもと、『Chappie, Don't Cry』でメジャー・デビュー。


考えてみれば、じゃがたらと江戸アケミ、佐藤伸治とフィッシュマンズの音楽活動は、それぞれ、ほぼ八〇年代、九〇年代にすっぽりとおさまる。ともに足かけ十二年足らず。戦後の小中高六・三・三制の教育期間にもみたない。

# じゃがたら

### （1）来歴

## 1　キリスト教・清流・奨学金

じゃがたらの音楽は、江戸アケミなしには語れない。聴いて我々は、そのことを納得する。その内容は、人によって違うであろう。私はここに、私の取り分を出す。それを私の箱に入れる。

江戸アケミは本名を江戸正孝と言い、一九五三年七月、高知県中村市（現四万十市）で生まれている。母親が信徒だった関係で、幼児期にキリスト教プロテスタント派の洗礼を受けた。キリスト教からは後に離れるが、正直で生真面目、なにごとにも深く徹底して没頭、専念していく生き方、ないし資質に、父母から、あるいは教会からの影響が、残っているかもしれない。

個人情報はさほど多くない。江戸アケミに関する伝記的記録を、CDのライナーノーツと、前述陣野著の評論と、ウェブ上に現れる情報からしか得ていないのだが、散文的な、実直な記述と記録は見あたらない。ここにも、江戸をめぐる談論の一つの性格が表れている。単に私がよく調べていないせいなのか、管見に入る限りで、生まれた日にも、ウェブの記録に、七月一日と四月一日の二説があり、いずれが正しいのか不明。大学に入学した年、卒業したのだとするなら――ウェブでは卒業とあり、前述『じゃがたら』では「大学と縁を切る」と不明確な言及があるのみ――卒業の年が、はっきりとした形で示されていない。また、父についての言及がまったくない。と同時に、陣野著を含め、江戸への言及に、これらの欠落に対する欠落の意識があまり見られないことも、同様に特徴的である。

父親の職業は、別例のように、大工か。――そうなのかもしれぬが、確かめようがない。

生地、高知県中村市（現四万十市）は、日本で「最後の清流」とも呼ばれる四万十川の上流にある。

夫人古市弥生が述べるように、そこは、美しい場所である。

すごくきれいなところなんですよ。アケちゃんが生まれ育ったところって。こんなきれいなところで育っちゃったんだっていうくらい。そんな、東京なんて出て来なけりゃ良かったのにって思うくらい。そりゃ矛盾感じちゃうでしょうって思う。こんなところで生まれ育って、学校の先生になろうと思って、奨学金貰って、明治（大学）行って……そりゃ、屈折するよ、と。私はたまたま〝街の子〟なので、〝街の鼠〟と〝田舎の鼠〟が出会っちゃったって感じ。（陣野俊史『じゃがたら』、六六頁。以下特に断らない場合、書誌事項、インタビュー発言等の引用は、すべてこの本による）

学校教師になることをめざし、奨学金を得て進学した。（たぶん）一九七一年に上京。明治大学文学部地理学科に入学。授業に失望しつつ、しかし、八年をかけて（たぶん）卒業。右、陣野著によれば、「つまらない授業」しか提供されない「大学への絶望」をもらし、「社会変革への関与」を「大学進学のモチベーション」としていたとあるが、出典は不明。大学を離れたと「同じ月」、つまり七九年三月に、ファースト・ギグ（演奏活動）の記録がある。いつからどのようにその音楽への関心がめばえ、活動がはじめられたのかは不明だが、江戸は、この演奏で、メンバーに不満を感じ、直後、後にふれるメンバー募集をヤマハの告知板で行なう。同じ明治大学文学部演劇学科で映画を勉強していたEBBY（永井章）がその告知を見て、連絡。ベーシストのナベちゃん（渡邉正己）も友人を通じて合流。こうしてオリジナル・メンバーの核ができる。

半年後の九月一八日、ファースト・ギグのあった東京世田谷、上馬ガソリンアレイで行なわれたラ

イヴの音源が、残っていた。二〇一〇年になって復元され、発売されているが、それによれば、このときの音曲のラインナップは、

1．じゃがたらのテーマ
2．いめいじそんぐ
3．Hey Say!
4．もうがまんできない（I Can't Stand）
5．うまくいかない（何もかもは）
6．ウソの世界へ（Bon Voyage）
7．一緒にやろうぜ（ぶちこわせ）
8．南国美人

の八曲。「Hey Say!」、「もうがまんできない」など、後年のナンバーがすでに見えることのほかに、第二番目にある「いめいじそんぐ」が吉田拓郎の「イメージの詩」のカヴァー曲であることが、とりあえず、いまの時点で、我々の注意をひく。

## 2　南部ロック、ウェット・ウィリー、吉田拓郎

先に述べたように、江戸アケミがいつ、どのように音楽に関心をもち、音楽的に成長してきたのか。どこにその飛躍のきっかけがあったのか、などという話は、関係の文献を開いても、どこにも出てこない。彼の過去へと向かう視線は、ファースト・ギグから一年後、ステージ上での出血パフォーマンスから前述「流血、放尿、鶏やシマヘビを生きたまま食いちぎる」などの過激なパフォーマンスへのエスカレート、それから一転してのストイックな音楽活動への回帰という挿話によって、遮断されているかのようである。しかし、この哀しく馬鹿馬鹿しくもどこか思いつめた愚行の濾過樽を透過して

なお、消えずに、彼の音楽の出自めいたものとして幾度も「再帰」し、滲み出してくるのが、江戸の、フォーク・ソングへの思いに現れた一種の〝田舎の鼠〟の土の香りである。

じゃがたらのジャケット・デザインなどを手がけ、その周辺にあった八木康夫（現ヤギヤスオ）の手になる簡易評伝「黒い種馬じゃがたら１９７９〜１９８７」（以下「黒い種馬」）は、

第一期、一九七九年〜八一年を
七九年〜八〇年の「BLOOD」
八〇年の「BODY」
八〇年〜八一年の「UGLY ORPHAN」

とに三分している。以後、ストイックな音楽活動に向かい、活動休止にいたるまでの

第二期（八一年〜八五年）、

江戸復活以降の

第三期（八五年〜　）

と続くが、最初のギグに先立って江戸がヤマハのメンバー募集告知板に乗せたメッセージが、こう「引用」されている。

「当方、南部ロックやります。ウェット・ウィリー、マーシャル・タッカー・バンド、アメイジング・リズム・エイシズ等の音を目指してます。しかも、あくまで当方、プロとしてやっていく覚悟です。よってギタリストを求む。アケミ」（「黒い種馬」）

南部ロックとは、アメリカ南部出身のバンドによるロックを指し、「カントリーの影響を受け、アメリカの田舎を感じさせる」泥臭さ、土臭さに特徴をもつ、「ブルースをベースにした重厚感のあるロック」だとのことである。六〇年代後半から七〇年代にかけて多くのバンドを輩出している。右に

名のあがるウェット・ウィリー、マーシャル・タッカー・バンド、アメイジング・リズム・エイシズなどのほか、レイナード・スキナードなど、ものの本を覗くと色んな名前が出てくる。後にふれるサザンオールスターズの「サザン」にもその語感をとどめている。

このうち、ウェット・ウィリー、マーシャル・タッカー・バンドなどを、いま聴いてみる。すると、彼らの名をはじめて聴く私にも、江戸のめざしていた「音」の感じはよくわかる気がする。土臭く、しかも土から離れたサウンド。土から抜かれ、都会のアスファルトの上で、しなびていく細い大根の内部の、無音の手触り。ハイウェイで車輪に轢かれ、煎餅のようにぺかぺかになり、やがて埃になって消えかかるロード・キルをさらに轢くときのタイヤの感触。手に持ってかざすと、魚の干物のように、ところどころ透けて空が見える猫、野生動物とかの死骸の質感。じゃがたらを聴き続けた後に聴けば、江戸のめざした「音」の原郷がこのあたりにあることを、我々はすぐに納得する。

いま、ウェット・ウィリーの「Keep On Smiling」という歌をYouTubeで聴くと、その歌は、悪くない。コメントの欄の一番上に、こんな感想が載っている。「笑ってようぜ」。

〝I did two tours in Vietnam, when I returned in 1970 my girl had married a friend and had a son. I was in bad shape…lost a lot of brothers over there. This song helped me with the pain. When I hear it today everything comes back, sometimes worse than before…But I keep on smiling….Peace. Les Paul 4689〟

元ヴェトナム帰還兵、二〇一〇年のコメントである。

「Keep On Smiling」は素朴ではあるが、豪雪地帯からそのまま高速で東京都心まできてしまった四駆ＳＵＶの車蓋に時々残っているもの、土埃に薄汚れ、どろどろに溶け固まり、ざらついた雪の最後のひとかけの手触りを、なんとか消えずにとどめている。YouTubeの中で、マーシャル・タッカー

・バンドはテンガロンハットをかぶってロックしている。たぶん、江戸は、そのかっこ悪さにかっこよさを見、その硬質に刻まれるリズムと生活感、自暴自棄とけだるさと土臭さの混淆に「しなびた大根」の音を聴いたであろう。

さて、吉田拓郎の「イメージの詩」とは、彼の実質的なデビュー曲。七〇年に発売された、やはりヴェトナム反戦の時代の、素朴で正直で才気にみちた歌である。

古い船には新しい水夫が
乗り込んで行くだろう
古い船を　今　動かせるのは
古い水夫じゃないだろう
なぜなら古い船も　新しい船のように
新しい海へ出る
古い水夫は知っているのさ
新しい海のこわさを

（「イメージの詩」、吉田拓郎作詞）

七九年九月、東京世田谷上馬で江戸がカヴァーしているのがこの曲であり、江戸は歌う、「いめいじそんぐ」と題名を変えて。

イメージ・ソングとは、「1、コマーシャルソング・アニメソング等で歌詞に商品名・番組名などが登場しないタイプの楽曲。2、アニメ・ゲーム用に書かれた楽曲ではあるが、劇中において主題歌・挿入歌等として使用されることがない楽曲。3、その他、商品やサービス、企業や団体の宣伝のための楽曲であって主題歌、挿入歌、サウンドトラックいずれにも該当しないもの」とある（ウィキペディアによる）。吉田がある意味、素朴に歌い、名づけたプロテスト・ソングとしての「イメージの詩」が、こうして「最後の清流」の地から大都会の郊外の薄汚れた国道脇に、移送される。大根はじゅうぶんに「しなびている」。が、フォーク・ソングには変わりない。最初から、同時代の日本社会で、同時代の人間からとても理解されそうにない傾斜地を、江戸は「出発点」として選んでいる。

## 3　亀裂

バンドとしてのじゃがたらは、大きく五〇年代前半生まれの江戸アケミ、ナベと、五〇年代後半生まれのＥＢＢＹ、ＯＴＯとの間で後にふれる音楽上の志向性の違いをみせている。そこにメンバー構成上、バンドのもつ可能性と危うさとが現れているのが、特徴である。年少組のＥＢＢＹは、後年、述懐している。

> そのころ、カヴァーはまあいいとして、オリジナルを作るってことになったとき、アケミがもってきた曲が、吉田拓郎でね、俺、吉田拓郎って大嫌いだったのね、フォークで好きなのは、エンケンさん（遠藤賢司――引用者）と泉谷しげるくらいで。ビートがたってる人の方が全然好きだったんだけど、その吉田拓郎の曲を、ロック的にカヴァーしようってアケミが言い出したとき、すごく嫌だった。（一二二頁）

ＥＢＢＹは、江戸が「最初は『もうがまんできない』もフォーク・ギターで普通に、拓郎みたいに歌ってた」、「あれがすごく嫌」だったとも述べている。同じく先の七九年のライヴの頃の話だろう。そこでこの歌が歌われている。しかし、この歌、「もうがまんできない」が、――八二年に加入し音楽的に主導的役割を果たすやはり年少組のＯＴＯ（村田尚紀）の編曲をへて――アルバムに入るのは、八七年のことである（第三アルバム『裸の王様』で）。ライヴでは歌われ続けるが、それまではアルバムにも入らなかった。一方、「いめいじそんぐ」は、このたびはじめて「発掘」された曲。そのまま捨てられている。

フォーク・ソング的なるものは、江戸の音楽の風土的出自なのだが、顔を出してはメンバー、支持者からの拒否にあい、引っ込む。しかしまた時を経て、滲出してくる。以後そうした往復運動を、繰り返すことになる。日本のヒップホップの草分け的存在の一人、当時の支持者の一人でもある近田春夫の、陣野俊史からの問いへの答え。

――（じゃがたらでは――引用者）どういう曲が好きですか。

近田・嫌いなのは、フォークソングみたいなやつ。

――「中産階級ハーレム」とか。

近田・ああ、ああいうのは全部、嫌い。僕はどっちかっていうと、リズムとかタイミングが他の人とは違うやり方で彼が融合させたところが面白かった訳で、（略）だから『南蛮渡来』の中の曲が、全部好きかもしれない。（二四四頁）

――ちょっと話を戻します。フォークっぽいところが嫌いだとさっきおっしゃったんですが……。

近田・それは世界中のフォークが全部、嫌いだから（笑）。どうやってもフォーク、嫌いなんだよね。誰がやろうと、嫌いなんだよ。（二五四頁）

フォーク・ソング調の浮上は、メジャー・デビューとなる八九年の第五アルバム所収、右の「中産階級ハーレム」、あるいは「ある平凡な男の一日」あたりに僅かに見られる。「中産階級ハーレム」には「故ジョン・レノンと全フォーク・ミュージシャンに捧ぐ」という副題がある。しかし、死の前年のことだ。ファースト・ギグから死の前年まで。バンドじゃがたらを領導する江戸の内部には、ずぅっとその間、音楽的な亀裂が入り続けたままである。

## 4　愚行

じゃがたらといえば、前出の「黒い種馬」にその写真なども出てくる江戸アケミの過激パフォーマンスの印象が強い。しかし、江戸アケミを評価する者のほぼすべてが、この種のパフォーマンスの馬鹿馬鹿しさには手厳しい。これに冷淡に対している。にもかかわらず、江戸アケミへの評価が彼らにおいて変わらないこと、これによって見限られない点も、江戸をめぐる評価のもつ面白い特徴である。

　私の経験を言えば、私はその事実（「流血、全裸、放尿、浣腸、鶏・シマヘビの食いちぎり」）を知らされ、その写真を見て、このミュージシャンは小心であろう、そしてその音楽は聴くと攻撃的で、耳に痛いのであろう、と思い、後年のCDをちょっと聴いた後は、ほぼ数ヵ月の間、じゃがたらの音楽を遠ざけておいた。聴く気は皆目なかった。あるとき、送り主から感想を聞かれ、仕方なく、「発狂前」と「発狂後」というコンセプトで作られたという鳴り物入りのアルバム『君と踊りあかそう日の出を見るまで』の「使用前」の部、一九八三年一一月二三日法政大学で行なわれたライヴを聴いたのだが、最初の曲（「タンゴ」）がきわめて静謐であった。長く続くリフ（リフレイン・繰り返される進行）があり、口笛が鳴り、それから乾いた声で、断ち切られたトカゲの尻尾のようにうごめく歌がゆ・つ・く・り・と・はじまる。暴力的ではない。抑制されている。叫びはあるが、それでも静かさが領する。大音響があがるが、それでも静かさが領する。高圧に誰もが耐えている。抑えに抑えたロックが、爆発せずに、抑えに抑えたままに終わる。聴き手に、爆発はなかったが、破裂しなかった爆弾にお前は被爆したのであることを、後で確かめるよう、促すよう風情があった。バカな減らず口もありつつ、苛烈な演奏であること。そのことにも強い印象を受けた。

それで、このバンドが自分の思っていたようなバカなパンク・バンドではないことを察知したが、しかし、自分の先入観を撤回しようとは思わぬ。自分が間違っていたとは思わない。どんなにその後の、音楽が素晴らしいとはいえ、前述したようなパフォーマンスが愚行であることには変わりはないからである。普通は、そういうことをするパンク・ロッカーは、音楽に自信がない。自分の信じる音楽の道がリスナーに、社会に聞き届けられない、受け入れられないことの不安に耐えきれず、愚行に走る。だから「痺れる」音楽を聴きたい場合、我々はそういう弱いものを蔑み、排し、もっと音楽的に強靱なバンドを手に取り、耳を傾けるのである。

いったいなぜ、こんなバカっぽいことをしたバンドとミュージシャンが、その後、すばらしい音を出すことができるのだろうか。

後に結婚する古市弥生は、はじめて江戸の過激パフォーマンスを見たときのことをこう、述べている。

「本当にやりたくてやってんの？　って感じがしました。それと、ライヴを観ている客層が凄く厭で、いい音楽やれるんじゃんと思って、（略）じゃ、ちゃんとまともに音楽を作ろうよ、ということで一緒になっちゃったんですよ。とにかくアケちゃんより、周りで観ている人たちがとてつもなく厭でしたね」（三〇頁）

その後、じゃがたらに入り、その音楽方面の主導エンジンとなるＯＴＯも、言う。

「だから俺は最初、『何だこのグループは!?』とか思ってたね。（略）アケミのインタビュー読んでも『プロレスラーみたいな感じでやりたいんだよ』なんて書いてあって。『じゃあプロレスやればいいじゃねえか』とか思って。」（『クイック・ジャパン』Vol.26「じゃがたら復刻に寄せて」、二四頁）

オリジナル・メンバーだったＥＢＢＹも一時嫌気がさして、抜けている。

「そういうことばっかりしてると、どんどん演奏が中断するわけよ。二曲か三曲で演奏が終わっちゃうのね。で、俺もだんだんイヤになってきて、一回ケンカして『俺、やめるわ』って言って」

（二五頁）

ＥＢＢＹによれば、パンク流行のおりで、パフォーマンスの要素が強くなっていた。江戸は「めちゃくちゃ照れ屋」で、最初の頃のステージでは「反動でＭＣ（演奏の合間の演奏者の語り）でえらいつまんないギャグをガンガン言って」いたのが「間が持たなくな」る。「観客からヤジがとんできた」のに対し、「いきなり『だったら何とかやでえ！』とか言いながら額にマイクをバーンとぶつけ」たのが、この一連の、しばらく続く愚行の「きっかけ」だった。それがウケて、その後、「アケミ信者みたいなのが必ず来るようになって、そいつらが毎回、アケミにパフォーマンスをさせるようになった」。きっかけは江戸の不器用さとある程度の気の弱さであろう。しかしそれ以外の要素もある。けしかけた元マネジャー溝口洋は、マルコム・マクラーレン、ドアーズ、パティ・スミスの名をあげ、「バンドなんてスタジオ入って練習すれば、巧くなるのはあたりまえで、そんなことはどうでもいい」、むしろ「音の出所」が問題で、江戸は「そんな言葉に誠実に対応」した、と言っている。一方、同じようにプロデューサー的役割でじゃがたらのかたわらにいた映画監督の山本政志は、「あの路線に大反対だった」、「額切ったり、馬鹿みたいじゃん。子供っぽいし」と一言のもとにこれを切って捨てる。

　江戸自身は、明確なことを述べていないが、自分にもよくはわからなかったであろう。ただ特筆すべきは、この愚行の程度が度外れていたことだ。箍が外れていた。八木の前述「黒い種馬」の記述は、中途半端な書きぶりだが、「アケミは唄いながらおもむろに洋服を一枚ずつぬいでいき、みるまにハダカになる。頭を剃刀でカッ切る。そして、紙コップをもちだすと自らの股ぐらに当てがい小便をはじめる。啞然とする満員の客を尻目になみなみと放尿した紙コップをかざす。次にそれを飲みはじめ、客に向って吹きだすわ、頭からかぶるわ、驚きのあまり動けない女の客に小便まみれのカラダで抱きついて床をころげまわり、自らの肛門にイチジク浣腸をし、やわい大便をたれ流しながら逃げまどう客をイスをふりかざしながら追いかけまわしたりで、客のほとんどはマイナー（ライヴハウス――引用者）の外へ逃げてしまった」。その徹底度が異様である。

「じゃがたら自体は全然、パンクじゃないけれどね。ただ、アケミってああいうキャラクターなんで、逆に浮き彫りになるかなって思ったよ。（略）ほんとに純朴なやつだし。（略）意外にクールなところがある奴だった。何曲目の、何分ごろに額を切るから、どのタイミングでフォークを渡してくれ、とかね。結構醒めてた感じがする、俺は」（溝口洋、二六、七頁）。

八一年三月、「床に散乱していたビール瓶の破片で」「重傷を負い」、救急車で運ばれ、二十五針縫って、愚行は収まる。江戸は、不器用さとある種の繊細さとからこの愚行に走ったが、いったん走り出した後は、覚めている。その覚醒に、非凡なものがあった。彼は、ふいにやめる。

江戸と一時期、交遊し、音楽活動をもともにした町田町蔵（現町田康）は、言う。

「（江戸との交際は――引用者）流血のコンサートをするとか知っていて、僕は好きじゃなかったんですけれど、（略）アケミのインタビューが載っていて、非常に普通のことを言っていて、救急車で運ばれてみると非常に重傷だったので、あんまり意味がないので、止めることにしました、と。それでその人間に対する興味が湧いて、それからですね。」（二三四、五頁）

カミュの短篇に、ホテルの浴槽に釣り糸を垂れる人がおり、その人に、ここは浴室ですよと言ったら、知ってますよ、と答えたという挿話が出てくる。どこか、それを思わせるような話である。江戸は二段の引き出しのように内面をもっていた、と言ってもよい。それが突然愚行から撤退してみたら、かなり、音楽の能力、ロックの密度が高まっていた理由であろう、と。しかし、二つの箱として内面があること。それは、二つに分裂していることである。そのまま、これだけ徹底した姿勢をとり続ければ、普通の人間の容れ物は、壊れる。

彼の周りには、――陣野のインタビューに答え、江戸が小便を飲んだのは「あれもある種、健康法を先取りしていたかなあ」と嘯く――前述の溝口のほか、「お金が欲しかったせい」に加えて「自分の映画を盛り上げる」ことも考え（OTO談）、OTOにライヴ・アルバム『君と踊りあかそう日の出を見るまで』の編集と発売をもちかけ、実現させてしまう映画監督山本のような土臭さ・人徳とは無縁の才人も多く跳梁している。OTOのような音楽的偉才、こだま和文のようなすぐれた音楽的僚友、近田春夫のような都会的異才、金平茂紀のような異数の真性ジャーナリストと、江戸は多種多様な人々をひきつける。ある意味で許容範囲を超える内容を盛ったコップが江戸アケミという容器なのであった。この後、彼らじゃがたらは、第一アルバム『南蛮渡来』を作り、聴く者を驚かせる。

## （2）高圧炉とエントロピー

### 1　『南蛮渡来』——駄洒落／空耳

じゃがたらが世に送り出したフル・オリジナル・アルバム六枚のうち、どれを最良とするかについては、さまざまな意見があるだろう。陣野著『じゃがたら』末尾のインタビューによれば、町田康は、第三『裸の王様』所収の「岬でまつわ」、「もうがまんできない」をベストとしており、山本は、江戸が狂気におちいる直前のライヴに「一番緊張感があった」とする。近田春夫のベストは、前述のように第一アルバムの『南蛮渡来』である。

私の耳も、近田に近い。私のベストは、『君と踊りあかそう日の出を見るまで』を番外として、一位が『南蛮渡来』、これに少し離れて第三アルバム『ニセ予言者ども』、あと『それから』中の一つ、「つながった世界」が続く。近田は、言っている。理由にあげられているものが、たぶん私の耳の語るものと同質である。

> 近田・最初にじゃがたらの歌を聴いたときに思ったのは、（略）日本語の持っている特性を芯にしてすごく有機的なリズムを作っているところに衝撃を受けた。それがどうやって作られたものなのか、わかんないんだけれど、直観的なことなのか、技術的に詰めていったことなのか、わかん

ないんだけれど。(二四四頁)

だから、『南蛮渡来』の中の曲が、全部好きかもしれない。

――「タンゴ」って町田康さんもおっしゃってたんですけど、普通に歌うと、全然別のジャンルの歌に聴こえるじゃないですか、ムード歌謡とか、演歌とか。

近田・それはアケミの歌い方の、乾き具合がいいんだろうね。あんなふうに、強くて乾くというのはなかなか難しいから。(二四五頁)

また、

近田・(略)言葉自体にリズムがある。他の楽器がなくなって、言葉だけ繰り返していても打楽器として機能するような。打楽器なんだけど、そこに意味を持たせている、という、そんな言葉を見つけてくることに関しては、スキルとは言わないけど、やっぱり考えていたと思う。直観ではないと思うんだ。長時間かけて練習やって、(略)そうやって歌詞として定着してきた言葉だと思う。(二五五頁)

私の耳にも、じゃがたらの歌は特別に聞こえる。それは歌詞だけ見ているなら、なんということのないコトバが、いったんじゃがたらのリズムに刺し貫かれて、リズム、メロディ、和音とのアマルガム状態でやってくると、別物になる。将棋の盤上ですべて裏返る。「金成り」となって耳を撲つ。その「強くて・乾く」「打楽器として機能する」変容感が、独特で、心地よいのである。

この歌、「タンゴ」について、町田が言うのは、カヴァーして歌おうとしたが、やってみると、「あんな感じにならない」、

「普通にやるとね、へなへなの歌謡ＧＳみたいになってしまう（笑）。或いはフォークソングみたいな。（略）」（二二八頁）

ということである。これを受けて聴き手の陣野が、先日あるグループがカヴァーしてやるのを聴いたが、やっぱり、ヴォーカルの声が江戸アケミに「近い」のに、「結局、ムード歌謡になっていた」と話すのに、町田は、『タンゴ』はコード進行だけ普通にやると、ムード歌謡みたいになってしまう。それがあんな感じに聴こえるのは、ナベちゃんのベースも大きいと思う。特徴的な」とも答えている（同前）。

この時期を含む江戸アケミの作詞が、歌詞としてひどいものであることについては、定評がある。否定的な指摘、証言は枚挙にいとまがない。

たとえばここにたびたび使わせてもらっている『じゃがたら』の著者陣野。彼が同時代にあってじゃがたらを聴かなかったのは、ファンク、レゲエの反復性、「そこから派生する精神性」に違和感を抱いていたことに加え、江戸の「歌詞に馴染めなかった」からである。

直接的すぎる、と思った。（略）江戸アケミの口から吐き出される言葉は、命令形の高圧的なそれに思えた。メッセージは伝達可能性が高ければ高いほど、曲自体は貧弱なものになる……（一一頁）

年少組メンバー、ＥＢＢＹのこんな発言、

「俺、最初、ピンとこなかったんだよな。あの、〝じゃがたらお春〟っていう名前が。なんかね、バンドの名前決めるときに、目が点になった。売国奴って言われた人間に、アケミちゃんが自分

のイデオロギーを結びつけたんだね。それが嫌だった。」(一二二頁)

も、山本政志の感想、

最初、アケミはそれを歌詞に直接表現し過ぎて、(略)〝業界の太鼓持ちどもよ〟とかさ、恥ずかしいじゃん、あんな歌詞(笑)。頭悪いなあ、と思ったよ。初期の詞はほんとひどいと思った。(略)

(略)最初の批判的になる詞が特にひどかった。〝ロック時代の落し子たちよ〟とかさ町内の説教オヤジみたいなの、なんか耐え難かったな、(二一二頁)

も、近田春夫の指摘、

アケミの詞は、(略)好きじゃないやつは、どこか説明的に感じるようなもので、「中産階級ハーレム」なんか説明的でしょ、(二四五頁)

そんな、週刊誌読んでも書いてあるようなことを歌にしてもしょうがないんだから、浜田省吾じゃないんだからさ。(二四六頁)

も、同じことを言っている。江戸の歌詞は、いくつかの例外を除けば、コトバとして見る限り、メッセージ性が濃厚で、説明的で、「恥ずかしい」。ほぼ誰の目にも、「なんか耐え難かったね」なのである。
もっとも、このことについて、陣野は、しかしそのとき自分は江戸の歌詞が「どれほど日本・日本語に深く突き刺さっていたか」「大切な言葉」であるかを考えていなかった、と述べている。山本は、「でも曲は才能あるなと思った」、歌詞も精神失調から回復した後、「ぐっと良くなる」、と言っている。

また近田も、江戸のうちの「説明不可能なんだけど、何か手ごたえがある、みたいな」歌詞は、「いい」ものだと語っていて、これらの否定は、いずれも留保付きである。

しかし、私のこの点に関する考えは、彼らと異なる。じゃがたらにおける江戸の歌詞の本質は、――バンドと歌が生き生きとしたものであった間は――とにかくひどい、しかし歌われると、ひどいモノと聞こえなくなる、というところにあった。それが、じゃがたらの音楽のヒミツであろう、というのが、私の考えである。

陣野は、右に引いたところから出発して以後、「歌詞」の「政治性」にも注目するようになっていった所以をレユニオン島からやってきたミュージシャンとの交遊にふれ、「リズムの快楽と歌詞の思想との奇蹟的ぶつかり合い。そこにスパークする火花が、じゃがたらという名前になって、私たちの耳に届いていたのではなかったろうか」と述懐する（一五頁）。言おうとするところは、こうした陣野の言いようと大して違わないのかもしれぬが、私は、もう少しはっきりと、じゃがたらの江戸アケミの歌は、たとえ・どんなに恥ずかしい政治的で直接的な言葉であっても・そこで歌われると・いったん意味のない「音」に変換され・凝固し・石の硬さで聴く者に届く。それが比類ない点である、じゃがたらの歌の本質である、と言いたいのである。

こう考えるとき、江戸アケミの「駄洒落」、「えらいつまんないギャク」の話は、重要なポイントとなって浮上する。彼はさかんにおやじギャグを飛ばした。たとえば、後期のEBBY作曲江戸作詞の秀作、「つながった世界」。「今が最高だところがっていこうぜ」というリフレインが、最後、「今が最高！」、「今、今、今、今」と大団円に近づくと、「玄関じゃねえぞ、居間だぞ」、江戸のまぬけなおやじギャグが聞こえてくる。

二つ後の「中産階級ハーレム」では、「ヤツは肥えた」が、ある一線を「ヤツは超えた」に先立つ。

ビデオ『ナンのこっちゃい』に入っている東大駒場でのライヴでのMCは、「へい、原発、なんで原発反対、散髪反対」「反対、反対、安保反対。インポ反対」。

聴衆はシラケたであろう。ところで、ドラムのテイユウ（中村貞祐）のこんな証言。

　京王プラザに階段があったって、普通の人はエレベーターでいくでしょ。でもアケミと俺は、階段を一つ上るごとに、シャレを言うって決めて、それを50階。20階くらいで俺、ダウンしたよ。階段だけでも20階って辛いよ。アケミはテンパってるとき、最後まで行ったよ。〝大丈夫なの、足、痛くないの〟って訊いたら、大丈夫だって。（略）凄いのは、ギャグを連発するってことだよね。ギャグなんてそんなに続かないって。それがなぜかおかしいから、俺も笑っちゃうんだよね。

これもちょっと異様だが、しかし、このおやじギャグ癖が、横浜のドヤ街寿町でのライヴで、「もうがまんできない」という歌のサビにあたる「心のもちようさ」の個所が歌ううち、「心の気持ちよさ」に変わった、という話までくると、我々も立ちどまる。それは、こんな歌である。

「もうがまんできない」
ちょっとのひずみなら
なんとかやれる
ちょっとのひずみなら
がまん次第でなんとかやれる
日々の暮らしには辛抱が
大切だから
心のもちようさ

ちょっとの裏切りなら

水に流せる
ちょっとの裏切りなら
水に流してしまおう
人の愛には打算が
いつもついてまわるものさ
心のもちようさ

さらに、「ちょっとの甘い罠には／はめられもする」、「ちょっとの搾取なら／がまん出来る」の三番、四番があり、最後、「心のもちようさ」——心の持ちようで何とかなる——のリフレインがえんえんと続く。タイトルが「もうがまんできない」なので、最後に、「しかし、ちょっとでないひずみだから」、「ちょっとでない裏切りだから」、「ちょっとでない搾取だから」今度こそは「もうがまんできない」となるかと思って聴いていくと、それはない。そのまま、「ちょっとのひずみなら／なんとかやれる」

心のもちようさ　心のもちようさ
心のもちようさ　心のもちようさ

のリフレインで終わる。ちょっと非凡なのだが、寿町ライヴでは、気づくと、

心の気持ちよさ　心の気持ちよさ
心の気持ちよさ　心の気持ちよさ

に変わっていた、という。

駄洒落である。が、この挿話は、じゃがたらの歌にとって駄洒落とは何かという意味の在処を、教えているであろう。言葉はメッセージとして武骨に書かれる。置かれる。ときにそれは、恥ずかしい、馬鹿な歌詞である。

　　ちょっとの搾取なら
　　がまん出来る

でも、これが、歌の中に投じられると、化学反応を起こし、合金化し、「音《オン》」に変わる。いったん「意味《イミ》」は抜き取られ、オンとなり、我々の耳を撲つ。そして水中花よろしく、そのうすっぺらくて空にかざすと透けるものが、我々の意識の水に浸され、「意味」に戻る。しかし、その変換式にちょっとしたバグが入り、揺さぶりがかかると、五音のモチヨウサが五音のキモチヨサにずれる。もうがまんできないときに、それでも、ちょっとのひずみだとばかり、なんとか辛抱していく、それは心のもちようさ、というメッセージが、気づくと、心のきもちよさ、というまったく異質の光景に転換しているのである。

この転換後の風景は、たとえば、ジョルジュ・バタイユが著書『エロティシズム』の中に収めている、アヘンを吸引しながら切り刻まれ、死刑に処されていく中国人の写真像といったものであろう。先にふれた個所で陣野俊史が、レユニオン島のミュージシャンの歌にふれ、「リズムの快楽と歌詞の思想との奇蹟的ぶつかり合い」と書いていたことでもある。それは、モチヨウサとキモチヨサが意味《イミ》に戻って隣接＝撥水／合体することの、キモチヨサである。意味《イミ》の異なるものがふれあうこと、無意味な音《オン》と無音の意味《イミ》が化学反応し、互いに置き換わることの快楽、キモチヨサである。江戸アケミに言わせれば、「オンじゃねえぞ、オフだぞ」。音《オン》になることがオフ、なのだ。意味がオンとなり、歌のリズムに身をゆだねることの快楽、心のキモチヨサなのである。

この話を聞いた後、この音の意味の戯れなしに、第二アルバム『裸の王様』所収「もうがまんできない」は、聴けないようになる。空耳で、最後が、心の気持ちよさ、と聞こえてくるのだ。もし歌が、本当に力を発揮したら、それは・どんな恥ずかしい言葉でも、恥ずかしく・聴かせない。コトバを恥ずかしいとか・直接的すぎる・説明的だ・よい歌詞だ・とかいうのは、歌という美の前で、相対的なことなのである。ウタにとって・ビとは・ナニか。「今が・最高・だと・ころがって・いこう・ぜ」。言葉が打楽器になる。そのように・一瞬ではあるが・じゃがたらの歌は・思わせる・のである。

駄洒落と空耳は、江戸アケミの心中における言葉の位置をよく示しているであろう。そこでは、歌にノるのによい言葉があり、よい歌詞があり、それほどよくない言葉があり、それほどよくない歌詞がある・のではなく、よい歌と言葉の関係と、それほどよくない歌と言葉の関係がある。それだけが・ある。

そのような観点からじゃがたらの歌を聴くと、第一アルバム『南蛮渡来』の歌での、楽曲の中での江戸アケミの声は、ゆったりとしており、深々としており、そう、近田の言う「強くて・乾く」。強くて・乾いている。言葉を音《オン》として。つまり、打楽器音として、使っている。声と音の間が、十分に離隔している。言葉と音の間にじゅうぶんなオフ（空間）がある。そこで、「でも」という言葉は、街頭の「デモ」というようにも聞こえるし（デモンストレーション）、「DEMO TAPE」の「DEMO」というようにも聞こえる（DEMONSTRATION）。何のことはない、じゃがたらの第一アルバム『南蛮渡来』の冒頭、最初の曲のタイトルが「でも・デモ・DEMO」。駄洒落なのであった。

日本人てくらいね、性格が暗いね
日本人てくらいね、性格が暗いね

演奏全体、音は、低く弾道のシュート・ボールのように抑えられている。無回転である。放尿、浣腸、流血、――江戸アケミふうに言えば、そこには前ならぬ、嵐の後の静けさがある。「季節のおわり」。

　　ファシスト、ファシスト、ファシスト

BOY　くれてやれ
毒入りのワインを

くだらない歌詞だが、どんなにくだらなくともオーケー、ベエベー。
「BABY」。

OH～、HEY
BABY、BABY
BABY、BABY
BABY、
BABY、それだけのことさ
BABY、ただそれだけのことさ

そして次が「タンゴ」。そこには江戸アケミが寝転がって、白い粉を吸い、タンゴウ、とうそぶいている。
集中の傑作として私が最も気持ちよく聴くのは、この「タンゴ」と「FADE OUT」だが、ほかも全部が、いい。ここで演奏は、そして歌は、ちょうどディスクジョッキーが盤上に置いてスクラッチするレコード盤のような位置に置かれているかのようである。普通のバンドの音楽が、演奏をレコード盤に落とし込むことだとすると、そこでは、音をレコード盤に落とし込みながら、瞬間冷凍し、円盤上のスジの溝に瞬間冷凍されたモノを、さらにスクラッチしている。一瞬ごと、固形、液体、固形、液体、固形、液体、という運動が介在して聞こえてくる。音、オン、イミ、意味、コトバ、言葉、意味、イミ、音、オン、オフ、オフ、オン、音、イミ、言葉、というように。次。

ヴァギナ・FUCK、ヴァギナ・FUCK
ヴァギナ・FUCK、ヴァギナ・FUCK
ヴァギナ・FUCK、ヴァギナ・FUCK
そんなんじゃ感じないクリトリスをいじくって
（「ヴァギナ・FUCK」）

ナンのこっちゃい。これなぞ、史上最低の歌詞であろう。
「FADE OUT」。

息苦しくてかなわない
あいつに貰ったこの道具が
俺の皮膚の隙間をしめつける
臭いその足
女は神経症の豚の下で
クソにまみれて快楽に泣く

　とめどもなく後から流れ出るのは
　倒錯に疲れた裸の猿

ドラッグ・トリップ効果であろうか。このあと、

　FADE、FADE OUT
　FADE、FADE OUT

のリフレインが続くが、それは、フェイ・フェイ・ダウツ、フェイ・フェイ・ダウツとしっかりと日《ニ》本《ホン》語《ゴ》で聞こえる。ダ・ダ・ダ、と鋲打ち機で、キリストを磔刑にしている。「クニナマシェ」。どういうイミか、誰も知らない。人類みな兄弟だから、「ヤラセロ」。音は意味から剝がれ、「セロセロ」という呪文になるであろう。

　ぼくたちは光の中でチャチャチャチャ

という言葉が続くが、その繰り返しは、

　ぼくたちはふたりの中でチャチャチャチャ

とも、

　ぼくたちはイカリの中でチャチャチャチャ

とも、「空耳」（近田春夫）で聞こえる。「でも・デモ・DEMO」の「せこく生きてちょうだい」が、近田の耳に「正確に聴いてちょうだい」と聞こえたように。音楽は、嵐の後の静けさのうちに超高圧空間を作ることができれば、駄洒落をもとに「空耳」＝オフ空間＝（真空）を、作り出す。生成することができるのである。

## 2　『裸の王様』、『ニセ予言者ども』――リアル／ヴァーチャル

しかし、アルバムを聴く限り、この意味と音の間の懸隔、ズレ、真空空間は、第一アルバム『南蛮渡来』以降、それを生み出す高圧に容器が耐えられず、一度、損傷すると、内圧と外圧のエントロピー増大の法則に従って、徐々に、圧力差を減じ、一気圧に近づいていく。以後のじゃがたらと江戸の歩みは、そのようなものであった。

　復帰直後の江戸アケミについて、EBBYは「本当の意味では調子よくはなかった。どこかでぼんやりする感じがあった」と述べるが、そこで作られた『裸の王様』での江戸の歌唱は、緊張し、不安をかかえ、ぎこちない。江戸は八三年十一月末に発症、入院、八四年三月末退院の後、四月帰郷。以後二年余り、途中の「出張ライヴ」を除いて、郷里の高地、中村市にある。八六年六月、再上京。その間のブランクは、大きかったであろう。都合三年ばかりの休止期間をへて、じゃがたらの活動は再開されるが、江戸の「中心性、すなわち神様のような存在感は、その後、バンドの内部で分有・消失していく」（八〇頁）。じゃがたらが、ライヴにこそ、その真骨頂を示したというのは、たぶん本当のことである。彼の歌は、アルバム以外ではその限りにあらず。我々は、前述の『君と踊りあかそう日の出を見るまで』（一九八五年一〇月）のほかにも、現在、いくつかのライヴ音源にふれることができる。インターネットのYoutubeに多くの音源が残っているからだが、かなりの場合、そこでの江戸は、ア

ルバム収録時よりもリラックスしており、バンドの演奏も、生彩に富み、充実している。『裸の王様』には、「裸の王様」、「岬でまつわ」、「ジャンキー・ティーチャー」、「もうがまんできない」が収録されている。このうち、「裸の王様」はEBBY／OTOの作詞作曲、「ジャンキー・ティーチャー」はOTO／USAGI ASOHの作詞作曲。いま聴くと、やはりこれ以外の江戸作詞作曲、「岬でまつわ」と「もうがまんできない」の二曲のほうが、断然よい。

そのことは、たぶん次のことを語っている。

一、じゃがたらの音楽を作り出したのは、先に少しだけふれておいた江戸アケミ、ナベちゃん、OTO、EBBY、篠田昌己、テイユウという主要メンバー中、主導的な役割を果たす前記四名、アケミ、ナベちゃんの年長組（五〇年代前半生まれ）とOTO、EBBYの年少組（五〇年代後半生まれ）という二つの異質な音楽性の邂逅から生まれた、希有な程度に高度な、溶融そして合体である。この異質な音楽的要素を合金化させた要因は、第一に、このバンドで自ら高圧の溶鉱炉となり、高圧空間を作り出した江戸アケミの存在であり、第二に、それに十分拮抗できるだけの異質な音楽性として介入してきたOTOの存在である。既述した七九年から八一年までの模索の時期、過激パフォーマンスの愚行の時期をへて、新しい音楽を作り出すことへの希求が高まったところに、八一年九月、OTOが加入してくる。バンド名の「ザ・ニューじゃがたら」への変更。翌月、『南蛮渡来』の制作開始。

過激パフォーマンスをへて準備された江戸の高圧溶鉱炉に、OTOの硬質で醒めた音楽性が流し込まれる。第一アルバムが、この異質な二つから成型された化合物であったことは疑えない。そこには、江戸の南部ロック的な土臭さと重い無回転性、OTOの硬質で緻密なリズム、洗練されたハーモニーが化合し、一体化している。二つが合流して作る日本語の単音刻みの「積んで、崩して」の繰り返しから生まれる、硬質でいて持ち重りするロックの響きがある。それは、聴く者を突き放し、押しのけ、来るな、と抑止する響きをもち、同時に、聴く者に呼びかけ、抱き込もうとし、なぜ来ないんだ、と促す、荒々しい身ぶりをもっている。

　しかし、八三年、この溶鉱炉が、壊れる。

　その後、この二つの異質なものは、人間的な共感と畏怖とで結びつきながらも、互いに離反し、分裂する方向へと進む。八六年、バンドは音楽活動を再開するが、江戸が不在の間に、他のメンバーはモチヴェーションを維持するためにそれぞれに音楽上の努力を続ける。一方、江戸は江戸で、考え、準備するところがあった。その三年の間にできたズレは、以後、徐々に姿を見せつつ、彼らがメジャー・レコード会社ＢＧＭビクターと契約し、じゃがたらのメジャー・デビューとなる第五アルバム『それから』の準備にかかる八八年あたりに、はっきりした方向性の違いの形をとるようになる。ＯＴＯとＥＢＢＹの年少組は「ビートを追求し」、「ラップに対抗する」姿勢をもち、「いろんな音楽要素をミクスチャーしたものをやろうという意識」でいるが、年長組の江戸は、ＥＢＢＹから見て「意外とね」、「ウタモノっぽい発想に行こうとして」いる。その背景について、ＥＢＢＹは、後に、こう述べる。自分は演劇志望からの「落ち零れ」だが、演劇の世界でも、「とにかくその前の世代がやってる芝居とかがひどく嫌だった」。音楽については、「60年代、70年代の音楽もリアルタイムで聴い」たが、「パンク、ニューウェイヴがなかったらここまで音楽に深入りしたとは思えない」。

　「（略）ギターも弾いてないと思うし。学生運動的な政治がなくなった世代だからね。第一期軟弱世代だからね、俺らは。それに対して、アケミの歌って、あれはアジテートなんだよ。だから彼の世代とＯＴＯや俺の世代の間には、あきらかに溝があるんだよ。四つか五つ違うんだよ。アケミが５２年で、オレが５７年だから。これは結構大きいよ。フォーク世代なのかね。違うところでリスペクトはあるけれど、音楽的には違和感がある。ちょっとした違いなんだけど、価値観が違うよね。多重録音し始めたのは、俺たちの世代からだから。４チャンカセットってのが、出始めて、自分たちで音楽を作るってことを意識する、プロデュースすることが意識に入ってきた。

上の世代の人々はプレイヤー志向が強いからね。ギターも巧くなくちゃいけない、ベースは凄いところまでいかなきゃ、とかそんなところから始まっているんだけど、僕らの世代はそれが終わったところから始まってるから、（略）」（一七五頁）

二、プレーイング志向（身体主導）と、プロデュース、エディティング志向（脳主導）というように、ここに語られた両者の違いを分類してみよう。すると、この違いが、八〇年代の日本社会に進行したリアル／ヴァーチャルの対位にそのまま重なることがわかるであろう。この時期に進行したリアル（現実）からヴァーチャル・リアリティ（擬似現実＝非現実）への対位・移行をもっともあざやかに体現した作品に、アニメとコミックスで当時の若者に絶大な支持を受けた大友克洋の『AKIRA』がある。『AKIRA』とじゃがたらの同時代性を考えるには、間に媒介項として、こだま和文の音楽をおけばよい。こだまは、八六年のソ連のチェルノブイリ原発事故に大きな衝撃を受け、「Kiev no sora」など地球の未来に警鐘を鳴らすいくつかの先鋭的な作品を作っている。情緒的な終末感を漂わせる時代の行方への強い懸念と関心を、晩年の江戸と共有していた（じゃがたら八九年のアルバム『それから』所収「つながった世界」の英語タイトルは「FUCK OFF!! NOSTRADAMUS」。「ノストラダムス引っ込んでろ!」である）。一方、大友のアニメ版『AKIRA』はこの原発災害の影響をもろに蒙り、作品の最後に、チェルノブイリ原発事故現場に放射能拡散防止のために発電所を鉛の壁で覆った「石棺」と同様の施設を登場させることになる。

　大友は、この映画の主人公として少年暴走族のリーダー、日本一の「不健康優良児」を自称する金田を造型している。そして対極に、彼の庇護する気弱な少年鉄雄を配するのだが、物語が進むにつれ、鉄雄は、かねて潜在させていた超能力を発現させ、徒手空拳の身体派、金田を凌駕する存在感を漂わせるようになる。作者大友の意図はヴァーチャルな超能力に対するリアルな金田の徒手空拳の闘いを描くことにあった。しかし映画はその意図を超え、上映されるや、いわばプレイヤー志向のリアル派である金田から、多重録音世代のヴァーチャル派である鉄雄へのシフトを印象づけるものとして、観客に受けとられ、観客を圧倒するようになる。この映画は、リアルからヴァーチャルへの社会の軸足の変化を象徴するものとなるのである。

以後、音楽の世界だけではなく、日本の社会のさまざまな表現領域で、金田と鉄雄の共存は崩れていく。金田は鉄雄に凌駕されるようになる。じゃがたらの八三年から八八年への推移は、この動向にたぶん並行するものであった。

三、「岬でまつわ」と「もうがまんできない」には江戸の力感がたたえられて、ＯＴＯのヴァーチャルな音楽センスと拮抗している。一方、江戸の地べたの感触の後退した「裸の王様」、「ジャンキー・ティーチャー」では両者の対抗が弱まった分、深い色合いが消えている。そのことのうちに、じゃがたらの困難な行く末は、一足早く、暗示されていた。

多くのメンバーが、じゃがたらの音楽活動で一番、充実していたのが、この第三アルバム『裸の王様』から山本政志の映画『ロビンソンの庭』のサウンドトラックの仕事をへて第四アルバム『ニセ予言者ども』が発売されるまでの時期だと言う。事実、『ニセ予言者ども』は、たぶん『南蛮渡来』以来もっとも密度の濃い、メンバーが一体になって作ることのできたアルバムとなっている。収録されているのは、「少年少女」、「みちくさ」、「ゴーグル、それをしろ」、「都市生活者の夜」の四曲。すべて江戸アケミの作詞。作曲は「少年少女」を除き、ＯＴＯ & AKEMI EDOである。

少年少女、少年少女、少年少女、
少年少女、少年少女、少年少女、
少年少女、少年少女、少年少女、

少年少女、少年少女、少年少女、

のかけ声が、少年処女（ショウネンショジョ）と聞こえる。聴いているうち、眠くなり、むこうから、ショ、ショ、ショウジョウジ、ショウジョウジノニワハ、の囃子言葉が、浮かんでくる。「ゴーグル、それをしろ」も悪くないが、中での秀作は、「みちくさ」、そして「都市生活者の夜」である。

「みちくさ」は、中のリフレイン、

とんだところでみちくさしちまったぜ
とんだところでみちくさしちまったぜ

が、一方で、タルコフスキーの映画『ストーカー』を思わせる。この映画のストゥルガツキー兄弟による原作小説は、『道ばたのピクニック（Roadside Picnic）』といい、映画は、隕石の落下跡とも言われる立ち入り禁止地域「ゾーン」に生じた特殊な「部屋」をめぐり、そこに入ろうとする人々と案内人（ストーカー）のやりとりを描いている。原作題名の「道ばたのピクニック」とは、その特殊地域が、宇宙からの通行者がちょっと地球に寄り道し、「とんだところでみちくさしちまったぜ」とばかり、また飛び去っていく、「道ばたのピクニック」の痕跡にあたっているという意味である。広大な立ち入り禁止地域の物語であるこの一九七九年の映画には七年後のチェルノブイリ事故を予言する陰翳がある。

　また、それは他方で、日本の中世の僧侶、一休宗純の名の由来を思いださせもする。彼は、修行中、師の公案「洞山三頓の棒」に対し、「有ろじより無ろじへ帰る一休み／雨ふらば降れ風ふかば吹け」と答えて「一休」の道号を授かる。意味は、煩悩から悟りへといたる道の途中で、一休み。雨降らば降れ、風吹かば吹け、である。「みちくさ」しちまった、「雨降らば降れ、風吹かば吹け」。

（「みちくさ」）

WAKE UP、起きろよBaby
WAKE UP、一緒に楽しもうぜ

## 3 『それから』・『ごくつぶし』——ライヴ／デス

八八年五月から制作を開始し、八九年四月に発売されたメジャー・デビュー・アルバム『それから』には、じゃがたらの対立エネルギーの消失、内部崩壊の予兆が見える。何よりはっきりしているのは、もう江戸の声が、じゃがたらの音楽の中で音《オン》と化すだけの異質さをもちえなくなっていること、野球で言うと、ピッチャー江戸の声が打者の手元ですっと伸びるキレを失い「棒球《ぼうだま》」と化していること、江戸において内界と外界の気圧差が、エントロピー（均質性）増大の法則の結果、ほぼそれぞれ一気圧に近づき、同一化していることである。

　エントロピーの法則とは、こうである。容器の真ん中に仕切りをし、一方に血液を、他方に水を入れ、仕切り板に小さな穴をいくつかあける。最初のうち、血液は蒸留水のうちに噴出し、一方蒸留水は血液中に滲みひろがっていく。両者の違いが絶大なので。しかし、両者の濃度差が縮まり、やがて、同一になると、仕切りの両側は相似の薄い血液様液体となり、移動は停止する。仕切りをそっと取り外しても、二つの液体は、そのことに気づかない。

　一定程度、似たことがグループとしてのじゃがたらについても言えるであろう。以前は、一つ一つの曲に血液半分、蒸留水半分が多孔質の板で仕切られた二極対立構造が保持され、そこでは同じ対立構造を内に孕む江戸の声が、外にも同じ対立構造を創出しつつバンドの楽曲性と向かい合っていた。『南蛮渡来』における「タンゴ」がその好例であり、『君と踊りあかそう日の出を見るまで』における法政大学でのライヴの「タンゴ」が、この二つの世界の気圧差、濃度差間の「噴出」が戦慄的なものに高まった場合の好個の例である。『南蛮渡来』所収の「タンゴ」では、江戸の声が、そのままで音《オン》と化している。近田春夫の表現、「強くて乾いている」が、それである。その声の合金化をささえているのは、一つに江戸における内界と外界の気圧差、もう一つにバンドじゃがたらが孕む江戸の極（ウタモノ）とOTOの極（ビートの追求と多様な音楽要素のミクスチャー）の気圧差からなる二極対立構造であった。「でも・デモ・DEMO」、「季節のおわり」、「BABY」、「タンゴ」から「FADE OUT」、「クニナマシェ」まで。近田が『南蛮渡来』の曲の「全部好きかもしれない」というのが、この意味である。

しかし、エントロピー（＝ここでは平均化傾向）は増大する。その推移は変わらない。また止まらない。一度、壊れた容器となった江戸の内部においても、そして一度活動休止に追い込まれたじゃがたらにおいても。

『それから』には八曲が入っている。前半四曲は英語タイトルで、それに日本語タイトルが副題としてつき、後半四曲は日本語タイトルで、それに英語タイトルが副題としてつく。単なる逐語訳ではない。独立している。メジャー・デビュー・アルバムとして、熟慮された結果なのであろうことがわかる。

1　TABOO SYNDROME（いっちゃいけない症候群）
2　GODFATHER（黒幕）
3　BLACK JOKE（気の効いたセリフ）
4　CASH CARD（カード時代の幕開け）
5　つながった世界（FUCK OFF!! NOSTRADAMUS）
6　ある平凡な男の一日（A DAY IN THE LIFE OF A MAN）
7　中産階級ハーレム（MIDDLE CLASS HARLEM）
8　ヘイ・セイ！（元年のドッジボール）HEY SAY!

このうち、最後のタイトルはむろん、一九八九年四月、平成元年のリリースであることから大江健三郎の小説『万延元年のフットボール』をもじっている。このこと、さらに後に触れるもう一例を考えると、『それから』にも同題の夏目漱石の小説のことが連想されている。一曲ごとのつなぎに、一言、ぼそりと、「ソレカラ」という断りが江戸ではない声で入る。

この構成のうちに、じゃがたらのバンドとしての音楽要素の二極対立構造の死の様相がありありと現れている。前半の四曲は、作詞こそ江戸アケミだが、曲想はOTO、EBBYラインの「さまざまな音楽要素のミクスチャー」志向を主導因としている。江戸が地べたへの固執をあきらめ、こちらになびくと拡散してピンク・フロイド風のプログレッシヴ・ロックに近づくのがわかる。（たとえば、EBBYの指摘する「CASH CARD」。あまり力はない）。これに対し、後半の二曲、「ある平凡な男の一日」と「中産階級ハーレム」は前者年少のヴァーチャル組が、ま、いいか、とばかり江戸の「ウタモノ」志向に主導因を譲ったケースであり、前にふれた如く、「中産階級ハーレム」には「故ジョン・レノンと全フォーク・ミュージシャンに捧ぐ」の副題が付されている。この曲では、最初の三分の二が完全なフォーク調の「ウタモノ」で、最後のくだり、

中産階級ハーレム！

の連呼がはじまるあたりから後に、OTO、EBBY主導のビートのリズムが介入してくる。楽曲自体が、甘酒部分とシュエップス部分に分かれている。二層構造。そのため、最後、江戸の声で、

だいじょうぶマイフレンド

となくもがなのセリフが入らないと、収まりがつかない。「だいじょうぶマイ・フレンド」はむろん、

八三年刊の村上龍の小説名である。

最後の「ヘイ・セイ！（元年のドッジボール）」は七九年の最初期のライヴ音源にもそのタイトル（「HEY SAY!」）が見える初期レパートリーを変えたもの。やはり最後に、歌詞カードにはない、「ありがとう、ありがとう、ありがとう、CDも出したしよ、これでやっと俺も、一流ミュージシャンの仲間入りかな？　ハッハッハッ。……ナンのこっちゃい」というセリフが入っている。「ダイジョウブ・マイフレンド」と同じ。このアルバムの苦しさがよく出ていて、これを後味悪い、気色悪い、気弱な一枚にさせている。

このアルバムが八九年『ミュージック・マガジン』誌日本のロック部門の第一位に輝いたとはにわかには信じにくい。しかし、「つながった世界」という秀作が入っていることを考えれば、わからなくもない。「つながった世界」の英語タイトルは、先に述べた「FUCK OFF!! NOSTRADAMUS」（ノストラダムス引っ込んでろ！）。しかしメンバーはこれを、リング・ワールドと呼ぶ。

「89年のライヴで、いちばん最後にアンコールでリング・ワールド（「つながった世界」）やってんだけど、好きだな。」（ＥＢＢＹ）（同前）

作曲ＥＢＢＹ、作詞江戸アケミ。ノストラダムス云々は、後で考えられた終末論の世界観への罵倒で、目標＝終末をもってではなく、ただ、「今が・最高だと・転がって・いこう」という考え方によるものだが、この歌のあり方とアルバム、バンドにおける意味は、リング・ワールド（RING WORLD、「輪になった世界＝つながった世界」）のほうによく現れている。前記リストから明らかなように、前半の四曲と後半の四曲の「接点」におかれたこの作品は、文字通り、ＯＴＯ・ＥＢＢＹの年少組ラインと江戸アケミ・ナベちゃんの年長組ライン、「さまざまな音楽要素のミクスチャー」の脳内要素と「ウタモノ」の身体要素の二つを、それぞれ合体させた「つながった世界」だからである。そうであることで、最後に一瞬実現した、じゃがたらの夢を、体現している。作曲は江戸アケミではない。しかし、疑いようもなく江戸アケミという高圧炉が可能にした、二極対立空間じゃがたらの世界である。

ビデオ『ナンのこっちゃい』のナレーションは、江戸が『南蛮渡来』と『ニセ予言者ども』と『それから』を「よく聴」いていたことを伝える。江戸の言葉として、これらを聴くと「自分に帰れる」、「自分のもともとの部分に」というナラティヴが続き、作品としてはこの「つながった世界」と、「タンゴ」があげられている。

「タンゴ」は何度も何度も練り直してやってるけど、まだ納得できない。東京では空を見上げることが少ないんだよ、田舎に比べて。こりゃ田舎者でないとわかんねぇ。東京で生まれた奴にはわからんだろう。（一七九頁）

「タンゴ」が、書いた本人の無意識を表現したものだとすれば、「つながった世界」は、ＥＢＢＹの伸縮自由なビートに乗った楽曲に自由に言葉を投げ込むことで成った、江戸に珍しい、整序された論理をもつ、意識的なメッセージ・ソングとなっている。

もしも君が過去をたずねうらやんでみても、
もしも君が過去をたずねなつかしがってみても、
あの頃はまたあの頃で色々あったもんさ、
君は毎日どろんこで家に帰ったものさ、
お母さんはうれしいやら困ったやら、
すぎ去った日々は皆それぞれ美しいけど、
今が最高だと言えるようになろうぜ、

もしも君が未来を見つめため息ついても
もしも君が未来を見つめ悲しみにくれても、
その時はまたその時でどうにかなるもんさ、
やがて現れる荒廃したテクノポリスよ、
君はその残骸を手にとりキスをする、
そして恋人と共に夜明けをむかえる、
だから今が最高だと転がって行こうぜ、

過去は郷愁の中に浮かび上がるように果たして牧歌的であったか。過去にも苦渋はあったであろう。過去は美しいのではあるが。

未来は暗い。荒廃はまぬかれないであろう。しかしその残骸を愛せ。終末感におちいってはならぬ。

過去にも、未来にも、逃げず、今にとどまろう。「今が・最高だと・転がって・行こう」。

幻を追うより夢をはぐくむのさ
幻を追うより夢をはぐくむのさ
幻を追うより夢をはぐくむのさ

ここに言われている論理は、整序されているが、紋切り型ではない。こういうことは言いたくないが、目標＝終わりに逃げるな、というのは、『全体性と無限』で哲学者レヴィナスの日頃言うことである。レヴィナスは目的のために現在を犠牲にして何かを行なうあり方を、「全体性」と呼び、そうではなく、「現在」からはじめるあり方を「無限」と呼ぶ。同様に、幻を追うな、夢をはぐくめ、はニーチェの述べるところであろう。彼はキリスト教に換えて自分流ゾロアスター教を置き、ゾロアスター（＝ツァラトゥストラ）の聖書を自ら創作したが、強い人をねたむな、憧れよ、愛せなければ通過せよ、夢をはぐくめ、が彼の基本の教説であった。江戸の「今が・最高」は、単なるロック馬鹿の刹那主義なのではない。彼は誤解するなよと言いたくて、「スコセッシ監督の『最後の誘惑』って観た？あそこで言ってるのは、仏教と同じで刹那即永遠なんだ」などと述べた。

　とはいえ、「つながった世界」での江戸の歌は、もう言葉を殺せない。それを音《オン》に換える力を失っている。しかし、彼は力を失った往年の剛球投手が、軟投型に自分を変え、変化球で生き延びるように、ここでは整序された論理を駆使し、自分のメッセージを歌に意味として乗せることに成功している。そしてこの成功と、このアルバムにおける他のいくつかの歌、たとえば「GODFATHER」、「CASH CARD」（「カード時代の幕開け」などという週刊誌に出てくるようなタイトルをもつ）などの歌詞の無惨さとの対照は、落日の海景のように目にあざやかである。

　しかし、この歌を最後の光芒として、江戸アケミの歌の光はほぼ消える。

八九年一二月、彼の突然の死の一ヵ月前。第六アルバム『ごくつぶし』が発売。延々二十三分間続く「SUPER STAR?」、十九分に及ぼうという「BIG DOOR」に四分の「MUSIC MUSIC」が付く。三曲からなるアルバムだが、タイトルにある「ごくつぶし」とは誰のことなのか。「SUPER STAR?」とは誰のことなのか。歌詞カード中「SUPER STAR?」の目次に出てくる「序章／現代におけるスーパースターの虚像と実像／レネオーネ／生命の起源／解放への旅立ち／パレード」とは何か。なかんづく、中に出てくる「レネオーネ」とは何か、誰なのか。「レオーネ」つまりイタリア語の雄ライオンの間違いなのか。「BIG DOOR」の歌詞として、中で歌われている前半部分がごっそりと抜けているのは、単なる脱落なのか。

　意味不明のアルバムだと言ってよい。「BIG DOOR」の脱落とは、こういう歌詞の前半部分である。

ライオンは昼すぎまで寝て高層ビルの谷間をかけめぐる。
カラスはハトに恋いこがれて地上に舞い降りてきて肉体関係をせまる。
見上げれば空から黄色い雪が
頭上をおおいつくす
Oh yellow snow, yellow snow, yellow snow, hey!

また、

レニー・ブルースはライオンにまたがり
ドアというドアが現れる
Hey!　レニー・ブルースお前はどこへ行く
レニー・ブルース応答願います
レニー・ブルースお前は白いライオンの背にまたがってやってくる

そして、繰り返される

Well, I, white lion WoWoWo
Well, I, white lion WoWoWo
Well, I, white lion WoWoWo

黄色い雪とは何か。フランク・ザッパの歌に出てくる。「Don't Eat the Yellow Snow（黄色い雪は食べちゃいけない)」。「エスキモーになった夢を見た、ママが言う。ハスキー犬の通った後の黄色い雪は食べちゃダメよ」。黄色い雪とは犬のおしっこした雪のことである。

レニー・ブルースとは誰か。伝説的なアメリカのショー・ビジネス界の異端児。七四年にダスティン・ホフマン主演で映画になった。自らのユダヤ人の出自を背景に、人種差別用語を頻発させ、大統領を、法王を、罵倒し、公序良俗紊乱、猥褻罪で訴えられ、その後勉強し、独力で法廷闘争を行なった。その際に述べた、自分の国アメリカに向けた、「猥褻といえるのは人を傷つけたり殺すことだけだ。ヒロシマは猥褻だ」の言葉が記憶に残る。一九六六年、死去。

　私がこれらの細部を気にするのは、これらの意味の連関と遮断の強度のうちに、江戸のいくぶんは薬物使用も作用したかもしれぬにせよ、それに解消されない、狂気の「苦しみ」を感じるからである。「タンゴ」のときから、彼の残した言葉は意味が取れない。時に「FADE OUT」のように明らかなドラッグ効果が見てとれるものもあるが、意味不明でありながら妙に心に残る歌詞の群れも少なくない。何でもない時に書かれた、意味の取れる、しかししばしば無惨に凡庸な歌詞を背景に、これら意味不明の言葉を見ていると、私にどうしようもなく感じられるのは、

「ほかのシュルレアリスト達が何とか狂気を創作活動に動員しようと躍起になっていたとき、一人アンリ・ミショーは自らの狂気に苦しんでいた」

という、一人のフランス詩人について語られた言葉である。どこで見た、誰の言葉であったかは忘れたが、江戸に感じるのも、そのことである。日本のパンク・ロック・ミュージシャンの狂態は探せば見つかる。しかし、江戸の感じさせる「苦しい」狂気、「寂しい」狂気、「静かな」狂気は少ない。そこで「狂気」は、誇られてはいない。クールに受けとめられているのでも、かすかに恥じいられているのでもない。ただ、一つの苦しみとして姿を現している。

　江戸アケミはこれまで何度か述べたように、一時的に、統合失調症の傾向を深め、八三年末に精神病院に入院している。少年時から、その潔癖さの方向に独自の傾斜があり、よく父の汚した便器を洗

っていた。「便所はすごいところだぞ、今の人間は、便所がなかったら一日だって生きていけないからね」（江戸正孝『それから——江戸アケミ詩集』思潮社、一九九三年）。小学校の卒業文に大きくなったらなりたいものに「汲み取り屋」と書いている。幼少時・少年時に将来なりたいものとして汚穢屋、汲み取り屋と書いた人物としては、他には三島由紀夫がいるくらいではないか。まして理由はまったく違う。

発症した京都からの帰りの新幹線で、全裸になり、車中のトイレの便器に顔を突っ込んでいるところを車掌に見とがめられ、途中で下車させられている。しかし、メンバーのOTOによれば、そもそも、「顔を洗うのに、便器の水でないと洗わなかった」、「トイレの方がより浄化するという思い込みがあった」。「汲み取り屋で、プロテスタントを辞めてて、そして聖書……。元をただすと、まじめすぎるくらいの要素があった。それが本人は、一方で、フェラ・クティ（ナイジェリアのミュージシャンでアフリカン・ビートの創始者）みたいなファンキーなものが好きだから不良に憧れる」（五九頁）。八三年九月、失調の度合いが激しくなっていたころ、「もうマンションの中では喋らなくなってい」た。「エゴン・シーレの絵のように、よほどじゃないと筆談すらしないという状況だった」。それで、屋外に出ると、「烏が」「アケミのペットのように舞い降りてきた。ぞっとしたね」（五六頁）。八七年には、満員電車に乗っていて顔を上げると、「人の顔がぐにゅぐにゅしてる」というので、OTOがそれはイメージなのか、本当にそう視覚的に変形するのか、と聞いている。すると本当に「変形するんだ」と答えた。江戸の夫人の古市弥生も、江戸が、電車に乗るのが嫌で、「乗ると泣いたり」したことを伝えている。「一緒に乗ってると、〝どうしたの、やめてよ〟って思うけど、感受性の強い人だった」（一〇六頁）。『ニセ予言者ども』に入っている江戸作詞・江戸／OTO作曲「ゴーグル、それをしろ」は、その経験から作られたという。「そんな人たちの顔を見ないで済むように」。

そうさ、お前は本当は　とてもいかした男さ

イェイ、イェイ　だから脱け出せ　今居る処から
そうさ、世界は思わくよりは　早くなっているのさ
なのに、お前らのしている事は
つじつま合わせ

（略）

ゴーグル（それをしろ）
ゴーグル（それをしろ）
ゴーグル（それをしろ）
ゴーグル（それをしろ）

（「ゴーグル、それをしろ」）

以上をあげつらい、私が言いたいのは次のことである。私がじゃがたら最後のアルバム『ごくつぶし』の全体、とりわけ冒頭の「SUPER STAR?」から連想するのは、唐突かもしれぬが、芥川龍之介の遺書「或阿呆の一生」である。芥川は自殺に先立ち、自分の生涯を戯画的に述べる、この少々長めの遺書を書いた。たとえば、「四十　問答」、

なぜお前は現代の社会制度を攻撃するか？
資本主義を生んだ悪を見てゐるから。
悪を？　俺はお前は善悪の差を認めてゐないと思つてゐた。ではお前の生活は？
――彼はかう天使と問答した。尤も誰にも恥づる所のないシルクハットをかぶった天使と。……

（「或阿呆の一生」）

「SUPER STAR?」には世の通念に言うスーパースターは出てこない。主人公は、以前は「もともと大の女好き」だったのに、「それが　どこでどう違ったのか」ホモの英雄になってしまったという男、ジョニーである。この主人公が、「宣伝カーに乗り込み」、「ゲイに市民権を」とあじる。でも、人気高いとはいえ、なぜこんなにもしょぼくれたジョニーが「偉大なるスーパースター」なのか。そもそも、なぜこんなわけのわからない男の話を江戸が「SUPER STAR?」の物語として二十三分の大楽曲（OTO作曲）に流し込んでいるのか、まったく見えてこない。意味がわからない。そう、たとえば、これが、江戸アケミ自身の「或阿呆の一生」として、ここに流し込まれ、歌われているのだとでも考えなければ。

しかし、

俺の気持ちは伝わらない（××××）

そう思ってこのアルバムを聴けば、このアルバムにあるのは、かつて「岬でまつわ」で歌われた「スピードさらにスピードもっとゆっくり急げ」のように、Aと言いつつ、同時にそのAを否定する、肯定と否定を同時にさしだす動きである。そしてこれらがビートのリズムで楽曲として届くと、我々は、これが、そうでありつつ、そうでもない、「或阿呆の一生」か。江戸の話か。という印象をもつ。『ごくつぶし』には、この「SUPER STAR?」のほか、「BIG DOOR」があり、「MUSIC MUSIC」が入っている。「BIG DOOR」の最後には、「この先は四次元の世界だ…どうする?」という言葉が来るが、その前には、「扉の奥に　また扉　そのまた奥にまた扉」という、『君と踊りあかそう日の出を見るまで』の八三年一一月のライヴで演奏された「BIG DOOR」にはない言葉が入る。「MUSIC MUSIC」も同じ。「今一番大切なものは　ROCKさ　ROCKさ!」と言いながら、「ROCK雑誌　手当たり次第／買わなきゃ　買わなきゃ!」と揶揄的な半畳が入り、「ロック　ロック　ロック」に「ロックでなし」

が続く。最後、歌詞にはないが、レゲエのリズムで入る反復語は、我々の空耳に、「俺にはロック魂なんかいらない」と聞こえる。AそしてAの否定。かつて言葉は江戸の歌によって音《オン》となり、意味《イミ》を殺されていたが、いまは、それがないので自分で自分を殺す。意味のレベルで同一律（A＝A）の否定が起こっている。そういえば、江戸の浴槽での溺死という死に方は、浴室で全裸で死んでいるところを発見されたレニー・ブルースの死に方と似ている、とも我々は、思う。

## （3）東京の空――『君と踊りあかそう日の出を見るまで』

私は一度、江戸の生地である高知の中村市を訪れたことがある。清流四万十川には幾本もの沈下橋がかかる。沈下橋は、川の水量が増すと、河面の下に潜る。すこぶるシンプル、コンクリートで手すりなしに作られた橋で、水かさが減ると、再び姿を現す。

私が訪れたのは、そこが大逆事件の首謀者に擬せられ、死刑に処された明治期の思想家幸徳秋水の生地で、墓があるからである。大逆事件の被告の一人、坂本清馬の関係した幸徳の資料館を訪れ、ちっぽけな町の中の幸徳の墓を何人かの友と共に詣でた。それで、どんなに中村が美しいところか、知っている。

だから、江戸が、先に引いたように、「東京では空を見上げることが少ないんだよ、田舎に比べて。こりゃ田舎者でないとわかんねぇ。東京に生まれた奴にはわからんだろう」と言うとき、どんな空を思い浮かべているかわかる。また、室内で、エゴン・シーレの絵のように固まっていた八三年九月、「ふつうにパンとか撒いたら、すずめとか食べに来たりするんだ。こんなにコンクリートばっかり作りやがって、森が泣いてるじゃん」などと言って、（たぶん）屋上で、ＯＴＯをとまどわせたとき、江戸の目に、どんな森と川が見えていたか、少しはわかる。

奨学金を受け、学校の教師になることをめざし、フェラ・クティのアフロ・ビートをかっこよい音楽であると感じ、不良っぽい格好で。

江戸は七一年、上京してくる。

八年後、初ギグ。メンバー募集。「当方」ではじまるその文面の何と平明であることよ。その後、放尿、流血、全裸、浣腸、鶏、シマヘビの食いちぎり……。一転、ストイックなロック・バンド活動。『南蛮渡来』がそこから生まれるが、さしものこの高圧に強い圧力鍋も、四万十川の清流からイチジク浣腸まで、シマヘビ食いちぎりから新たなメンバーを得てのストイックな音楽活動までの落差に、絶えきれない。ダウンする。

きっかけの一つは、演奏活動で逗留した京都での宿泊場所がいわばジャンキー（薬物中毒者）のたまり場で、そこに出入りする人々のロッカー的狂躁への深刻な嫌悪に、苦しんだことだったろう、と言う。

わたしはいま、東京の人、高村光太郎の詩のこんな一節を思いだしている。

智恵子は東京に空が無いといふ。
ほんとの空が見たいといふ。
私は驚いて空を見る。
桜若葉の間《あいだ》に在るのは、
切っても切れない
むかしなじみのきれいな空だ。
どんよりけむる地平のぼかしは
うすもも色の朝のしめりだ。
智恵子は遠くを見ながら言ふ。
阿多多羅山《あたたらやま》の山の上に
毎日出ている青い空が

智恵子のほんとうの空だといふ。
あどけない空の話である。

（「あどけない話」）

あどけない空の話であるか。吉本隆明の『高村光太郎』によれば、東京下町に高名な彫刻家の長男として生まれ、パリ留学から帰ってきた高村光太郎と、裕福な造り酒屋の長女として日本女子大を出た後、東京に残り、絵画の道に進んだ長沼智恵子の新婚生活は、まったく現実離れしたものであった。智恵子は一九一一年、雑誌『青鞜』創刊号の表紙を描いている。光太郎は東京美術学校彫刻科、同研究科、同西洋画科をへて、〇六年ニューヨークに一年間留学、ロンドンに一年間、パリに九ヵ月滞在し、〇九年帰国している。ロダンの芸術にめざめ、旧套の職人的彫刻家である父光雲にことごとく反抗、詩に手を染め、一四年、智恵子と結婚する。一二年に新築されたアトリエでの新婚生活は、日本離れしたもので、朝食は、パンとバター、しゃれた洋食であった。芸術家同士の生活は、しかし、夫の自己実現を助ける妻の自己抑制という方向に均衡を逸し、セザンヌに傾倒し、油絵制作に励む智恵子は、一度、落選の憂き目に遭った後は、二度と出品しない。禁欲的な生活の中で、夫をささえるが、やがて、二九年、生家が破産、没落。帰るところを失う一方、個人主義を貫く光太郎は、智恵子をなおも入籍させない。三一年、光太郎三陸への取材旅行による留守中に、最初の統合失調症の徴候が現れる。三二年、自殺未遂。三五年、入院。以後、三八年の死まで、病院での生活のかたわら、智恵子は後に世に知られる紙絵を制作する。

吉本は、発症の後、アトリエで、全裸の智恵子が光太郎にまたがり、部屋中を手足歩行させ、真夜中、雨戸を外し、出奔したりしたことも述べている。むろん高圧炉たる光太郎は、周囲の好奇の目など歯牙にもかけない。智恵子の危篤時に、弟高村周が尋ねると、智恵子の寝床の隣室で、後、『智恵子抄』に収録される「詩」を執筆中であった、という挿話が吉本の第一作『高村光太郎』に出てくる。

高村光太郎は、近代日本の中に驚くべき強靱な高圧炉を作り、そこに暮らそうとしたが、そのエゴイズムにより、妻の智恵子を犠牲にした。智恵子の統合失調症の発症のきっかけの一つが、十八年間に及ぶ自分の芸術的渇仰を抑止した光太郎との生活の緊張であったろうことは、誰の目にも明らかである。その出発点にどのような「空」があったのかを、この光太郎の詩は、伝えている。

身体性の六〇年代末から七〇年代前半に、ロックと出会い、フェラ・クティ、フランク・ザッパなどの音楽活動に刺激され、「当方、南部ロックやります。……アケミ」と告知したとき、江戸正孝は、二六歳である。その後、時代は八〇年代後半のバブル期を迎え、ヴァーチャル・リアリティに席巻される。江戸が音楽活動をしたのは、そういう日本の八〇年代であった。彼は、自分の生地が幸徳と同じであることを人には語らなかったようである。同じく大逆事件で処刑された大石誠之助に関心を示した紀州新宮で同郷の中上健次の愛読者であったというＯＴＯが、幸徳にふれ、何も語っていないことから、我々はそう推察する。アケミの名は、キャバレーのホステスの代名詞ともいうべき「アケミさーん三番テーブルまで～」から取ったと説明したという話がある。たぶんそうだろう。ここまで彼とじゃがたらの楽曲を聴いてきた者は、謙虚にこの話を受けとめるが、これらのほかに、江戸が語らなかったこと、語れなかったことも、少なくはなかったであろう。

じゃがたらはエゴイズムとは無縁であった。一時、その音楽要素の追求にドラム、ベースがついてこれなくなったときに、ＥＢＢＹは「冷たい言葉だけど、〝じゃ、メンツを変えるのも手だよ〟って言った覚えがある」と述べている。それに江戸がどう答えたかはわからない。初期に去っていったメンバーはいるが、八二年にＯＴＯが加入し、JAGATARAとなった後、女性コーラス一人を除き、去ったメンバーはいない。そこにも江戸アケミの個性が、顔を見せている。もし、バンドが壊れていれば、江戸は壊れずにすんだであろうか。わからないが、私には、そんな気もする。彼は、八九年、ライヴの最後のミーティングで、「来年は休業しよう」、「最後のライヴだけはやろう、でも来年は休もう」と提案した。死の一週間前、こだま和文に「こだまちゃん、俺もじゃがたらやめるよ」と洩らしている。しかし、九〇年一月二七日、事故で死亡。ついで二年後、ともに年長組のナベちゃん、篠田昌己という二人のメンバーが病死する。

ここにしっかりとは触れていないアルバムを一つ、私は残している。

『君と踊りあかそう日の出を見るまで』が、そうである。

しかし、書かない。

その代わりに聴く。

※以上引用した歌詞は、特に断らない場合、すべて江戸アケミ作

【編者より註】 加藤典洋氏の原稿において、一箇所誤解があるので訂正させていただきます。「中産階級ハーレム」の分析において、加藤氏は、最初の三分の二の完全なフォーク調のパートをアケミ主導、ビートが入る後半部分をＯＴＯ、ＥＢＢＹ主導で作ったとしていますが、ＯＴＯの『つながった世界』によれば、実際は「ほとんどすべてがアケミのアイデアでできた曲」で、むしろＯＴＯの「アイデアは前半のフォークの部分にある」とのことです。

SOURI OHIRA / INTERVIEW

大平ソウリ

# じゃがたらは、運動体だってアケミは言ったんだよ

「大平ソウリ」の名前は、じゃがたらのファンならたいがい知っていると思う。雑誌で江戸アケミのインタヴューを読むと、その名前はたびたび出てくる。どうやら江戸アケミが信用しているスタッフの方なんだろうと、子供心に記憶していた。また、江戸の死後刊行された『それから 江戸アケミ詩集』の監修者としても知られている。ファンにとってはバイブルのような本である。そして、それからおよそ30年経ってお会いする大平ソウリは、いまもって情熱の塊のようなひとだった。

　今回のじゃがたら復活に際しては、ソウリはこんな文章をしたため、関係する協力担当者に配布している。「資本に支配された社会は、生産者であるそこに生きる人々が日々の暮らしを維持しようとするだけで意識的であろうがなかろうが社会全体のシステムを支え続ける構造になっている。息苦しいのには理由がある。生きづらいのには原因があるのだ。見えにくいが幾重にも巧妙に仕掛け組み立てられた法制度化された社会構造があるからだ。（中略）眼を見開いて眼前の社会構造を見極めよう。このゆがみやひずみがどこから来ているのか見極めよう。騙されてはいけない。自分で考えるのだ。自分で感じるのだ。眼を覚ませ。所詮、我々は一人で生まれ一人で死んでゆく身であり、自由な魂なのだから」

（Jagatara30年後のアジテーション）

　大平ソウリからは、本書の制作においても助言をいただき、そして大いに助けていただいた。

——まず僕たちは大平さんに感謝しているんです。この企画が持ち上がったとき、「じゃがたらは誰のものでもない、ライヴに行っているから、レコードを持っているから、アケミと会ったことがあるから特別だとかそういうことじゃない。じゃがたらは誰のものでもないし、誰のものでもある。じゃがたらは運動体なんだ。だから好きなようにやっていいんだよ」とおっしゃっていただいて、どれだけ勇気づけられたことか。

**大平**　渋谷の東武ホテルのロビーで僕がアケミと初めて会ったその日に、「じゃがたらは運動体なんだよ」って言われたんです。

——それは何年？

**大平**　81年か82年くらい。『南蛮渡来』が出てすぐだったね。その前にシングルを聴いていて、ものすごく興味があるなかで、会いに行こうか行くまいかって悩んでいたんだけど、その間に法政のライヴを観てね。そして『南蛮渡来』を聴いたとき、「これはすごい！」と思って僕のほうからアプローチして事務所に電話した。そしたらのちにアケミの奥さんになる弥生ちゃんが出て、いま北海道にツアーに行っているから帰ってきたら会おうという話になった。

　それで後日渋谷の東武ホテルのロビーでアケミとＯＴＯに会った。それが初めて。「何したいの？」みたいな感じだったんだけど。「何か一緒にやりたい、手伝いたい」と言って。それで東武ホテルから松見坂にあったじゃがたらスタジオに歩いて向かう道すがら「じゃがたらは運動体なんだ」という話をアケミがしたんだよ。ＯＴＯは数歩前を歩いていたからこの会話は聞いてない。アケミというこの人はわかっているなとその時直感した。僕はバンドそのものはメディア、媒体だと考えていたから、メッセージがなければロックじゃないし、この人は本質的なところをわかってやっているんだなと理解したんです。

この話を最近ＯＴＯにしたら、ＯＴＯは知らなかったんだね。逆に、アケミは自分の歌は自分に言い聞かせるために歌詞を作っているんだということをＯＴＯに語っていて、それを僕は最近ＯＴＯから聞いて知ったんだよ。でも考えてみればアーティストは通常自分に向けて自分の魂に向かって発信するわけだから、当然その通りだなとわかるけどね（笑）。でも当時のアケミの言葉には、社会に向けてものすごく強いものがあったから、僕は気が付かなかったんだ。

25年経って、「あんた気にくわない」の「あんた」ってアケミ自身のことだったんだということに僕は初めて気がついた。「日本人って暗いね」ってアケミが暗いんじゃんっていう話なんだよね。「あんた好い人どうでもいい人」ってアケミのことじゃん。そう思って振り返るとアケミと交わした会話のなかになるほどと思うことが幾つかあった。例えば「ソウリは自分が変わりたいと思うことはないかい？」と訊くから「いつもそう思っているよ」情けない自分からちゃんとした自分に成長したいと思っていたからそう答えた。そしたら「ソウリの歳になってもそう思うのか……」とアケミはうつむき加減に年長の僕に言葉を返してそれ以上は語らなかった。いまだったらどうしてそんなことを聴くのか問いただせるけど当時は僕もいっぱいいっぱいだったから訊けなかったんだよ。

そういうことに5年くらい前に気がついた。ＯＴＯによれば、アケミは前から言ってたよって。ああそうなんだと思った。僕はそれに気づいていなかったし、ＯＴＯはアケミが運動体だと考えていたことを知らなかった。25年くらいして、2人とも知らなかったことがあったんだなと思って感慨深いものがあった。

とにかく、じゃがたらはそういう運動体だから、誰でも関われる。ただの1本の旗だから。最初の運動体の話のあとにアケミから「じゃがたらを利用してくれ」って言われたときには、初めて会った人間にそこまで言っていいものなのか？　と思ったけど彼のなかに何かとても大きなモノを漠然と感じた。いまはもうＯＴＯもそう思っているだろうけど、じゃがたらはスピリットであり、概念であり、プロジェクトであり、運動体なんです。

――アンチ権威だから、アケミさんは自分が権威になること、ロックスターに収まることを一生懸命忌避していた。でも、ロック・バンドでヴォーカリストといえば、主役ですよね。そういう意味で言うと、「あんた気にくわない」という自己否定は、彼が死ぬまで抱え続けてしまった自己否定なんだろうなと思います。じゃがたらを続けるということは、ロック・バンドのヴォーカリストであり続けることで、崇めるなと言いながら崇められる存在になってしまう。

**大平**　その矛盾のなかに彼はいたわけだね。だから常にスターとみられることを、変なことをやって必死に壊そうとしていたよね。おやじギャグもその一つだったと思う。

――壊そうとすればするほど、また崇められてしまう。今回この本を作りながら思ったのは、アケミさんはカート・コベインではないということ。なぜなら、じゃがたらというのはアケミさんだけのバンドではないからです。いろんな個性が集まり、生きもののように動いていた。南さんはまとめるのが大変って愚痴っていて、ていゆうさんは日本でこんなにまとまらないバンドはいないって言っていました（笑）。しかし、そのまとまらなさは、ある意味じゃがたらが目指したことではないでしょうか？

**大平**　その通りです。アケミは良く「ぐちょんぐちょんに」という言葉を使うことが多かった。物事が複雑に絡み合ったカオス状態を表現しているんだと思うけど。ところで僕はその頃いろんな事情でサラリーマンをしていたんです。で、アケミはレコーディングのあとでテンパっていて、かなりハイテンションになっていて、「ソウリ！ソウリはじゃがたらより俺にこだわっているんだよな」と言ったことがあった。実は自分でも気付かなかった僕の深い部分をアケミは指摘していたんだけど、その時の自分の表層意識はそうではなくて、じゃがたら全体そのものの面白さに興味があった。

江戸アケミはもちろんパワーと情熱を持っている人間で、アケミを中心にして、いろんな連中が集まって来ている。そこから生まれるエネルギーがバンドとなって個性的な連中のエネルギーがぶつかって生まれたグループであり、ひとつの現象と捉えていた。アケミがいちばん大事にしたかったのは、そこ。それぞれみんなが自由に音を出すということだから。楽曲という何かに向かってね。自由でいるそのままで何かに向かうということが、彼にとってはもっともいちばん価値のあることだった。より大きな自由に向かっていくということが重要だった。

だから、バンドの最後のほうになってくると、ＯＴＯにはさらに一段上の目指したいサウンドがイメージされていて、次のハイレヴェルのサウンドを目指しさらに練っていく。リズム隊のナベちゃんとていゆうはそれがきつかったわけだよね。身体にそんな（ＯＴＯが求めるような）ビートが入っていないから、そんなビート最初から出せないじゃん。当時ワールド・ミュージックのリズムが入ってきているとはいえね。自分たちの血にはないものをやるわけだから。もちろんＯＴＯにしてみれば自分たちの作品のクオリティを上げたかった。しかし、音楽を演る楽しさや自由感を封じ込めてまでクオリティを高めることがアケミには意味があるとはどうしても思えなかった。みんな苦しそうにやってるんじゃないのか？と。みんなが自由に音を出していくというその場がもうここには持てないんだと、アケミはそう思ったんだろうね。自由に楽に気持ちよく音を出し合っていくという場ではなくなっていくじゃがたらに対してアケミは脱退したんだと思います。

――亡くなる何か月前の話ですね？

**大平**　ＯＴＯの家にアケミがじゃがたらを辞めるって言いに来たというよね。しばらくして、アケミは死んでしまった、ナベちゃんも死んでしまった、シノちゃんも死ん

じゃがたらはそういう運動体だから、誰でも関われる。ただの１本の旗だから。じゃがたらはスピリットであり、概念であり、プロジェクトであり、運動体なんです。

でしまった。本当に惜しい才能が次々と幕を閉じた。それで永久保存。誰がそう言ったのか知らないけど、あのスピリットを永久に保存したということ。それから30年ぶりにやるということになって、普通だったら30年ぶりにまた出てきたのかよという気恥ずかしい思いや気持ちもあるけど（笑）。でもそこでOTOにしてみればやっと音楽的な回答が出た。それが新しい楽曲。僕はそう理解している。OTOが音頭をもってきたというのもおもしろいなと思う。新しく「ナンのこっちゃい」を作ったのも面白いよね。

――大平さんはそこにマネージャーという立場で？

**大平**　マネージャーなんていないんだよ。じゃがたらにどういうマネージングするのかって（笑）。僕は最初からお手上げだった。OTOはクリエイターだけど、彼はマネージング、プロモーション、プロデュースみたいなことも全部やったね。OTOは非常に器用な男なのでね。よくやったと思う。アケミはアケミで社会性を重要視していたし、どちらかと言えば僕はそういう部分を受け持っていたのかな。年齢的にもいちばん年長だったし。だからそんなに変なこともできないしみんなの意見を聴く立場みたいなところにいたんだね。

――大平さんは大平さんでお仕事を普通にされていて、ある意味では距離感を持ちながらバンドのお手伝いをしていたという感じでしょうか？

**大平**　僕も好きなような角度から好きなようにアプローチをしながら関わっていたな。アケミもそれを望んでいたと思っている。たとえばさ、僕はじゃがたらから派遣されてサラリーマンをやっていて、サラリーマンを中心とした実際の日本の社会構造がどうなっているのかということをレポートする係なわけですよ、アケミに（笑）。

――社会との関わりということで言えば、アケミさんは音楽以外に肉体労働をされてましたよね？

**大平**　土方なんかをバイトでやっていたけどね。でもずっとやっているわけにもいかないじゃない。すごく責任感が強かったから結婚してからすぐに、所帯を持ったからには経済的に（パートナーに）迷惑かけちゃいけないって結婚式の翌日から雀荘でお茶くみのバイトしたりね……、でもそれもずっとやっているわけにはいかないじゃん。バブルまっさかりな頃だよ。

――お金には苦労されていたんですか？

**大平**　最後まですごく苦労していたね。そのいっぽうでは、僕はその頃ベンチャーみたいなところにいて、金が大きく動く資本主義の実態のど真んなかにいた。資本主義のひとつのベースとして株式会社があるわけで、株式で、株価がどんどんあがって、土地があがるみたいな経済構造、社会構造がこういうふうになっているということを実体験として知った。仕組みとしての社会の実態をね。

――いうなればインクスティックみたいなバブルの象徴みたいなところでライヴをやりながら、違和感を発し続ける。その時代の波に乗ってしまえば、貧乏になんてならなくて済むんだろうし。

**大平**　しかし彼にはそんなことありえないし、時代に取り込まれたガス抜きバンドなんて嫌だろうしね。とにかく性に合わないわけ。自分の信じることに向かいながら、正直な言葉を発していく。そして、これが本当のロックンロールなんだと信じてやっていく、そういう人たちにはかなり過酷な社会状況ですよ。じゃがたらは短い期間だったけど、パッと輝いて、線香花火みたいだった。そういう現象だったな。でもこうして30年後に息を吹き返すのだからしぶといよね（笑）。

――大平さんはじゃがたらの魅力をどう考えていましたか？

**大平**　間口が広くて懐が深くって、どんな人でもどんな所からでも入ってこられる自由なところだね。リズムといえば簡単にひと言で済んじゃうけど、それだけじゃないんだ。アケミの発する言葉に信頼感が抱けるんだ。そしてあの延々と繰り返すリフ、あそこの世界なんですよね。自分がそのなかで無くなるんだよ、溶けていくわけ。没入感というのかな。自意識から解放されて、いつのまにか個人がなくなるんだよね。個人がなくなったときに人間はどうなるかというと、創造的生きものに戻るんだよ。ただその場の創造的空間に浮遊して漂う。そういう快感。自分という個がまったくないなかで、踊りまわるのもいいし、何をするのでもいい。それがアケミが求めたゾーンなんだよ。何かを中心に熱狂していくというお祭りじゃないけど、この場のエネルギーは、個々のエネルギーが集まって融けて浮遊する快感と解放感。これが心の解放なんだろうなと思っていた。

そういうことを狂気といって簡単に片づけちゃうけど、ひとりの人間としてみたら本当に辛く悲しいことなんだと思う。アケミが生きていくなかで、自分がそういう病気に関わってしまったと、幻聴幻視があるわけだよね、それでとっても悲しい思いをしていたと思う。

――じゃがたらが神話化されている理由のひとつに、アケミさんが統合失調症になってしまったことがあります。『君と踊りあかそう日の出を見るまで』の評価のひとつには、いっちゃっているところがそのまま記録されているからというのもありますよね。そこはでも、やっぱり本人にしたら苦しい病気であって、デリケートな問題だと思うんですけど、どう思われますか？

**大平**　そういうことを狂気といって簡単に片づけちゃうけど、ひとりの人間としてみたら本当に辛く悲しいことなんだと思う。アケミが生きていくなかで、自分がそういう病気に関わってしまったと、幻聴幻視があるわけだよね、それでとっても悲しい思いをしていたと思う。あれはちょっとした脳の誤作動なんだと思う。ハイパーになった状態で、先を見て、すごい頭の回転が速くなって、自分の世界に没入する。そのなかで宇宙を見ちゃうんだよね。見てしまった人というのは現実のなかで、見えてはいないぞという決まりのなかで生活をしないといけない人に戻ったときの、自分の違和感。とっても悲しいものを感知しているはずなんだよ。

人間は１００年くらいで死ぬわけだけど、肉体としての自分と、そこに宿る魂としての自分というのがあると思う。アケミからしてみれば魂の解放というか、１００年で終わる生命体のなかに閉じ込められている体の不自由さのなかから出たいという欲求、この自由な魂の思いがあのライヴ盤ではたまたま記録されてしまったんじゃないかな。アケミの思いに衝動的に呼応するOTOのコーラスが被さる瞬間なんて鳥肌がたつほど神聖な感じがした。

――アケミさんがスピリチュアルな人だったとして、でも現実的に残されたじゃがたらの楽曲は、そういう天上の世界のことを歌っているのではなくて、リアルな我々の日常のなかで起きていることを歌うわけですよね。アケミさんは「みちくさ」にしても「もうがまんできない」にしても、「ゴーグル、それをしろ」にせよ、社会を歌おうとする。それがすごい。

**大平**　それがアケミの色だよね。アケミはああいう家庭に育って。お父さんはお酒が好きで、お母さんはキリスト教で。でも、宗教とかいったって牧師はみんなあんな生活をしているじゃんって。組織としての宗教にはまったく否定的だったけど、彼自身のなかに神聖な神的なものを絶対に強く持っていた。そして社会性っていう人と人との関係性にとても強く関心を持っていて、社会のシステムがどういうものであるのか、どうしたらみんながニコニコ笑って楽しくできるかご機嫌にやっていけるかということを常に考え、そう願っていたよね。僕が普通にしていても「ソウリどうした～？暗い顔して」って、よく言われてましたよ（笑）。

――大平さんがとくに好きな作品は何ですか？

**大平**　やはり印象に残っているのは『君と踊りあかそう日の出を見るまで』ですよね。あの法政大学夜中のライヴ前後ずっとアケミにアテンドしていましたから。作品としていいなと思うのは『南蛮渡来』はもちろん『裸の王様』とか、『ニセ予言者ども』とかね。『それから』もいいけど、あれは力わざで作ったなという感じがするね。楽曲で言えば「もうがまんできない」。あの若さで人生のすべてと言えるほどの葛藤を表現したのは驚異的だよ。アケミにしてみれば楽曲を作るうえでの言葉を紡いでいく作業は、自分の生活のなかに根付いていないといけないから、そんなにポンポンとはできないと思うんだよね。だからそういう意味ではアケミも後半はいっぱいいっぱいだったんじゃないかな。いろんなまわりの状況もあったから。

――ポップ音楽のなかに政治性を入れることが英米人はうまいと思うんです。でも日本の音楽はそれがどうもうまくない。じゃがたらは、そこも挑戦していましたよね？

**大平**　日本人は苦手ですよね。政治を語ること自体が苦手。お上はありがたいの世界だから（笑）。用意されたそのなかに従順にすっぽり収まっていくのが幸せだという観念を持っているからね。

――「おまえはおまえの踊りをおどれ」という言葉を21世紀の今日言ったときに、まず何が思い浮かぶかというと「同調圧力社会」、ということですよね。

**大平**　まずはそこがやっぱりひっかかるよね。

――で、やっぱ、「日本人って暗い」ですよ（笑）。

**大平**　その暗さについて言えば、昭和天皇の戦争責任論にまで話は遡りますけどね。明治22年に大日本帝国憲法で天皇の権威と大権（統帥権含む）が発布されます。軍の統帥権は天皇が最高責任者として握り法規上は国家の軍隊というより天皇の軍隊と変わりません。いまの中国の軍隊が国家の軍隊でなく中国共産党の軍隊と同じような感じ。それを昭和天皇は調子に乗って玩具のように差配して日本史上最悪とも言える大惨状を招いた。でも戦勝国・米軍GHQの戦後日本占領統治政略も重なって日本人はその責任を昭和天皇に取らせることができなかった。神だった天皇が人間宣言して平和憲法に潜り込んでしまった。それ以降日米関係は当時のまま強固に今日まで続き身動きできないままでいる。それが日本人の暗さなんですよ。おびただしい数の人びとを死なせてその責任を一部の忠実な軍人におっかぶせて、結局は命令した当事者は誰も責任をとらない。経済だけが万歳みたいな感じ。そういう戦後社会の気持ち悪さをアケミは敏感に感じていたんでしょうね。この本にも原稿が再録されている故・加藤典洋さんの著作『9条入門』はお薦めですね。昭和天皇とマッカーサーの机下での駆け引きとそこから伺い知れる昭和天皇のリアルな人物像が透けて見えてくる。

――大平さんは、いまこそじゃがたらが必要だって書かれていましたよね。

**大平**　そのスピリットだね。

――じゃがたら2020の活動についてどんなふうにお考えですか。

**大平**　アケミがああいうかたちで、じゃがたらを辞めた。じゃがたらというバンドはOTOを中心にして残された。ナベちゃんも、シノちゃんもいない。そのまま永久保存になっています。そして、アケミが亡くなった後みんな黙っちゃった。だけど南は祭壇をたてて、毎日毎日向き合っていたわけだよね。そういう思いはすごく大事だから、僕は南にじゃがたらの旗を立てておいて欲しいと言って南が歌っちゃえよという話をしていた。何回か西麻布の新世界で演ったりしていて、彼女がつないでいったわけだよね。じゃがたらというものがあったぞ、あるぞ、みんな忘れんなよ～ということを。こだまさんや不破さんが協力してくれた。ノブもね。

　OTOは熊本の山奥の森に入った。そこで黙々と土をいじりアケミの残した言葉を反芻しながら生活していて、生産者として自然とともに地に足をつけて、自分の土から音楽を創り上げていこうという姿勢でね。そういうことを思いながらやってきたんだと思う。

　そんな風に、動機はみんな違うけど、みんないろいろな思いがあって、また演りたい、自由で楽しい時空間を共有したいと思ったんでしょうね。まわりのみんなも思いのほか反応もいいし、感動もしてくれて。当時を知っている人たちがやっぱりJAGATARAっていいよなって盛り上がってきた。それでここにきて、もともと30年後にはOTOは何かやりたいと言っていたけど。でもここにはアケミはもういないよ

彼の言葉のなかには真実があるからね。「真理はいらねぇ～。真実が欲しい、たったいまこの瞬間の真実が欲しい」と言ってるし、時代背景が変わろうと何年経とうと若い人にとっても共感し励まされるものがあると思うね。

ね。今度の楽曲のなかにはね。

――アケミさんがいない、そんなのじゃがたらじゃないっていう意見は表面的にみればそうなんですけど、でも、残されたメンバーが曲を作るとき、アケミさんのことを考えずに作らないことはない。つまり、そこにアケミさんはいるわけですよね。これ、スピっているわけではないですよ（笑）。

**大平**　それは正しいと思う。そういう意味で言えば、間違いなくアケミはみんなのなかに生きているから。

――じっさい、OTOさんはこれはアケミとの共作だって言ってました。

**大平**　OTOにとってもたしかに共作という気持ちがとても強くあるんだと思う。ただ、僕はまだ聴いてないんだ。ちゃんとでき上がったものを聴こうと思っている。

――大平さんにとって、アケミさんが亡くなってからの30年はどんな30年でした？

**大平**　大変でした（笑）。アケミに恥ずかしくないような人生を歩もうとずっとというのは嘘ですけど（笑）、時々は考えたりしていますよね。亡くなった彼に縛られるということではないけど、アケミだったらどうなのかなとか、時々は思うことがある。自分の人生の修正をやってきた感じがあります。アケミが亡くなった直後は、空虚感のなかで、それがまったく無いかのような逆ベクトルをかましながら自分の生活のなかにどっぷり入り込んでやるぞというような変な力みのなかでやっていました。それを10年くらいやったのかな。それでようやくそこから抜け出せました。

――ぼくが江戸アケミに再会したのは、911直後の反戦デモのときでした。若い活動家が、江戸アケミの缶バッチを作って配ってたんです。また、最近では若いDJやミュージシャンがじゃがたらからの影響を発言したり、カヴァーしたりしているんですね。

**大平**　彼の言葉のなかには真実があるからね。「真理はいらね〜。真実が欲しい、たったいまこの瞬間の真実が欲しい」と言ってるし、時代背景が変わろうと何年経とうと若い人にとっても共感し励まされるものがあると思うね。世のなか全体が利便性先行の電子機器に漂白されている現代人も若い時にはそれなりの剥き出しの青春があるわけで、そんなとき彼の言葉のなかに何かを感じたら自分のなかに深く分け入っていろんなことを思いっきり感じたらいいんだよ。人生に意味は無い！　と言われることもあるけど、たっぷりしっかり味わうことはそれなりに素晴らしいことだし、この世に生れ出てきて体験できる醍醐味だよ。まさにナンのこっちゃいだよ（笑）。

――50年後の人がそれにアクセスするときには江戸アケミという固有名詞は必要ないかもしれない。新しい解釈というかいろんな意味を与えてくれるものになるでしょうね。

**大平**　50年後はいまの人類がどうなっているのかまったくわかりません（笑）。でもそうかもしれませんね。そういう意味ではさっき言った、アケミも求めたゾーンで個がなくなるんだろうね。たぶん我々の魂って、そういうものなのだと思う。

（取材：こだまたけひろ＋野田努／写真：小原泰広）

Photo by Kenji Matsubara

# じゃがたらと介護

こだまたけひろ

本稿は、重度知的障害者の地域生活を支える介護者の私が、日々の介護の実践から得た経験知を参照に、あらためてじゃがたらを捉え直してみたものだ。

初めに介護について極々簡単に説明しておく。介護とは、介護する者と介護される者の共同の営みだ。異なる規範を持つ両者が互いに折り合えると、存在を支え合う関係となり、介護はうまく回る。逆に、折り合えず、それぞれの自己完結性に閉じこもってしまうと関係の地獄に陥り、介護はうまく回らない。従って、介護という共同の営みでは、異質な者同士が互いの自己完結性を緩めて折り合うことが大切になる。

さて、本題に入ろう。介護とバンドは異なる営みだが、共同性という点においては共通する。そしてじゃがたらは、ていゆうのインタヴューでの発言「みんな音楽性も生き方もバラバラ」「強力な個性の集合体」が表す通り、強力な個性がバラバラなまま、その複数性を原動力として表現活動を行う、バンドという共同の営みだった。

その点からじゃがたらを捉え直すと、全盛期は86年〜87年、作品で言えば『裸の王様』『ロビンソンの庭』『ニセ予言者ども』のあたりだろう。アケミが療養から復帰したことで、メンバーそれぞれの個性が活性化したと考えられるが、復帰直後のアケミが本調子でなかったことも逆に功を奏したのではないだろうか。アケミへの気遣いを軸に、バンド内で互いを支え合う関係が育まれたと想像するのである。さらには、「らしくない」と批判もされたオシャレな揃いの衣装が、社会とじゃがたらを媒介するツールになったのではないだろうか。それは、社会がじゃがたらを受け入れたのと同時に、じゃがたら自体が自己完結性を緩めて、社会と折り合いをつけたことの表れとも言える。重度知的障害者の地域生活を支える介護者として、社会（健常者が自己完結した世界）と障害当事者（社会にとって理解し難い異質な他者）を媒介することの大切さを痛感している私には、じゃがたらにおける揃いの衣装が果たした役割は大きいものに思われる。この時期のじゃがたらは、自己完結性を緩めたイメージにおいてこそ、バラバラで強力な個性の集合＝複数性を自律的に嚙み合わせ、充実した表現活動を展開したのである。

一方、89年『それから』でメジャーデビューすることを機にバンド内はぎくしゃくし出し、90年「じゃがたら脱退」の意思をＯＴＯに伝えたその一週間後にアケミは亡くなる。この一連の騒動は、バンドを巡る考え方の相違から起きたメンバー間の確執に端を発している。後年、バブルは崩壊し、９11が起こり、３11が起こり、その都度アケミは再評価されることになる。それにより、「優れた先見性を持つアケミとそれを理解できなかったメンバー」という図式から「じゃがたらの失敗」が語られることにもなった。だが、共同の営みという視点に立つと、互いが折り合いをつけられず、それぞれの自己完結性に閉じこもってしまったことが失敗だったと見えてくる。この時期に揃いの衣装をやめたことはどこか示唆的であり、バンドという共同の営みにおいて、バラバラで強力な個性の集合＝複数性が、自律性を失って自壊したと言えるだろう。

こうして見ると、共同の営みとしてのじゃがたらにとって、複数性は諸刃の剣だった。それにより日本のポピュラー音楽史に類い稀な足跡を残したが、それに耐え切れず自壊した。もちろんバンドは続けることが第一義ではないから、続けなければならない介護＝暮らしとまったく同列に論じるべきではない。ただ、何であれ人間の共同の営みにおける複数性の問題は、今の私たちにとって重要な課題のひとつであることに違いはない。特に重度知的障害者と介護を営む私は、相模原障害者殺傷事件という究極のヘイトクライムが突きつけたその問題を考え続けなければならないと思っている。

複数性を潰しにかかるヘイトクライムへの対抗として、じゃがたらの「おまえはおまえの踊りをおどれ」は有効なメッセージとなるだろう。このメッセージは、生活のあらゆる領域の市場化と自由競争を唯一の正解と見なしその全面化を図る新自由主義への対抗にもなるはずだ。だが、決して忘れてはならないのは、重度障害者しかり、おまえひとりでは踊れない者たちの存在だ。だから、私たちは現実から眼を背けずに、複数性に悩み苦しみながら、不格好でも踊り続けなければならない。それは、異質な他者と共に在ることを諦めない試行錯誤であり、人新世と言われる時代を生き抜く所作、すなわち人間と自然が共に在ることを諦めない試行錯誤でもあるはずだ。じゃがたらはそのヒントになる。私は日々の暮らしのなかで、介護という小さな共同の営みから、それを始めようと思う。

児玉雄大（こだま・たけひろ）
重度知的障害者の自立生活（介護者を伴う地域での一人暮らし）支援にたずさわりながら、東京・練馬でフリースペース「ヒビノクラシ舎」を運営。ＯＴＯとの共著に『つながった世界　僕のじゃがたら物語』、三井さよとの共編著に『支援のてまえで　たこの木クラブと多摩の40年』など。

# ただそれだけのこと

## 日本のポップ史におけるじゃがたらの意味を考える

野田努

商業主義の外側に身を置きながら聴衆を取り込むには、たとえ笑いの種になろうと、調和を乱しカオスを生み出すことである。すなわち暴れること。ノーマティヴな人たちとなかば敵対すること。自らの内部からエスタブリッシュメントを吐き出すこと。じゃがたらという比類なきバンドの養分にフランク・ザッパがあったことはひとつの手がかりである。

風刺の精神、自由の尊重、反権力かつ反権威、ロックンロールとは違った回路による思考でポップ・シーンに風穴を空けること、カウンター勢力さえ批判してみせること、フランク・ザッパ・アンド・ザ・マザーズ・オブ・インヴェンションの予定調和を打ち砕こうした斬新な試みは、まんまじゃがたらの方法論の解説になりうる。ゆえにフランク・ザッパ研究者のひとりとしても名高いヤギヤスオが『家族百景』からじゃがたらのアートワークを担当したという事実も必然としか思えないのだが、ヤギがじゃがたらと出会うほんの数年前に細野晴臣の『トロピカル・ダンディ』と『泰安洋行』のデザインを手がけていることは、じゃがたら物語にもうひとつの見方を可能にする。じゃがたらとは〝裏はっぴいえんど〟ではなかったかという見立てである。

細野晴臣はトロピカル三部作において、日本文化の外部に視点を設けて日本を見るという逆オリエンタリズムを試みたが、その逆オリエンタリズムが隠蔽する日本を暴き立てたのがじゃがたらである。「タンゴ」で歌われているのは東京の風景ではあるが、それは〝風街ろまん〟とはほど遠い寒々しい東京であり、82年のヴァージョンではクスリを自らに打つ都市生活者のただただ空虚な日常のひとコマが描かれている。はっぴいえんどの「春よ来い」はなるほどその時代の若者のありふれた日常描写であるが、「タンゴ」もまたじつのところありふれた都会の日常なのである。

じゃがたらは商業主義とは距離を置きながら、しかし大衆音楽というコンセプトから決して逸脱することはなかった。はっぴいえんどとのアナロジーで言えば、ロックンロールのテンプレートに甘んじることのない豊富な音楽的参照性もさることながら、ニューオーリンズからの影響やファミリー・プラン時代にはザ・バンドのコピーをやっていたという意外な共通点もある。

　サザンロックにも傾倒していた初期じゃがたらは、サザンオールスターズも参加したようなメジャーな音楽コンテストに複数回出演した経験を持っているが、いいところまでいっては裸で暴れたり、すべてを台なしにもしている。つまり、バンドにはコンテストでも評価されるくらいの実力があったということだ。が、じゃがたらの目的はコンテストで脚光を浴び、メジャー・デビューすることではなかった。業界とうまくやれなかったのではない、やらなかったのだ。そうは言っても彼らがコンテストに出演していたのは事実であり、フリクションやアーント・サリーが同じことをするとは到底思えない。

　じゃがたらにはポップ・ミュージックへのこだわりがどこかにあったはずである。しかしながらコンテスト審査員への暴行にはじまり、ストリップ劇場でのライヴ、流血、放尿、ストリーキング、蛇の食いちぎり，アジテーション……はっぴいえんど系のやらなかったことすべてとは言わないが、やらなかったじつに多くをやった。罵声を浴び酷評されようとも、メインストリームがやらない暴挙をやってのけること。誤解してならないのは、スキャンダリズムもまた目的ではないということだ。目的は「この俺を見ろ」、コネも金もない無力な人間が外側にいながら人びとの関心を集めることである。

　初期のじゃがたらの写真に、新宿の紀伊国屋の壁に貼られたヴェルナー・ファスビンダーの映画『マリア・ブラウンの結婚』のポスターの前で拡声器を持った江戸アケミの姿を撮った一枚がある。江戸の隣には、戦中戦後ドイツの頽廃と崩壊を描いた映画とは似つかわしくない、デートの相手を待っているのであろう、いかにも80年代的な松田聖子ふうの若い女性がふたりいる。

　じゃがたらは、さあいまから輝かしい80年代がはじまるぞと、エズラ・ヴォーゲルの『ジャパン・アズ・ナンバーワン』が刊行された1979年に始動した。同年には、YMOというアングロ・アメリカ文化支配へのアイロニーかつ道化ともいえるネーミングを持つバンドが「テクノポリス」なるシングル曲を発表し、東京ではない「TOKIO」を謳っている。なかば憂鬱気味に聴こえもするが、否定と肯定の境界線は曖昧にぼかされている。81年には大瀧詠一の「君は天然色」という周到に作り込まれたポップソングがヒットしているが、これは経済成長を加速させる日本がモノクロームの過去さえもカラフルに塗りかえようとしているというふうにも解釈できる曲だ。はっぴいえどがロック世代の感性によって日本語の音楽ないしは若者文化の立脚点を更新したのに対して、『A LONG VACATION』のジャケットに描かれている青空とプールサイドのリゾートめいた風景は、純朴な思いからきたものだとしても、日本もついに欧米並みの豊かな消費文化を手に入れたと思わせるには充分な色合いだ。

　そんなファンタジーが文化を包みはじめようとしていた矢先のこと、江戸時代の春画をモチーフにしたジャケットを装っての「タンゴ」および憤怒したサルを背負いながらマイクを握った写真を使っての「日本人て暗いね」は、当時のぼくには新しく醸成されはじめたムードに対する宣戦布告にも思えたのである。でなければ、1987年のバブル絶頂期のパルコ劇場のステージで、「経済成長ありがとう」などというMCは咄嗟には出てこない。これはRCサクセションが『カバーズ』を出す1年も前の話だ。

インクスティック芝浦を設計したのは当時ファッション雑誌でも人気の建築士だったが、江戸はそれを「作ったのは日雇い労働のおっちゃんたち」であるとステージから強調した。じゃがたらがインクスティックやパルコ劇場と並行して、山谷や寿町など寄せ場でのライヴを好んだのは、心の何処かで彼らがコミットしている世界をはっきりさせたいという思いがあったからだろう。

東京は、東京生まれの東京人だけで成り立っている街ではない。東京を東京にしている背後には、高度経済成長期における地方からの安価な労働力があった。江戸アケミは、もろくも短命に終わった経済成長後におけるバブルの、日の当たらない階層に属していた人たちに対して、極めて実存主義的にアプローチしたと言える。もっとも、当時の思想界を見渡せばニューアカ全盛。YMOがポストモダンの論法で、軍服まがいの服装のライヴステージによってファシズムとファンからの崇拝を脱構築化しているその時代に、人間味を重視する江戸の泥臭さは、ひと世代前の活動家めいてもいる。

少年時代に将来はくみ取り屋になりたいと思っていた江戸アケミは、80年代の日本で自ら汚れ役を買って出たのかもしれないが、なんにせよ泥臭くが彼の信条であり、哲学である。じゃがたらにとっては、ファッションを利用するパンクのレトリックでさえお呼びではなかった。いずれは消費文化に回収されるそれよりも、ジャマイカのレゲエと同様に、肉体労働者の快楽と反抗のほうがより切実な問題だった。フィッシュマンズの佐藤伸治は〝新しい人〟とは〝格好悪い人〟であると歌ったが、じゃがたらは〝格好悪い〟ことの価値を追求したバンドだった。彼らの最初のレーベル名は〈Ugly Orphans〉、醜い孤児である。陣野俊史の大著『じゃがたら』においても指摘されているように、江戸アケミほど〝格好悪い〟ことのなかに可能性を見ていたミュージシャンもそういない。ちなみにOTOが志向したお洒落は、エンターテイナーとしての古典的な身だしなみである。

江戸アケミが死んだ1990年1月は、それまで上昇していた株価がいっきに下落し、バブル経済の終焉を告げた瞬間でもあった。そして冷戦が終わり、〝日本株式会社〟の経営も雲行きが怪しくなる。景気後退がはじり、いまや我々は進行する貧富の差を歯ぎしりしながら黙って見ているしかない、〝中産階級〟が成立しない社会に生きている。サラリーマンの平均年収はさほど上がらず物価は上昇し続けている。〝家族〟の意味が崩壊し、夫婦共働きが一般化している21世紀では、〝家族百景〟も〝ある平凡な男の一日〟も昭和ノスタルジーだ。〝荒廃したテクノポリス〟から〝赤ん坊〟が生まれるどころか少子化も加速している。安価の肉体労働者は、いまは海外(まさに南蛮)から輸入している。市場経済が好むのは格好良くなりたい人たちであり、日本というオリエンタリズムであり、カオスでなく調和である。

じゃがたらが完璧なバンドだったとは思わない。江戸アケミの言葉のすべてが正しいとも思わないし、じゃがたらの全曲が申し分のない出来だとも思わない。バンドには、ヒット曲と呼べるものがないのだからポップ・バンドとしては失敗である。

ただ、明白に言えることはある。じゃがたらは、１９８０年代の日本を覆った明るいムードに強く抗っていた数少ないバンドのひとつであり、それらアウトサイダーのなかでも特別際立っていた。アフロビートはそこで、たんに音楽的な新機軸であったこと以上の意味を持つ。ていゆうが言うところの「1曲で1時間でも2時間でも演奏できてしまう」その〝終わりのないダンス〟とは、我ら持たざる者たちの終わりのない祭りだ。〝思いつくままに踊り続けろ／思いつくままにしゃべりつつけろ〟、結局のところ、あれから何年経とうが、そこからしかはじまらない。

じゃがたらがその初期において、『傷だらけの天使』さながら渋谷の雑居ビルの屋上にじゃがたらスタジオ（じゃがスタ）なる自家製のスタジオ兼住居を構えたことは、自由と自律への布石だったのだろう。ＤＩＹでバンドをやること、そのための自由に使える場所を確保するという発想は、日本ではいまでも珍しいし、彼らが活動面と創作面の両方にわたって志が高かったことをここであらためて繰り返す必要はないかもしれないが、〝明日は希望〟と楽観的できるような事態がすぐに思い当たらない現在とあっては、じゃがたらを聴き返すことが、音楽が生き方であった時代への懐古になるとは限らないだろう。

じゃがたらは失敗もしたが勝利もした。たったいまこの瞬間も、日本のどこかで若い世代がじゃがたらを聴いているし、受け継がれてもいる。空間と時間を突き破るような力を持った名曲がいくつもある。じっさいのところ我々はまだじゃがたらに触発されているのだ。それは夢ではない、不可欠なものとしていまもある。さらにまた、彼らが80年代に切り拓いた道を途絶えさせることなく持続させることは、最良な時代が過去にはないことを認識するうえでも重要だと思われる。

持たざる若者たちが渋谷の雑居ビルの屋上にスタジオを作ることは、いまはもうまず不可能だ。そこは市場経済と消費文化がうながす都市の高級化によって占拠されてしまっている。だとしても、魂さえまだ占拠されていなければ、我々はこれからもしゃべり続け、踊り続けることができるだろう。明日は希望なのだと思いながら。

野田努（のだ・つとむ）
ele-king（ele-king.net）編集長。書籍の編集を多数手がけている。本号の編集も担当。著書に『ブラック・マシン・ミュージック』、『ジャンク・ファンク・パンク』、『ロッカーズ・ノー・クラッカーズ』、『もしもパンクがなかったら』。編著に『俺のカラダの筋肉はどれをとっても機械だぜ』、『NO!!WAR』。石野卓球との共著に『テクノボン』。三田格との共著に『TECHNO Definitive 1963-2013』など。

## 編集後記

　まずはお忙しいなか取材に応じて下さったメンバーの方々にお礼を言いたい。生き残った人たちの声は、やはり重みがあり、じゃがたらの見方をずいぶん変えてくれた。大平ソウリさんには何から何までというほど本当にお世話になった。江戸アケミの貴重なインタヴューの掲載を快諾してくれた地引雄一さんにもあらためてお礼を言いたい。ありがとうございました。

　この企画の言い出しっぺであるこだまたけひろくんにもお礼を言わねばならない。じゃがたらは運動体であり、アンチ権威であるとはいえ、２０１９年４月に数年ぶりの彼からの電話がなければ本号は生まれなかった。介護の仕事の合間をぬっての二足わらじは時間的にハードだったと思うけれど、山梨の河口湖まで車を走らせてくれたし、最後までお付き合いいただいた。お疲れ様でした。かつてはこだまくんもぼくも、同じ会場で同じライヴを見ていたファンのひとりでしかなかったし、いまでも当時の自分たちが確実に残っている。これはその思いの賜物である。

　コラムの原稿に関しては、敢えてリアルタイムで知らなかった世代のライターにもお願いした。じゃがたらのほぼ全作品が配信でも聴けるようになったことで、生きている江戸アケミを知らなかった若いリスナーはどんどん増えていくだろう。増えていって欲しいし、若いリスナーにとっても重要なバンドであって欲しい。昔日本にこういうバンドがいたということは、音楽をやっている人間にとっても励ましやヒントになるはずだ。

　80年代はぼくにとっての10代後半から20代後半にあたり、大量の情報を求めていた年頃で、人生でもっとも多くの読書をして、もっとも多くの映画を観た時期でもあったわけだが、その時代において、たとえばプラザ合意が何を意味しているのかをいったいどれほどの人間がわかっていたのだろう。サッチャーの炭坑閉鎖が政治的に何を意味しているのか、いったいどれほどの（パンク好きの）音楽ライターが理解していたのだろう。あとになってからは「やれ新自由主義だ」などといくらでも言えるが、80年代の若者にとって自分たちが生きている時代がいったいナンなのかを知る手がかりは、こと音楽ファンにとってはほぼ皆無だったし、少なくともぼくはよくわかっていなかった。

　そんな文化状況において、じゃがたら（江戸アケミ）が発信していた居心地の悪さとそのメッセージはあらためて特筆すべきであり、ファンクを土台とした雑食的なダンス（快楽）を志向した音楽性ともども、これからもいろんな聴かれ方／解釈のし方をされていくのだろうけれど、本号がその一助になればこれほど幸いなことはない。（N）

別冊ele-king
じゃがたら――おまえはおまえの踊りをおどれ
２０２０年２月12日　初版印刷
２０２０年２月12日　初版発行

編集　野田努（ele-king）
編集協力　こだまたけひろ
　　　　　山﨑香穂
デザイン　渡辺光子

発行者　水谷聡男
発行所　株式会社Ｐヴァイン
〒１５０-００３１
東京都渋谷区桜丘町２１-２　池田ビル２Ｆ
編集部：ＴＥＬ　０３-５７８４-１２５６
営業部（レコード店）：
ＴＥＬ　０３-５７８４-１２５０
ＦＡＸ　０３-５７８４-１２５１
http://p-vine.jp

発売元　日販アイ・ピー・エス株式会社
〒１１３-００３４
東京都文京区湯島１-３-４
ＴＥＬ　０３-５８０２-１８５９
ＦＡＸ　０３-５８０２-１８９１

印刷・製本　シナノ印刷株式会社

ISBN　978-4-909483-49-2